国家级实验教学示范中心配套教材

生物化学与分子生物学实验教程

刘　戟　曾凡才　主　编

科　学　出　版　社
北　京

内 容 简 介

生物化学与分子生物学是从分子水平研究生命本质的一门学科，是生命科学的前沿学科，掌握其基本理论及实验已成为探讨疾病的分子机制和防治方法，甚至认识生命现象的必要手段。本书包括三章，第一章是实验室规章制度和实验记录、实验报告，第二章介绍了实验室常用仪器设备、常用试剂及常用实验技术，第三章为具体实验内容，分为基础性实验、融合性实验和创新性实验三大类：基础性实验注重培养学生基本的实验操作能力，使其熟悉生物化学与分子生物学常见的实验方法和手段；融合性实验主要结合学科的不同特色，培养学生综合分析和解决问题的能力；创新性实验主要根据学科的新发展，启发学生开拓思路，并提出解决问题的方案，重点培养学生的独立思考和创新能力。

本书适合医学院校学生使用，也可作为生物化学与分子生物学相关研究人员的参考用书。

图书在版编目（CIP）数据

生物化学与分子生物学实验教程 / 刘戟，曾凡才主编. —北京：科学出版社，2016

国家级实验教学示范中心配套教材

ISBN 978-7-03-050833-1

I. ①生… II. ①刘… ②曾… Ⅲ. ①生物化学-实验-高等学校-教材 ②分子生物学-实验-高等学校-教材 Ⅳ. ①Q5-33 ②Q7-33

中国版本图书馆 CIP 数据核字（2016）第 289177 号

责任编辑：刘 畅 / 责任校对：彭珍珍
责任印制：吴兆东 / 封面设计：迷底书装

科学出版社 出版
北京东黄城根北街 16 号
邮政编码：100717
http://www.sciencep.com

北京华宇信诺印刷有限公司印刷
科学出版社发行 各地新华书店经销
*
2017 年 1 月第 一 版 开本：787×1092 1/16
2025 年 7 月第十一次印刷 印张：11 3/4
字数：278 000

定价：39.80 元

（如有印装质量问题，我社负责调换）

《生物化学与分子生物学实验教程》编写委员会

主　　编　刘　戟　曾凡才

副 主 编　傅　强　杨　烨　杨鲁川　刘友平

编　　委　（以姓氏笔画为序）

刘　戟（四川大学华西基础医学与法医学院）

刘友平（西南医科大学基础医学院）

严冬梅（西南医科大学基础医学院）

杨　烨（西南医科大学基础医学院）

杨文理（西南医科大学基础医学院）

杨泽宏（四川大学华西基础医学与法医学院）

杨鲁川（四川大学华西基础医学与法医学院）

陈利弘（四川大学华西基础医学与法医学院）

林　佳（四川大学华西基础医学与法医学院）

罗　波（西南医科大学基础医学院）

胡敏珊（四川大学华西基础医学与法医学院）

柳爱华（昆明医科大学基础医学院）

段春燕（西南医科大学基础医学院）

姚富丽（西南医科大学基础医学院）

傅　强（四川大学华西基础医学与法医学院）

曾凡才（西南医科大学基础医学院）

前　　言

高等院校教育改革如火如荼，尤其是对创新创业能力的提升有了新的要求。实验教学是创新型人才培养的重要环节。各个院校的实验教学有各自的特点，目前普遍倾向于实验课程独立开课，逐步摆脱实验课程完全依赖于理论教学的传统模式。院校间的相互学习和交流也是非常必要的。在上述背景下，编者联合了四川大学华西基础医学与法医学院、西南医科大学基础医学院及昆明医科大学基础医学院的多位长期坚守在生物化学与分子生物学理论和实验教学一线的老师(主要是年轻教师)，共同编写了本教材。

本教材在内容编写方面，除包括了原有的生物化学与分子生物学课程的主要基础性实验外，还设计了一些融合性实验和创新性实验，目的是让学生通过实验掌握较全面的实验技能，同时能够将各学科的知识贯通起来。此外，从多个角度分层次地展现教学内容，使教学形式活泼生动，教学内容形象直观，学生容易理解相关知识，进而调动学生学习的积极性和主动性，激发学生的创造性思维。这是我们所做出的努力和尝试，希望能取得一定的效果。编者的最终目的是把生物化学与分子生物学实验教学工作做好，努力为培养适应社会发展需要的人才尽绵薄之力。

教材的编写，实际上是给了编者一次机会，以吸取前人的精华，总结实验教学中的经验教训，改正不足。但由于编者水平有限，书中难免存在不足之处，恳请广大读者及同行学者提出宝贵意见，以便及时修正，不胜感激。

编　者

2016 年秋

目　　录

第一章　实验室规章制度和实验记录、实验报告

一个井然有序、组织严密的实验室，是实验教学和实验操作顺利进行的必要保障。实验室的规章制度是为了加强对实验室操作人员的有效管理，保证实验安全进行而制定的管理办法。

实验报告是对实验操作和实验结果的记录。其中，实验原理、实验过程、实验结果的记录、分析和讨论等方面应该严格按照研究论文的格式和要求进行书写。认真学习实验报告的书写和实验数据的处理分析，可以为撰写学术论文奠定良好的基础。

一、实验室规章制度

(一)进行实验前认真预习实验内容，明确实验目的和实验要求，掌握实验原理，了解实验步骤。

(二)提前 5min 到实验室，不迟到，不早退。

(三)进入实验室应穿工作服。实验室内不得穿拖鞋，不得披散头发。

(四)进入实验室后，应自觉遵守实验室纪律，维持实验室秩序，保持实验室安静，不得打闹喧哗。

(五)在实验过程中，注意保持操作台、称量台、药品架、水槽的整洁，仪器、药品、试剂要排列整齐。

(六)使用药品或试剂时应先辨明标签，明确所需药品或试剂的浓度或用量。

(七)不要过量使用药品或试剂，严防不同药品或试剂间的交叉污染。药品或试剂使用完毕后需放回原处。有塞子的药品或试剂在使用完毕后需立即盖上瓶塞，不同药品或试剂的瓶塞不得混用。

(八)未经教师许可，不可任意搬动实验室中的仪器设备。使用精密仪器，如分光光度仪、离心机、电泳仪等设备时应严格遵守操作规程，需要时应事先完成培训。发现故障应马上停止使用，立即向教师报告，严禁擅自处理。

(九)常规废弃液体，如水、弱酸、弱碱等可直接倒入水槽。强酸、强碱溶液必须先用水稀释后方可倒入，并在倒入后用大量自来水冲洗水槽和下水道。特殊有机试剂或易燃易爆物残渣的废弃或回收需在教师的指导下进行。固体或带沉淀的废弃物，如废纸、移液器吸头、凝胶等，应放入废物桶，不得倒入水槽或乱扔。

(十)每次实验结束后，应立即整理仪器设备和操作台，并清洗玻璃仪器。使用和洗涤玻璃仪器时，应小心谨慎，防止损坏。试管、烧杯等洗净后需倒置放好。擦拭干净操作台台面，检查设备、仪器是否正常关闭，并关闭实验室电源后，方可离开实验室。离开时应关好门窗。

(十一)未经许可，实验室的一切物品严禁带出实验室。

(十二)每次实验完毕后，学生轮流值日。值日的学生或小组需负责当天整个实验室的卫生和安全检查。

(十三)如实记录实验数据与结果，并展开相关讨论，完成实验报告。

二、实验室安全及防护

实验中，会经常接触有毒、有腐蚀性、易燃烧的化学试剂，常使用易碎的玻璃仪器，并需要使用加热装置或精密仪器。因此，必须十分重视实验室的安全及防护。

(一)进入实验室应穿工作服。实验室内不得穿拖鞋，不得披散头发。严禁打闹。

(二)实验室内严禁进食和饮水。实验室的所有容器不得用以盛放食物和饮料。实验室的冰箱、冰柜里不可存放食物。

(三)开始操作前，需清楚实验室中电闸的位置及出口和(或)紧急出口的位置。

(四)实验过程中严格遵从教师的指导，认真仔细地按照标准操作规程进行实验。不清楚的地方应在与教师讨论后再继续。

(五)取用、称量药品或试剂时，注意不要将药品或试剂洒落在天平或操作台面上，尤其是具有强腐蚀性或强毒性的药品或试剂。

(六)对易燃易爆或有毒物品的操作，必须在具备安全防护措施的条件下进行，如戴好防护手套、防爆面具、帽子、安全眼镜等。

(七)实验室内严禁吸烟。使用酒精灯、电炉、水浴锅等加热设备时，在离开实验室之前必须关闭。不得直接加热乙醇、丙酮、苯、金属钠等易燃化学品，放置和操作时也应远离火源。

(八)在使用容器加热前，应首先检查容器是否耐热。例如，细口瓶和容量瓶都不是耐热玻璃制成的，过热时可能发生炸裂。加热时还应注意保持容器底部受热均匀。

(九)易燃易爆物的残渣，如金属钠、白磷等，不得倒入污物桶或水槽，应在教师的指导下回收至指定容器中。

(十)使用电器设备，如电泳仪、离心机、电炉等，不可用湿手操作，严防漏电。仪器设备运行中，实验人员不得全部离开实验室。

(十一)实验中会产生烟雾、有害气体或刺激气味的步骤，应在通风橱中进行，并保持操作过程中室内通风良好。

(十二)在抓取和固定实验动物时，保证操作规范，确保操作人员的安全与实验动物的舒适。可事先进行一定的训练，并在操作时戴厚手套，保证抓取动作的安全、迅速、准确。严禁恐吓或激怒动物。

(十三)实验完毕后，立即关闭水、电、气阀门，关好门窗，值日的学生或小组仔细检查并向教师汇报后方能离开实验室。

(十四)实验室突发事故应急处理预案

1. 火灾应急处理：实验中一旦发生了火灾，应保持镇静，切忌惊慌失措。立即切断室内一切火源和电源，根据具体情况正确地进行抢救和灭火，疏散人员，并及时拨打火警电话(119)及急救电话(120)。

(1)可燃液体燃烧时，应立即拿开附近一切可燃物质，关闭通风器，防止扩大燃烧。

(2)汽油、乙醚、甲苯等有机溶剂着火时，应用石棉布或沙土扑灭。

(3)金属钾、钠或锂着火时，可用干砂、石墨粉扑灭。

(4)电器设备导线等着火时，应先切断电源，再用1211(二氟一氯一溴甲烷)灭火器灭火。

(5)衣服着火时，切忌奔跑，应立即用石棉布或厚外衣盖熄，或者迅速脱下衣服，火势较大时，应卧地打滚以扑灭火焰。

2. 中毒应急处理：实验室中常见剧毒物有氟化物、砷化物、乙腈、汞等。中毒的常见原因是不慎吸入、误食或皮肤接触。如果实验过程中出现咽喉灼痛、恶心呕吐、皮肤红肿等症状时，可能是中毒所致，在应急处理后应立即前往医院治疗。

(1) 对于吸入毒物的中毒者，应立即离开中毒现场转移至安全地带，解开领口，使其呼吸畅通。

(2) 对于误食毒物的中毒者，须立即使用清水或药物引吐，昏迷者需马上送往医院进行洗胃。

(3) 对于接触毒物的中毒者，禁用乙醇等有机溶剂擦拭皮肤。

3. 外伤应急处理：

(1) 一般割伤时，取出伤口异物，保持伤口清洁后可涂抹外伤药并进行包扎。严重割伤时需先进行止血，然后立即送往医院进行处理。

(2) 一般烫伤或烧伤时，在不弄破伤处皮肤的情况下进行消毒，再涂抹烫伤药物或进行包扎。严重烫伤或烧伤需在紧急处理后立即送往医院救治。

(3) 化学物品如酸或碱灼伤时，需立即用大量清水冲洗伤处，并以中和剂中和酸或碱溶液，再以大量清水冲洗。严重时需在紧急处理后立即送往医院救治。如果腐蚀性试剂或溶液进入眼睛，应立即用大量清水做局部冲洗，并送往医院救治。

(4) 发生触电时，应迅速切断电源，保持触电者呼吸畅通，并进行人工呼吸。然后立即送往医院救治。

三、实验记录和实验报告

实验结果的记录和实验报告的书写能够培养学生科学的思维方式和解决问题的能力，也可以培养其探求真知、尊重科学事实和真理的学风，扩大对相关理论的认识。因此，如实做好实验记录并认真撰写实验报告是生物化学与分子生物学实验的一个重要环节。

(一) 实验记录

1) 准备专用的实验记录本。在实验开始前认真预习，在记录本上以流程图等形式记录实验操作步骤，并准备好数据记录表格或格式，以避免在记录中造成不可挽回的损失。

2) 实验记录本不得撕毁和涂改，需要修改时可划去重写。实验记录不得用铅笔书写。同组的同一实验的相关记录必须一致。

3) 应及时、简练、详尽、清楚地记录实验中观测到的每一个现象和结果，以及测得的所有数据。实验记录字迹应整洁清楚，条理应明确清晰，记录应客观真实。

4) 实验记录应包括实验条件的记录，如所用仪器的型号、编号、生产厂商和仪器的精密度，所用试剂或药品的名称、规格、分子质量、浓度等，以便在总结实验时进行核对。

5) 实验结果的记录要注意有效数字。

(二) 实验报告

1) 实验报告应写在专用的实验报告纸上，不要用作业本或其他片页纸代替。

2）实验报告必须及时、规范、完整。书写端正、图表清晰。必须独立完成，严禁抄袭。

3）实验报告的基本内容应包括：

A. 实验名称。

B. 实验目的。应用简洁的语言归纳和陈述实验的具体目的，如学会哪些操作，完成哪些训练，掌握哪些知识等。

C. 实验原理是实验目的背后的科学依据。在书写实验原理前，必须明确实验的性质是定性还是定量，再使用总结性的语言阐述其背后的原理。也可用反应方程式、简单示意图、列表或流程图来表示。

D. 实验材料。主要记录每个实验中的主要仪器或特殊仪器，如一些精密仪器或设备。另外，实验所需的主要试剂或特殊试剂也应注明在实验材料中。但一般玻璃仪器、刻度滴管、加样器、蒸馏水等无需记录。

E. 实验方法，即实验的操作步骤。操作步骤需翔实、精确、客观地记录每一个细节，使读者可依照记录重复实验。例如，离心所需的转速与时间，静置的温度和时间，加入的特殊试剂等。除了记录实验的操作细节之外，还应注明哪些步骤是应当特别仔细或需要防护措施的。步骤多的实验也可使用流程图或表格等方式来表示。

F. 实验的结果和结论紧密联系。实验结果是实验中所观察到的现象或测得的原始数据和图表，实验结论则是通过分析、计算实验结果而推导出的判断。

实验结果的记录要求翔实客观，必须是通过实验操作得出的数据、图表或观察到的现象而得出的结果，不能凭空想象或是杜撰，也不能随意篡改。需要进行计算的部分应写出计算过程。而实验结论的推导必须正确，并符合逻辑，同时，实验结论也应该是与实验目的相呼应的总结性语言。

实验讨论是整个实验报告中最重要的部分，可以反映记录者的专业理论知识、实验观察能力、分析和解决问题的能力。在讨论部分，重点是对实验中所得的结果和结论进行分析，并与预期结论或其他实验者的结论进行比较，还要对整个实验环节，尤其是操作步骤进行回顾和剖析，阐述可能导致相同或差异结果的原因。对于已经出现的问题，应尽可能提出解决或改进的方法。另外，实验讨论中，也可以提出自己的独特观点和分析。

四、生物化学与分子生物学实验的绘图要求、方法及实验数据处理分析方法

（一）实验报告中的图表

实验报告中，除了文字外，还可以使用图表的形式来描述实验结果。规范、美观的图表对于准确反映实验结果和结论十分重要。

1. 制图

柱状图、饼状图、折线图、散点图等常用于实验报告或科研论文中描述结果。这些图形可以形象、直观、简洁地表达丰富的结果，并突出重点。例如，家兔注射胰岛素前后血糖浓度的变化可绘制为柱状，如图 1-1 所示。

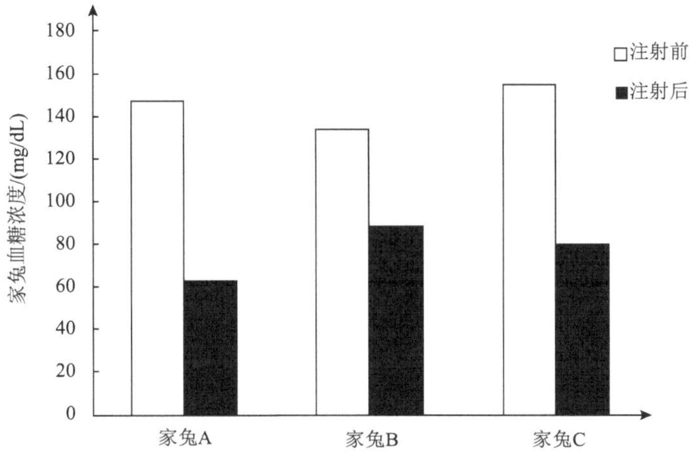

图 1-1　家兔注射胰岛素前后的血糖浓度

除常用的 Excel 外，Graphpad Prism 也是十分常用的重要绘图工具。Graphpad Prism 是一款集数据分析和作图于一体的数据处理软件。它的优势在于可以在软件中利用直接输入的原始数据，自动进行基本的统计分级，并获得高质量的科学图表，也可以与 Word 衔接自动更新统计图。而且，Graphpad Prism 的操作十分简单，与 Excel 一样都是通过点选菜单来实现的，其界面也类似于 Excel(图 1-2)。在其绘图菜单中，还有配色、图形、标题、轴线、背景、方向等多种个性化选择，达到美化的作用。另外，Graphpad Prism 所绘制的图表还可以在输出时任意排版并设置高分辨率。

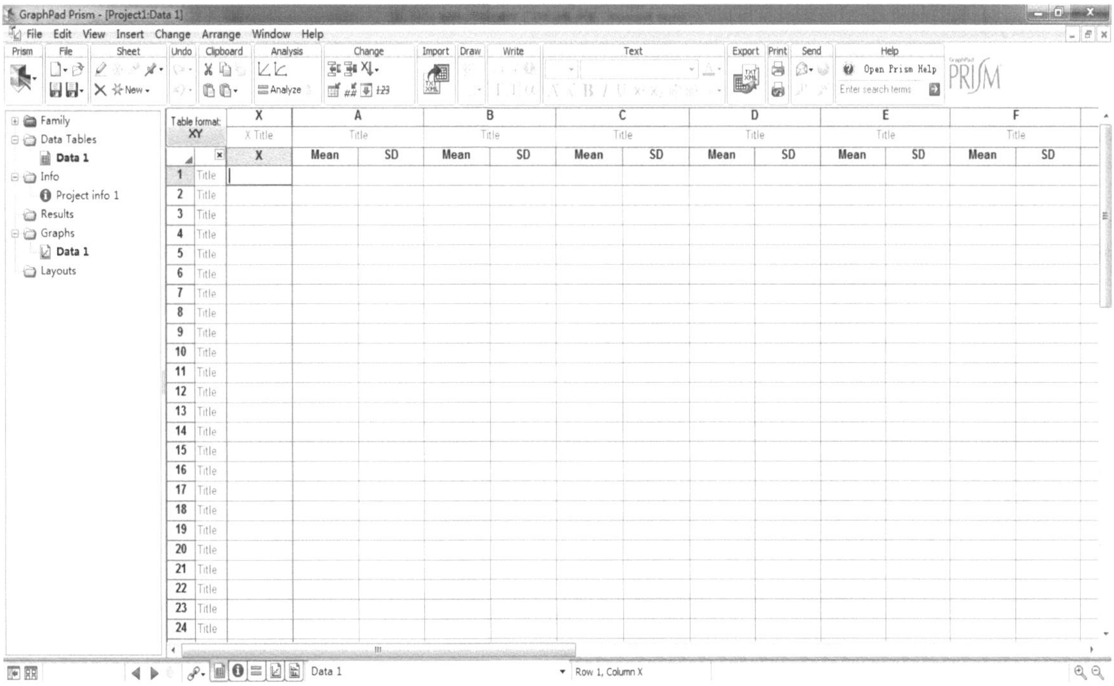

图 1-2　Graphpad Prism 操作界面

除了 Graphpad Prism，常见的绘图工具还有 SPSS、Origin、SAS 等。

2. 表格

表格是实验报告或论文中常用的一种表达方式，便于阅读、分析和比较隶属或对比关系，能够取代烦琐的文字叙述。表格的文字内容要求精炼、清楚。表格中的数据必须是来自实验的准确、客观的记录。一般来说，表格由表题、项目、数据、线条、表注等组成。科学研究中常用表格的规范格式为三线表，即表格中有顶线、项目线和底线，但没有竖线和斜线。三线表的绘制可使用 Word 完成。绘制时，可先制作一个普通表格，然后右键点击表格，选择“边框和底纹”，隐去不需要的线条，如表 1-1 所示。

表 1-1　家兔注射胰岛素前后的血糖浓度

实验	注射前血糖浓度/(mg/dL)	注射后血糖浓度/(mg/dL)
家兔 A	146.67	62.67
家兔 B	133.45	88.37
家兔 C	154.93	79.29

注：以上结果为 3 次独立实验结果。

(二) 实验数据的处理与分析

对实验所得的数据和信息进行正确的分析和处理是解决问题的关键，但由于误差的存在，实验测定所得的结果往往与客观存在的真实值之间存在一定的差异。

1. 实验的误差

实验的误差根据来源分为系统误差和随机误差。方法、仪器、试剂等都可能造成系统误差，如刻度不准确，砝码未校正，外界温度、压力、湿度等环境变化，实验方法本身的不完善等。通常系统误差所带来的偏差不是概率分布，即同一条件下多次测定同一样本时，测定误差的大小正负保持一定。因此，系统误差常是可以估计的，并能够设法减小或加以校正。

随机误差产生的原因则是一些偶然因素，本身难以发现，也难以控制。随机误差时大时小、时正时负，具有一定的统计规律。一般来说，随着测定次数的增加，随机误差的算术平均值逐渐趋近于零。

2. 准确度和精密度

通常，用准确度来描述测定结果和真实值之间的接近程度。误差越大，准确度越低。用相对误差来比较测定结果的准确度更为合理。

$$\text{绝对误差}=\text{个别测定值}-\text{真实值}$$

$$\text{相对误差}=\frac{\text{个别测定值}-\text{真实值}}{\text{真实值}}\times 100\%$$

同时，用精密度体现测定结果的再现性。精密度用偏差表示，偏差越小，精密度越高。

$$绝对偏差=个别测定值-测定平均值$$

$$相对偏差=\frac{个别测定值-测定平均值}{测定平均值}\times 100\%$$

如果对同一试样进行了 n 次测定，测得结果分别为 X_1，X_2，…，X_n，则：

$$算术平均值\ \overline{X}=\frac{\sum_{i=1}^{n}X_i}{n}$$

$$算术平均偏差\ \delta=\frac{\sum_{i=1}^{n}\left|X_i-\overline{X}\right|}{n}$$

$$相对平均偏差=\frac{\delta}{\overline{X}}\times 100\%$$

$$标准偏差(标准偏差越小，偏离平均值就越少)\ S=\sqrt{\frac{\sum_{i=1}^{n}(X_i-\overline{X})^2}{n-1}}$$

3. 数据表示方法

利用对照试验、空白试验，并校准仪器和校正方法，可以有效地减少系统误差。而在实验中采取多次($n\geqslant 3$)测定并求平均值可以减少随机误差，提高准确程度。因此，在实验报告和科研论文中，结果常用“平均值±标准偏差”表示。

4. 正确处理实验数据

由于不遵守标准操作规程和规则，或在记录测定结果时粗心大意而造成的结果偏差会导致获得错误的测定值。错误的结果常远远偏离真实值，在分析时不可用。因此，对于肯定是错误的测定数据在分析时要予以剔除。对于怀疑是错误的数据，要重复实验来验证。

5. 常用软件

常用的数据分析软件有 Excel、SAS 和 SPSS 等。Excel 是数据分析中最基础、最易掌握的软件，图形工具也很强大，但不适宜做大型的统计分析。SAS 具有十分完备的数据访问、数据管理和数据分析的功能，是国际上公认的数据统计分析标准软件。但 SAS 由汇编语言编写而成，使用时通常要求编写程序，比较适合专业的统计人员使用。

与 SAS 相比，同样作为常用统计软件，SPSS 操作就比较方便。它的界面与 Excel 类似(图 1-3)，操作者只需要通过点选菜单就可以完成复杂的统计命令。SPSS 的统计方法比较齐全，仅 SPSS Base 模块就提供了多重统计分析方法，如统计描述、偏相关分析、多元回归、非参数检验等。输出结果比较直观，还可以同时绘制图形和表格。可以满足绝大多数生物化学与分子生物学相关实验结果分析的要求。

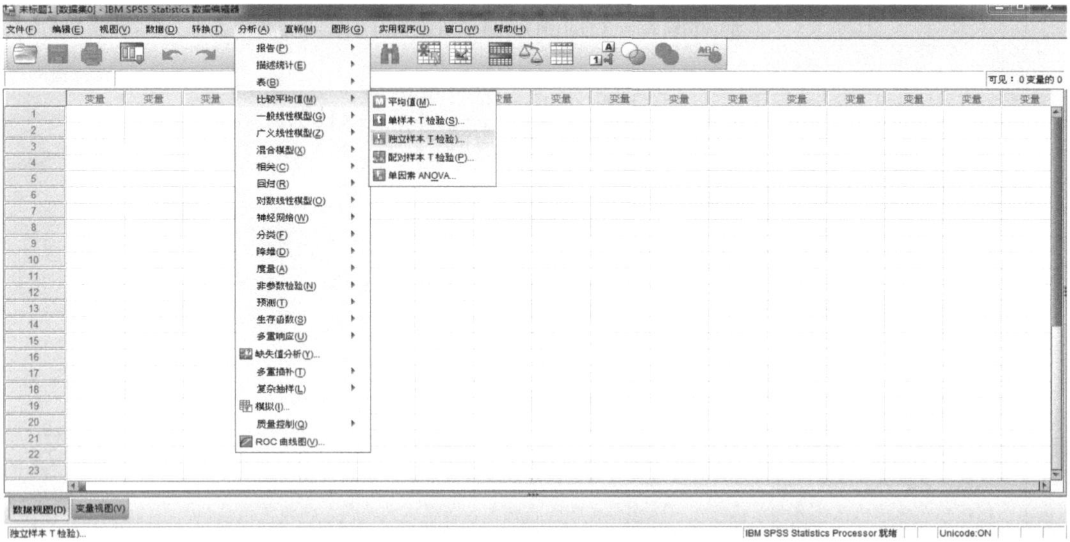

图 1-3　SPSS 操作界面

（林　佳）

第二章　实验室常用仪器设备、常用试剂及常用实验技术

一、实验室常用玻璃仪器的介绍

实验过程中会使用到各种玻璃仪器，本部分对常用玻璃仪器的名称、规格、使用和洗涤方法进行简要介绍。

(一) 常用玻璃仪器

1. 量筒和量杯

量筒和量杯是生物化学与分子生物学(后简称“生化”)实验室常用的计量玻璃仪器，多用于量取数量要求不甚精确的液体，其规格主要有 5mL、10mL、25mL、50mL、100mL、250mL、500mL、1000mL、2000mL 等多种。量杯呈圆锥形，带倾出嘴。量筒为圆柱形，有具嘴和具塞无嘴两种形式。量筒和量杯一般都用于配制定性试剂和普通试剂。

2. 容量瓶

容量瓶是容量仪器，主要用于配制各种要求较精确的分析试剂或标准试剂。其规格有 10mL、50mL、100mL、200mL、250mL、500mL、1000mL、2000mL 等多种。容量瓶分无色和棕色两种，不能直接加热，也不能用高温烘烤，否则易造成误差。

3. 刻度吸管

刻度吸管又称吸量管或吸管，是一种有精确刻度的直形玻璃管。其精确度较高，使用灵活方便。其规格主要有 0.1mL、0.5mL、1.0mL、2.0mL、5.0mL、10.0mL 等几种。刻度吸管有刻度到尖端和刻度不到尖端两种。刻度到尖端的又分为“吹”和“不吹”两种。刻度吸管是生化实验室最常用的容量仪器之一，应正确掌握其使用方法。

刻度吸管的使用方法：应选择合适的吸管，一般选择容量等于或略大于需量取体积的吸管。使用时，一般以右手持吸管，左手持吸球。右手拇指、中指、无名指及小指固定吸管，食指放在吸管上口旁，吸液时保持吸管平衡，吸液后随时压盖上口。将吸管尖端插入试剂液面以下 2～3cm，用吸球将液体小心吸入，使液面超过吸管最上面的刻度 2～3cm，移开吸球，同时右手食指快速按住管口。吸入液体后，吸管内液体形成一个向下的弯月形液面。当视线与液面在同一水平线上时，弯月面(液面)下缘所处的刻度即为管内液面的读数。轻轻移动食指，调节管内液体至吸管的最大容量或需求的体积数量，用吸水纸或滤纸片吸干吸管外壁黏挂的液体，然后将所需数量的液体小心放入目标容器内。

(二)常用玻璃仪器的洗涤

在生化、免疫、细胞和分子生物学实验中，玻璃仪器清洁与否直接影响实验结果的准确性，因此玻璃仪器的洗涤是生化基础技能之一。

1. 洗涤

非定量敞口玻璃仪器，如试管、离心管、烧杯、烧瓶等均可直接用毛刷蘸肥皂或去污粉擦洗，然后用自来水反复冲洗，最后用少量蒸馏水冲洗内壁 3 遍。洗前要检查毛刷顶端的铁丝是否裸露。洗刷时用力不能过猛，否则会戳破仪器。

对定量玻璃仪器，如容量瓶、滴定管、吸量管等，先用自来水冲洗，沥干后放入铬酸洗液中浸泡数小时，然后取出倒尽洗液，再用自来水充分冲洗，最后用少量蒸馏水冲洗内壁 3 遍。

对某些口小肚大或毛刷刷洗不便的玻璃仪器，可将洗液倒入仪器内(约占仪器容量的 1/4)，小心转动仪器，使仪器内表面完全被洗液润湿，并保持一段时间，然后将洗液倒出，再按上述方法用自来水、蒸馏水冲洗。

2. 清洁的标准

洗涤洁净的玻璃仪器被水完全润湿后，壁内外呈均匀水膜，玻璃壁光洁无痕迹，不挂水珠。否则表明尚未洗涤干净，应按上述方法重新洗涤。

3. 玻璃仪器的干燥

在实验中，仪器干燥与否有时是实验成败的关键，因此在仪器洗净后，还应进行干燥。干燥方法有以下几种。

(1) 晾干　实验仪器应尽量采用晾干法。仪器洗净后，先倒尽其中的水滴，然后晾干。在实验过程中应该有计划地利用实验中的零星时间,把下次实验需用的玻璃仪器洗净并晾干。

(2) 烘干　烘箱温度保持在 100～120℃。仪器放入前需要尽量倒尽其中的水，然后放在瓷盘内，仪器口朝下，厚壁仪器(如量筒、吸滤瓶)不宜在烘箱中烘干。分液漏斗和滴液漏斗必须在拔去盖子和活塞后才能放入烘箱烘干。

(3) 用有机溶剂干燥　体积小的仪器急需干燥时，可采用有机溶剂干燥法。洗净的仪器先用少量乙醇洗涤一次，再用少量丙酮或乙醚洗涤，最后在空气(不必加热)中晾干。将用过的溶剂倒入回收瓶中。

4. 洗涤液的配制

在某些情况下，需要使用洗涤液进行洗涤。洗涤液的种类和配制方法有以下几种。

(1) 合成洗涤剂　合成洗涤剂主要有去污粉、洗衣粉、洗洁精等，应用范围广，使用方便，去污力强。使用时将合成洗涤剂配成 1%～2%的水溶液即可。

(2) 铬酸洗液　铬酸洗液是将浓硫酸加入重铬酸钾水溶液中配制而成的溶液，通常称为清洁液。铬酸洗液是实验室最常用的洗涤液，具有强氧化性和强酸性。铬酸洗液的配制方法具体如下。

配法一：取重铬酸钾 80g，溶于 1000mL 水中，慢慢沿玻璃棒加入 100mL 浓硫酸即可。

配法二：取重铬酸钾 200g，溶于 500mL 水中，可加热助溶。冷却后慢慢沿玻璃棒加入 500mL 浓硫酸，边加边搅拌，温度过高时(产生较多雾汽时)可适当冷却后再继续加浓硫酸。

配法三：取重铬酸钾 10g，放入 500mL 烧杯中，加入 100mL 水配制成重铬酸钾溶液。冷却后沿玻璃棒缓缓加入 200mL 浓硫酸。边加边搅拌，温度过高时可适当冷却后再继续加浓硫酸。

(3) 有机溶剂　　丙酮、乙醇、乙醚等有机溶剂可用于洗脱油脂及脂溶性染料，二甲苯可洗脱油漆等污垢。

二、常用试剂的配制、缓冲溶液与缓冲体系的介绍

配制试剂是实验室的一项重要工作。配制一般化学试剂前，应熟悉试剂的纯度、相对分子质量及有关特性，掌握配制规程、配制要领；配制某些特殊试剂前，应了解试剂中各成分的相互作用、反应原理和配成后的质量和性能等，然后按照规定步骤认真配制。用不正确的方法配制的试剂可能出现的问题有：混浊、沉淀，变色而失效，甚至还可能导致危险事故(如水向浓硫酸里倾倒)。特别是配制一些基准试剂和标准试剂时，更应严格按规程精心配制。

(一) 常用试剂配制要点

1. 选择溶剂

试剂的配制一般需用蒸馏水或去离子水作为溶剂，有特殊要求的可用其他溶剂配制。

2. 称量溶质

固体溶质一般用称重法称取，液体溶质一般用滴定法量取。

3. 标准溶液配制

配制基准试剂和标准试剂时，应先将溶质烘烤(一般为 100～120℃，烘烤 2h 以上)，放干燥器内干燥至恒重，然后在分析天平上精确称取规定质量，溶解后，在 20℃条件下，用经过校正的精密容量瓶配制成规定体积。

4. 溶解及助溶

配制试剂一般通过搅拌溶解溶质，但有些试剂需加热助溶，在助溶后应放室温冷却至 20℃左右，再稀释至所需体积。某些试剂在配制过程中可能产生高热，在配制时应不断搅拌，必要时稍冷却后再进行。

5. 其他

试剂配制量要视需要量而定，一般不宜多配，以免造成浪费。配制好的试剂要及时装瓶、贴好标签。标签纸的大小应与容器大小相适应，标签应贴在试剂瓶的上 2/3 处。标签上要写明试剂名称、浓度、配制时间及配制人等，溶剂不是蒸馏水时还应标明溶剂名称。用于无菌

实验的试剂还应进行高压灭菌或过滤除菌等无菌处理，最后要根据试剂的保存条件（温度、光照条件等）分别进行保存。

（二）实验试剂的使用

1. 核对

认真核对试剂的名称、浓度等与实验要求是否相符。

2. 观察

仔细观察试剂的品质变化，如发现试剂混浊、沉淀、生霉或变色等情况，则不能使用，并及时上报。

3. 取用

取用液体试剂时，应使贴有瓶签的一侧向手心，以免试剂污损瓶签。由瓶内倒出的试剂不得再倒回原瓶内，以免污染瓶内试剂。每次取用试剂后要及时盖上瓶盖，以免不同试剂瓶盖错盖，造成试剂污染或变质。

（三）溶液浓度

把一定量的溶液或溶剂中所含溶质的量称为浓度。浓度常有以下几种表示方法。

（1）百分比浓度　百分比浓度是指溶质的质量除以溶液的质量。

$$\text{百分比浓度} = \frac{\text{溶质的质量}}{\text{溶液的质量}} \times 100\%$$

（2）物质的量浓度　物质的量浓度是指溶质的物质的量除以溶液的体积，其单位是摩尔每升（mol/L）。

$$\text{物质的量浓度} = \frac{\text{溶质的物质的量}}{\text{溶液的体积}}$$

（3）体积分数　体积分数是指溶质的体积与溶液的体积的百分比。

$$\text{体积分数} = \frac{\text{溶质的体积}}{\text{溶液的体积}} \times 100\%$$

（四）缓冲溶液

缓冲溶液是一类能够在加入少量酸和碱的情况下，仍能维持 pH 基本不变的溶液。溶液的这种抗 pH 变化的作用称为缓冲作用。缓冲溶液通常是由一或两种化合物溶于溶剂（即蒸馏水）所得的溶液，溶液内所溶解的溶质（化合物）称为缓冲剂，调节缓冲剂的配比即可制得不同

pH 的缓冲液。

缓冲溶液的正确配制和 pH 的准确测定，在研究工作中有着极为重要的意义，因为在生物体内的各种生物化学过程都是在精确的 pH 下进行的，而且受氢离子浓度的严格调控，能够做到这一点是因为生物体内有完善的天然缓冲系统。生物体内细胞的生长和活动需要一定的 pH，体内 pH 环境的任何改变都将引起与代谢有关的酸碱电离平衡移动，从而影响生物体内细胞的活性。为了在实验室条件下准确地模拟生物体内的天然环境，就必须保持体外生物化学反应过程有与体内过程完全相同的 pH，此外，各种生化样品的分离纯化和分析鉴定也必须选用合适的 pH。因此，在各种研究工作和开发工作中，了解各种缓冲试剂的性质，准确、恰当地选择和配制各种缓冲溶液，精确地测定溶液的 pH，是非常重要的基础实验工作。

生化实验中常用的缓冲液主要有以下几种。

(1) *磷酸盐缓冲液*　磷酸盐是生物化学研究中使用最广泛的一种缓冲剂，由于它们均是二级解离，有两个 pK_a 值，因此用它们配制的缓冲液的 pH 范围最宽。

NaH_2PO_4：$pK_{a_1}=2.12$，$pK_{a_2}=7.21$。

Na_2HPO_4：$pK_{a_1}=7.21$，$pK_{a_2}=12.32$。

配酸性缓冲液：用 NaH_2PO_4，pH=1～4。

配中性缓冲液：用混合的两种磷酸盐，pH=6～8。

配碱性缓冲液：用 Na_2HPO_4，pH=10～12。

用钾盐比钠盐好，因为低温时钠盐难溶，钾盐易溶，但若配制 SDS-聚丙烯酰胺凝胶电泳的缓冲液时，只能用磷酸钠而不能用磷酸钾，因为 SDS（十二烷基硫酸钠）会与钾盐生成难溶的十二烷基硫酸钾。

磷酸盐缓冲液的优点：容易配制成各种浓度的缓冲液；适用的范围宽；pH 受温度的影响小；缓冲液稀释后 pH 变化小，如稀释至原浓度的 1/10 后 pH 的变化小于 0.1。

磷酸盐缓冲液的缺点：易与常见的 Ca^{2+}、Mg^{2+}及重金属离子缔合生成沉淀；会抑制某些生物化学过程，如对某些酶的催化作用会产生某种程度的抑制作用。因此，近年来另一种缓冲液（Tris 缓冲液）得到更多的应用。

(2) *Tris 缓冲液*　Tris[三羟甲基氨基甲烷，*N*-tris (hydroxyrnethyl) aminomethane]缓冲液在研究中的使用有越来越多并超过磷酸盐缓冲液的趋势。例如，在 SDS-聚丙烯酰胺凝胶电泳中多使用 Tris 缓冲液，而很少再用磷酸盐缓冲液。

Tris 缓冲液的常用有效 pH 范围是“中性”，例如，Tris-HCl 缓冲液 pH=7.5～8.5；Tris-磷酸盐缓冲液 pH=5.0～9.0。

Tris-HCl 缓冲液的优点：Tris 的碱性较强，可以用这种缓冲体系配制 pH 范围由酸性到碱性的大范围 pH 的缓冲液；对生物化学过程干扰很小，不与 Ca^{2+}、Mg^{2+}及重金属离子发生沉淀。

Tris-HCl 缓冲液的缺点：缓冲液的 pH 受溶液浓度影响较大，缓冲液稀释至原浓度的 1/10 时，pH 的变化大于 0.1。温度效应大，温度变化对缓冲液 pH 的影响很大，即：$\Delta pK_a=-0.031/℃$。例如，4℃时缓冲液的 pH=8.4，则 37℃时的 pH=7.4，所以一定要在使用温度下进行配制。室温下配制的 Tris-HCl 缓冲液不能用于 0～4℃。配制好的缓冲液易与空气中的 CO_2 发生反应导致缓冲液 pH 改变，所以配制好的缓冲液要盖严密封。缓冲液会对某些 pH 电极发生一定的干扰作用，所以要使用与 Tris 溶液具有兼容性的电极。

(3) 有机酸缓冲液　有机酸缓冲液多数是用羧酸与它们的盐配制而成，pH 范围为酸性，即 pH=3.0～6.0。最常用的有机酸是甲酸、乙酸、柠檬酸和琥珀酸等。

甲酸-甲酸盐缓冲液很有用，因其挥发性强，使用后可以用减压法除去。乙酸-乙酸钠和柠檬酸-柠檬酸钠缓冲体系也使用得较多，柠檬酸有 3 个 pK_a 值：$pK_{a_1}=3.10$，$pK_{a_2}=4.75$，$pK_{a_3}=6.40$。琥珀酸有 2 个 pK_a 值：$pK_{a_1}=4.18$，$pK_{a_2}=5.60$。

有机酸缓冲液的缺点：所有这些羧酸都是天然的代谢产物，因而会对生化反应过程产生一定的干扰作用；柠檬酸盐和琥珀酸盐可以和过渡金属离子（Fe^{3+}、Zn^{2+}、Mg^{2+}等）结合而使缓冲液受到干扰；这类缓冲液易与 Ca^{2+}结合，所以样品中有 Ca^{2+}时，不能用这类缓冲液。

(4) 硼酸盐缓冲液　硼酸盐缓冲液常用的有效 pH 是 8.5～10.0，因而它是碱性范围内最常用的缓冲液。

硼酸盐缓冲液的优点：配制方便，只使用一种试剂。

硼酸盐缓冲液的缺点：能与很多代谢产物形成络合物，尤其是能与糖类的羟基反应生成稳定的复合物而使缓冲液受到干扰。

(5) 氨基酸缓冲液　氨基酸缓冲液使用的范围宽，可用于 pH 2.0～11.0，最常用的有以下几种。

甘氨酸-HCl 缓冲液：pH=2.0～5.0。

甘氨酸-NaOH 缓冲液：pH=8.0～11.0。

甘氨酸-Tris 缓冲液：pH=8.0～11.0（此缓冲液广泛用于 SDS-聚丙烯酰胺凝胶电泳的电极缓冲液）。

组氨酸缓冲液：pH=5.5～6.5。

甘氨酰胺（glycine amide）缓冲液：pH=7.8～8.8。

甘氨酰甘氨酸（glycylglycine）缓冲液：pH=8.0～9.0。

氨基酸缓冲液的优点：为细胞组分和各种提取液提供近似天然的溶液环境。

氨基酸缓冲液的缺点：与羧酸盐和磷酸盐缓冲体系相似，对某些生物化学反应过程会有所干扰。

三、离心技术

离心技术是一种分离技术，通过离心机（centrifuge）来实现。离心机的原理是微小粒子的悬浮液在绕轴旋转时产生离心力，微小粒子的质量、大小等因素使得不同种类的物质被分离。随着离心技术的发展，离心装置也不断完善，离心速度经历了由低速到高速、超速的发展过程，离心机结构也更加复杂，加入了冷冻系统、真空系统和良好的操作系统。

（一）离心中常用概念

1. 离心力

离心作用是指在一定角速度下做圆周运动的任何物体都会受到一个向外的离心力

(centrifugal force，F_c)。

$$F_c=m\omega^2R$$

式中，ω 是旋转角速度，以弧度/秒(rad/s)为单位；R 是颗粒离旋转中心的距离，以厘米(cm)为单位；m 是质量，以克(g)为单位。

2. 相对离心力

由于各种离心机转子的半径或者离心管至旋转轴中心的距离不同，离心力会变化，因此在文献中常用“相对离心力”(relative centrifugal force，RCF)或“数字×g”表示离心力。只要 RCF 值不变，一个样品可以在不同的离心机上获得相同的结果。

RCF 就是实际离心场转化为重力加速度的倍数。

$$F_c=m\omega^2R \qquad F_{重力}=mg$$

$$\mathrm{RCF}\,(g)=F_c/F_{重力}=m\omega^2R/mg=1.118\times10^{-5}\times n^2\times R$$

式中，R 为离心转子的半径距离，以厘米(cm)为单位；g 为地球重力加速度(980cm/s)；n 为转子每分钟的转数，以转/分钟(r/min)为单位。

3. 沉降系数

Svedberg 对沉降系数(sedimentation coefficient，S)下的定义为：颗粒在单位离心力场中移动的速度。

一般不同物质的沉降系数 S 实际上常在10^{-13}s 左右，故把沉降系数10^{-13}s 称为1个 Svedberg 单位，简写 S，量纲为秒(s)。

4. 沉降速度

沉降速度(sedimentation velocity)是指在离心力作用下，单位时间内物质运动的距离。

$$\frac{\mathrm{d}R}{\mathrm{d}t}=\frac{2(\frac{D}{2})^2(\rho_\mathrm{p}-\rho_\mathrm{m})}{9\eta}\omega^2R=\frac{D^2(\rho_\mathrm{p}-\rho_\mathrm{m})}{18\eta}\omega^2R$$

式中，D 为球形粒子直径，η 为流体介质的黏度，ρ_p 为粒子的密度，ρ_m 为介质的密度。

$$\mathrm{S}=\frac{\frac{\mathrm{d}R}{\mathrm{d}t}}{\omega^2R}=\frac{\frac{\mathrm{d}R}{\mathrm{d}t}}{18}\frac{D^2(\rho_\mathrm{p}-\rho_\mathrm{m})}{\eta}$$

当 $\rho_\mathrm{p}>\rho_\mathrm{m}$，则 S>0，粒子顺着离心方向沉降；当 $\rho_\mathrm{p}=\rho_\mathrm{m}$，则 S=0，粒子到达某一位置后达到平衡；而当 $\rho_\mathrm{p}<\rho_\mathrm{m}$ 时，则 S<0，粒子逆着离心方向上浮。

5. 沉降时间

在实际工作中，常常遇到要求在已有的离心机上把某一种溶质从溶液中全部沉降分离出来，这就要求首先知道用多大转速与多长时间可达到目的。如果转速已知，则需知沉降时间(sedimentation time，T_s)以确定分离某粒子所需的时间。

(二)离心方法

为了分离不同要求的样品，需要用不同的离心方法。一般有制备型离心方法和分析型离心方法。根据待分离物理化性质的不同，制备型离心可分为差速沉淀离心、速度区带离心和等密度离心等。要获得最佳分离效果，采用这些方法时，还要选择合适的离心转头。

1. 差速沉淀离心

差速沉淀离心(differential centrifugation)一般是指分步改变离心速度，用不同的离心力使具有不同质量的物质分批沉淀分离的方法。它适用于沉降速度差别在一到几个数量级的混合样品的分离。差速沉淀离心一般采用角度转头。

2. 速度区带离心

速度区带离心(rate zonal centrifugation)是将样品置于一个平缓的介质梯度中沉降，该梯度的最大密度低于样品混合物的最小密度，样品颗粒按照其不同的沉降速度沉降，从而相互分离。经过一定时间的离心后，不同大小的颗粒将沉淀在不同的层次上，产生所谓的区带。这种方式的离心适合于密度相似的多种样品的分离。

(三)离心机的构造

离心机一般由驱动系统、离心室、转头、冷冻系统、真空系统、操作系统等组成。

1. 驱动系统

驱动系统主要由电机和转轴组成。电机提供离心的旋转速度，其通过皮带将旋转速度传送给转轴。

2. 离心室

离心室一般由不锈钢钢板做成，在真空、低温下进行高速旋转。这种结构可防止转头发生爆炸，进而避免对操作人员造成伤害。

3. 转头

转头是将离心管放置其中，进行离心的地方。转头分为角度转头(fixed angle rotor)、甩平转头(swing-out rotor)、垂直转头(vertical rotor)等。

4. 冷冻系统

冷冻系统的主要任务是由制冷部分将离心室的温度降下来，其通过盘在离心室外的冷却管将温度传导给离心室。

5. 真空系统

离心时由于高速旋转，空气流将影响转头平稳，因此需要利用真空泵对离心机进行抽真空。

6. 操作系统

操作系统是控制机器运行的部分，包括电源开关(power)、速度(speed)控制器、时间控制器(timer)、温度(temperture)控制器、真空(vaccum)控制器、刹车控制器(braker)等。

(四)离心机的分类

离心机分类的方法较多。按离心速度分类，离心机可分为低速离心机、高速离心机、超速离心机。低速离心机的转速为小于 3500r/min，高速离心机转速为 3500～50 000r/min，超速离心机的转速为 50 000r/min 以上。按离心用途分类，离心机可分为制备型离心机和分析型离心机。还有其他一些分类法是将离心机分为台式和落地式，小型和大型等。

(五)离心机使用注意事项

1)平衡好每一对离心管内的离心物。

2)将平衡好的每一对离心管对称放置在离心套筒内。

3)离心速度不能超过规定的转头限制速度，否则会发生离心管爆炸或套筒飞出等事故。

4)严格按照操作说明进行操作，不要改变操作步骤。

四、分光光度技术

有色溶液对光线有选择性吸收作用，不同物质由于其分子结构不同，对不同波长光线的吸收能力不同，因此每种有色溶液都具有其特异吸收光谱的能力。有些无色溶液则对特定波长的光线具有吸收作用。分光光度技术即根据 Lambert-Beer 定律来鉴定物质的性质及含量的。

(一)原理

1. 光的基本知识

光由光量子组成，具有二重性，即不连续微粒性和连续波动性。波长和频率是光的波动特征，可用下式表示

$$\lambda = \frac{c}{v}$$

式中，λ 表示波长，c 表示光速，v 表示频率(光每秒的振动次数)。

分光光度计的检测波长一般为 200～10 000nm，200～400nm 为紫外光区，400～760nm

为可见光区，760～10 000nm 为红外光区。

2. 朗伯-比尔(Lambert-Beer)定律

当一束单色光通过溶液后，由于溶液吸收了光能，光的强度减弱。若入射光强度为 I_0，透过溶液的浓度为 C，光通过液体的光程为 b，透射光强度为 I，透射光强度与入射光强度的比值称为透光度 T(transmittance)。当符合 Lambert-Beer 定律条件时

$$T=\frac{I}{I_0}=10^{-KbC}$$

式中，K 为比例常数。上式通过数学变换得

$$-\lg T=-\lg\frac{I}{I_0}=\lg\frac{I_0}{I}=\lg\frac{1}{T}=KbC$$

将$-\lg T$ 称为吸光度 A(absorptivity)。

(二)分光光度计的基本结构

分光光度计用于测定溶液中物质的含量。其基本结构如图 2-1 所示。

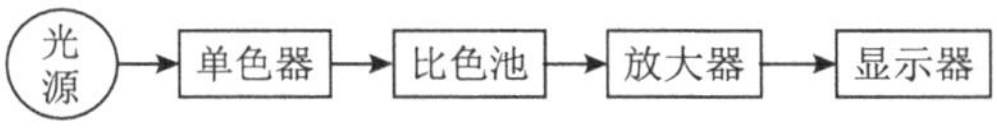

图 2-1　分光光度计基本结构图

光源：提供所需波长范围的连续光谱，稳定且有足够强度光的装置。常用光源有白炽灯、气体放电灯(氢灯、氖灯)、金属弧灯等多种。

单色器：将混合光通过棱镜或光栅分离出单色光的装置，使需要的单色光通过比色池。

比色池：将装有样品液比色皿放入光路中进行比色的装置。

放大器：将光敏管接收到的微弱信号放大的装置。

显示器：显示器检测到的信号，包括透光度 T、吸光度 A、浓度指标。

(三)分光光度计的应用

分光光度计主要用来测定未知溶液的浓度，如常用于测定蛋白质、核酸及其他物质的浓度，可见分光光度法或紫外分光光度法都是较常用的方法。此外，利用分光光度计绘制不同待测物质的吸收光谱曲线可用于鉴定化合物。

(四)分光光度计的常用类型

可见分光光度计、紫外分光光度计、红外分光光度计的分类是以光敏管接收的波长范围为依据的。可见分光光度计可测定的波长为 400～760nm；紫外分光光度计为 200～400nm；

红外分光光度计可测定的波长大于 760nm。

(五)分光光度计的使用

1. 确定待测样品的波长

一般选择该测定物质的特征波长。样品包括空白液、标准液、测定液，所有样品装入比色皿中进行测定，不同的分光光度计使用的比色皿有一定的要求。紫外分光光度计、红外分光光度计使用的是石英比色皿，可见分光光度计可使用玻璃、有机塑料比色皿。比色皿还按容量的大小分为一般比色皿和微量比色皿，使用时比色皿透光面对准光路。

2. 使用分光光度计的基本步骤

1)打开电源预热30min，选择波长，将待测样品放置在样品池，关闭样品池盖，并将空白液对准光路。

2)透光度调节：关闭样品池盖，调节至“T”档，光路通过空白液，使透光度为 100.0%，如显示不为 100.0%，按相应 100%键调节；打开样品池盖，调节 0%键，使透光度为 0.000，重复上述步骤一次。

3)吸光度调节：将“T”档转换至“A”档，通过空白液的吸光度值应为 0.000，如果不为 0.000，调节 A 键使吸光度为 0.000。

4)拉动比色杆，分别读取样品的吸光度值。

3. 确定待测液样品的浓度

1)标准管计算法：由于$A=KCL$，$A_{测}=KC_{测}L$，$A_{标}=KC_{标}L$，两个样品具有相同的L及K，两样品就对应成比例，即可得到

$$C_{测}=A_{测}/A_{标}\times C_{标}$$

上式为实验操作中常用的计算公式。因比色皿和溶剂也会产生一定的吸光度，故需设置一个空白管，即其中除了待测溶质外，其他成分完全相同。空白管对仪器调零，消除非待测物质的吸收，所测值即为待测物的吸光度。

2)标准曲线法：先配制一系列已知的不同浓度的测定物溶液，与待测液同样方法处理，分别读取各管吸光度值，以各管吸光度值为纵坐标，各管溶液浓度为横坐标，绘制标准曲线，在一定的浓度范围内标准曲线应该是一条直线。然后测定待测液的吸光度，即可从标准曲线上查到相应的浓度。

一般认为，标准曲线的范围为测定物浓度的 0.5～2.0 倍，并以吸光度为 0.05～1.00 为宜。所绘标准曲线仅供短期使用。标准曲线与待测管测定应在同一台仪器上进行，以免产生误差。

4. 分光光度计的误差

1)比色皿的使用和清洗。测定波长在 360nm 以上时，可用玻璃及石英比色皿；波长在 360nm 以下时要用石英比色皿。

2）同组使用的比色皿必须配套。可将比色皿在选择测定的波长上，比较每个比色皿的透光度差别，小于 0.5%可以配套使用。

3）比色皿的四面仅有两面是光滑透明的光学玻璃，另两面则为磨砂玻璃。比色皿光学玻璃表面不能有任何污染，否则会引起光吸收的增加。因此拿取比色皿时，只能用手接触两侧的磨砂玻璃面，避免接触透明光学面。

4）盛装溶液时，液体约占全部容积的2/3，比色皿中所盛溶液不能太少，否则光路不能透过待测液体；溶液过多易洒出，从而污损或腐蚀仪器。光学面如有残液可用擦镜纸或丝绸擦拭，不能使用纱布等粗糙物擦拭。

5）凡含有腐蚀玻璃物质的溶液，不得长时间盛装在比色皿中。

6）每次使用后，应立即倒空并用蒸馏水冲洗比色皿 3～4 次。必要时可用 1：1 的盐酸浸泡，然后再用蒸馏水冲洗干净。

7）从仪器角度考虑，影响分光光度计准确性的因素主要是光谱的纯度和杂散光的影响。在测定时选择该物质的最大吸收波长，以减少干扰的影响。

五、层析技术

层析法（chromatography）又称色谱法，是一种物理或物理化学的分离分析方法。层析法是利用混合物中各组分的理化性质（如吸附力、分子形状和大小、分子极性、分子亲和力、分子解离度等）的差别，使各组分在支持物上集中分布于不同部位，从而得以分离的方法。

任何层析都必须具有两相，即固定相和流动相。在层析过程中，固定相的位置固定不动，并阻止所分离的组分向前移动（阻力）；流动相相对于固定相做单相运动，并带动所分离的组分向前移动（动力）。由于混合物中各组分的理化性质的差异，各组分受同一固定相和流动相的阻力和动力大小不同，从而在固定相上的移动速度不等，使得性质上只有微小差异的各组分得以分离，再配合相应的光学、电子学、电化学和其他相关检测手段，就可对各组分进行定性和定量分析。

（一）层析原理

层析技术的理论基础是固定相和流动相的相对移动。在层析过程中，被测组分在相对移动着的两相之间达到分配平衡。若混合物中两个组分的分配系数不同，则两组分被流动相推动移动的速度就不同，从而达到分离的目的。因此，分配系数不同是被测组分得以分离的前提。

1. 分配系数

分配系数（K）是指在一定条件下，被测组分在固定相及流动相中达到分配平衡时，在两相中的浓度之比。

$$K=\frac{c_{\mathrm{s}}}{c_{\mathrm{m}}}$$

式中，c_s表示被测组分在固定相中的浓度，c_m表示被测组分在流动相中的浓度。

上述是液-液层析的分配系数的定义，是狭义的分配系数。在不同的层析法中，K有不同的概念。广义的分配系数包括：液-液层析法的分配系数、吸附层析法的分配系数、离子交换层析法的选择系数及凝胶层析法的渗透系数等。这些系数的物理意义虽然各异，但一般情况下均可用狭义的分配系数来描述。

在层析过程中，K值所表示的是被测组分与固定相分子间作用力的大小。K值大，表示该组分与固定相的亲和力大，其在固定相中的浓度就大，在柱中停留时间就长；K值小，表示该组分与固定相的亲和力小，其在流动相中的浓度就大，必将较快地流出柱床。所以两组分的K值差别越大，越易分离。

2. 保留时间

被测组分从进样开始到某个组分出峰至峰顶时所需的时间称为该组分的保留时间(t_R)。

3. 保留体积

保留体积是指样品组分通过层析柱出峰至峰顶时所需流动相的体积，它等于保留时间与流动相流速的乘积。

4. 死时间

在层析过程中，流动相充满未被固定相占有的空间，即流动相流经整个层析柱所需时间，称为死时间(t_0或t_m)。

5. 分配系数与保留时间的关系

设在单位时间内，一个分子在流动相中出现的概率(或在流动相中停留的时间)以R'表示。若$R'=1/3$，则该分子有1/3时间在流动相中，2/3时间在固定相中。对于大量分子，则可表示有1/3的溶质分子在流动相中，2/3(即$1-R'$)的溶质分子在固定相中。若以V_m表示流动相在层析柱(或薄层板)中所占的体积，以V_s表示固定相在层析柱(或薄层板)中所占的体积，则溶质分子在流动相及固定相中的量可分别用c_mV_m与c_sV_s表示，所以

$$\frac{1-R'}{R'}=\frac{c_sV_s}{c_mV_m}$$

整理后

$$\frac{1}{R'}=1+K\frac{V_s}{V_m}$$

由于R'表示溶质分子在流动相中出现的概率，若$R'=1/3$，则表示它在层析柱中的移动速度为流动相分子移动速度的1/3。而流动相流经整个层析柱的时间为t_0，溶质分子流经同一路程所需时间t_R将是t_0的$1/R'$倍，即

$$t_R=\frac{t_0}{R'}$$

因为

$$\frac{1}{R'}=1+K\frac{V_s}{V_m}$$

所以

$$t_R=\frac{t_0}{R'}=t_0(1+K\frac{V_s}{V_m})$$

这是层析中最基本的公式之一。在一定条件下（固定相、流动相的性质及体积已定，实验温度一定），保留时间 t_R 主要取决于分配系数 K。K 值不同的组分，在层析柱中停留的时间不同，K 值大的停留时间长，反之，停留时间就短。因此，混合物中的各组分可因 K 值不同而得以分离。若两组分 K 值相近，可通过改变流动相或固定相的性质或改变实验温度，扩大两组分分配系数的差异以达到分离目的。

（二）层析分类

从不同的角度可将层析技术分为不同的种类。

1. 按两相物理状态分类

在层析过程中，总是有两相，即固定相和流动相。固定相可以是固体，也可以是液体；流动相可以是液体，也可以是气体。根据两相的物理状态不同，可将层析分为以下两大类。

（1）气相层析　在层析过程中，以气体作为流动相的称为气相层析（gas chromatography，GC）。在气相层析中，又根据固定相所处的状态不同，分为气固层析（gas-solid chromatography，GSC，固定相为固体）和气液层析（gas-liquid chromatography，GLC，固定相为液体）。

（2）液相层析　在层析过程中，以液体作为流动相的称为液相层析（liquid chromatography，LC）。在液相层析中，又根据固定相所处的状态不同，分为液固层析（liquid-solid chromatography，LSC，固定相为固体）及液液层析（liquid-liquid chromatography，LLC，固定相为液体）。高效液相层析（high performance liquid chromatography，HPLC）是指液体流动相在压力下通过固体层析柱，有很精确的分离效果。

2. 按分离原理分类

根据层析过程的分离原理，可将层析分为吸附层析、分配层析、离子交换层析、排阻层析及亲和层析等。

（1）吸附层析　吸附层析以固体吸附剂为固定相，利用样品中各组分在吸附剂表面吸附能力的差别而达到分离目的。

（2）分配层析　分配层析以液体为固定相，利用样品中各组分在固定相与流动相中的溶解度不同而达到分离目的。

（3）离子交换层析　离子交换层析以离子交换剂为固定相，利用样品中各组分对离子交换剂亲和力的不同而达到分离目的。

(4) *排阻层析*　排阻层析也称凝胶过滤层析或分子筛层析，是用多孔凝胶为固定相的一类层析方法。这种方法是利用样品中各组分的分子大小不同，因而在多孔凝胶上受阻滞的程度不同而获得分离。

(5) *亲和层析*　亲和层析是将具有生物活性的配位基(如酶、辅酶、抗体等)以共价键结合到不溶性载体的表面上，形成固定相，利用蛋白质或其他大分子能与固定相表面的配位基进行专一性的结合，以达到与不能和配位基结合的其他组分分离的目的。

3. 按固定相形态分类

按固定相使用形态不同，可将层析分为柱层析和平板层析。

(1) *柱层析*　柱层析是将固定相装在层析柱内，样品组分在柱内沿一个方向移动而达到分离目的。按层析柱的粗细，可将柱层析分为一般柱层析、毛细管柱层析及微填充柱层析三类；按固定相填充情况，又可将柱层析分为填充柱层析及开口柱层析两类。

(2) *平板层析*　平板层析的层析过程是在由固定相构成的平面内进行的。若用滤纸作为固定液载体，用流动相使样品组分展开而达到分离目的，称为纸层析；将固定相均匀涂铺在薄板(玻璃板或塑料板)上，用流动相使各组分展开而达到分离目的，称为薄层层析；用高分子有机吸附剂制成的薄膜作为固定相，用流动相展开各组分而达到分离目的，称为薄膜层析。

层析技术的分类总结归纳如表 2-1 所示。

表 2-1　层析技术分类

分类依据	流动相	固定相	层析的种类	
两相物理状态	气体	固体	气相层析(GC)	气固层析(GSC)
		液体		气液层析(GLC)
	液体	固体	液相层析(LC)	液固层析(LSC)
		液体		液液层析(LLC)
固定相使用形态		装在柱中	柱层析	
		吸在纸上	平板层析	纸层析
		涂在平板上		薄层层析
		制成薄膜		薄膜层析
分离原理	利用固定相对待分离组分吸附性能的差异进行分离		吸附层析	
	利用待分离组分在两相间分配系数的差异进行分离		分配层析	
	利用离子交换作用分离离子型化合物		离子交换层析	
	利用惰性多孔物质为固定相分离分子体积不同的组分		排阻层析	
	利用固定相上的配基对待分离组分的专一性和亲和性进行分离		亲和层析	

(三)主要的层析技术

1. 凝胶层析

各种层析技术在科学研究和生物制品工业中广泛应用，最常用于分离纯化各种生物大分子等。层析技术发展的主要目的是提高分离物质的精确性、分辨率，并保持生物制品的生物活性。凝胶是一类具有三维空间多孔网状结构的物质，如天然物质中的马铃薯淀粉、琼脂糖凝胶等，人工合成产品中的葡聚糖凝胶、聚丙烯酰胺凝胶等。以凝胶作为固定相的一类层析技术称为凝胶层析。

(1)原理　凝胶具有分子筛的作用。当混合样品通过凝胶时，分子大小及形状不同的各组分因扩散速率各异而得到分离。

用适当的凝胶颗粒装柱，于柱内加入欲分离的混合物，因凝胶颗粒上的孔隙大小有一定的分布范围(称筛分范围)，对分子大小、形状不同的组分起到不同的阻滞作用。在层析过程中，混合物中的大分子物质不易进入凝胶微孔内，在柱中随流动相沿凝胶颗粒间的空隙移动，流速快，较早流出柱床；而小分子物质因能进入凝胶微孔内，随流动相移动时因受到凝胶微孔的阻滞而流速减慢，流程加长，较晚流出柱床。因此，分子大小不同的组分在柱中因差速迁移而达到分离，如图 2-2 所示。

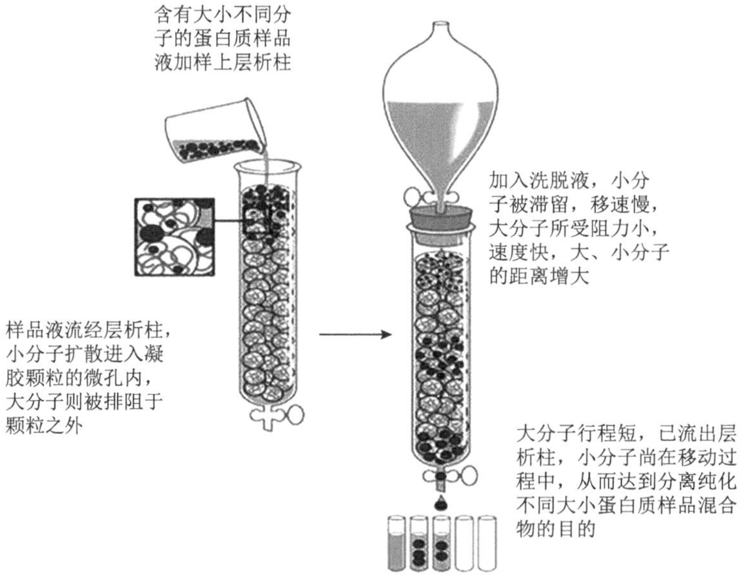

图 2-2　凝胶层析原理示意图

凝胶层析中，整个过程与过滤相似，故凝胶层析又称为凝胶过滤；又因物质在层析分离过程中因受阻滞而减速，故凝胶层析又称为阻滞扩散或排阻层析。

(2)器材和试剂

1)凝胶：常用的凝胶有三种，即葡聚糖凝胶、聚丙烯酰胺凝胶和琼脂糖凝胶。

A. 葡聚糖凝胶：葡聚糖凝胶由葡聚糖经交联剂 1-代-2, 3-环氧丙烷交联而成，其结构式如图 2-3 所示。

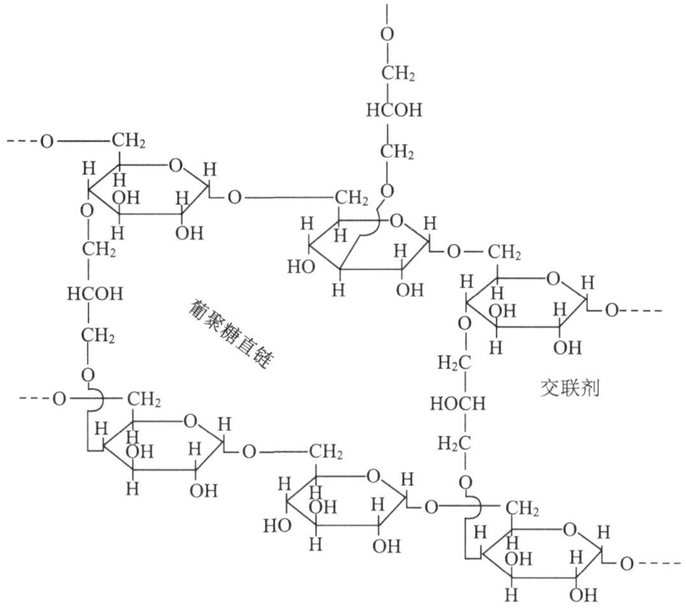

图 2-3　葡聚糖凝胶结构式

较好的层析用葡聚糖凝胶商品名为 Sephadex。葡聚糖凝胶有较大的吸水性，吸水后膨胀成透明状且具有三维网状结构的弹性颗粒。溶胀后网眼张开，葡聚糖凝胶颗粒在水、盐、碱和弱酸溶液中有较好的稳定性，但强酸和氧化剂可使其解聚，使用时应注意避免。

葡聚糖凝胶孔隙的大小可由制备葡聚糖凝胶时加入交联剂的量来控制，加入的交联剂多，葡聚糖长链间的交联就多，网状结构的孔隙就小，吸水量也小；加入的交联剂少，则葡聚糖长键间的交联少，孔隙大，吸水量也大。市售葡聚糖凝胶的型号多以吸水量的 10 倍表示，即每克干胶吸水克数的 10 倍定为 G 类葡聚糖凝胶型号的标号。例如，某种葡聚糖凝胶每克干粉吸水量(水容值)为 5g，则该葡聚糖凝胶的型号为 G-50。市售葡聚糖凝胶 G 型商品规格及筛分范围见表 2-2。

表 2-2　葡聚糖凝胶 G 型(水溶性)商品规格及筛分范围

葡聚糖凝胶型号	凝胶直径/μm	筛分范围(相对分子质量)		溶胀体积/(mL/g 干胶)	溶胀所需时间/h	
		多肽及蛋白质	多糖		22℃	100℃
G-10	40～120	<700	<700	2～3	3	1
G-15	40～120	<1 500	<1 500	2.5～3.5	3	1
G-25	100～300	1 000～5 000	100～5 000	4～6	3	1
G-50	100～300	1 500～30 000	500～10 000	9～10	3	1
G-75	40～120	3 000～70 000	1 000～50 000	12～15	24	3
G-100	40～120	4 000～150 000	1 000～100 000	15～20	72	5
G-150	40～120	5 000～400 000	1 000～150 000	20～30	72	5
G-200	40～120	5 000～800 000	1 000～200 000	30～40	72	5

B. 聚丙烯酰胺凝胶：聚丙烯酰胺凝胶的商品名为生物凝胶（Bio-gel-P），它由丙烯酰胺经*N*, *N*-次甲基双丙烯酰胺交联聚合而成，其应用效果和葡聚糖凝胶相似。

C. 琼脂糖凝胶：琼脂糖凝胶属天然凝胶，不需用化学交联剂聚合，主要依靠琼脂糖链间的次级键（如氢键）形成网状结构，其结构的疏密则由琼脂糖的浓度来控制。

琼脂糖凝胶的特点：机械强度比较大，分子质量适用范围宽，吸附生物大分子的能力最低。因此，分离高分子质量的生物大分子物质常使用它。

2）层析柱：层析柱是柱层析的基本器材，其外形似玻璃圆管。层析柱的体积由具体实验需要而定，其直径一般都在 1～5cm，高度为直径的 20～100 倍。为防止受管壁效应的影响，一般常选用内径大于 2.5cm 的层析柱，内径小于 1cm 的层析柱能产生管壁效应，内径大于 5cm 的则稀释现象严重。使用前用甲基纤维素处理柱内壁可避免管壁效应。

层析柱柱体可用玻璃管或聚乙烯管制备。柱中的支持凝胶的底板可用多孔聚乙烯片或多层细尼龙布制作。底板下的空腔（又称“死空间”）应越小越好，一般不应大于柱容积的 0.1%。

3）洗脱液：洗脱液的选用应符合下述原则：对样品和柱床无损害；有利于层析后样品的浓缩或分析测定。

（3）使用方法和注意事项

1）凝胶的选择和预处理：根据被分离的物质分子的大小等理化性质和分离的目的要求，应选用适当粒度和有效孔隙的凝胶型号；根据柱体的容积和凝胶的膨胀率，计算所需凝胶干粉的用量。称取所需质量的干粉凝胶，放置于烧杯内，加水溶胀。

2）装柱：装柱的质量对层析分离的效果有着直接的影响，必须十分细心。将充分溶胀的凝胶制成厚浆状悬浮液，沿管壁倒入柱内（柱底预先放妥支持板），注意不要带入气泡。柱床表面用洗脱液充满，加盖一层滤纸片或尼龙布，以保护柱床不被冲坏。调节好静水压，然后用 3～5 倍柱床体积的洗脱液流洗凝胶柱床，即可达到平衡。

3）加样：加样时的重点为平衡、上样量和操作。

A. 平衡：为防止洗脱时区带扩散，样品须先用洗脱液平衡。对于固体样品，只要溶解在洗脱液中就可以了；对于液体样品，应先用约 20 倍体积的洗脱液在冰箱内透析过夜，次日换新鲜透析液继续透析 4～6h 即可。

B. 上样量：样品液的体积与分离有很大关系，加样体积小些分离效果好，但加样体积若小于柱床体积的 2%，则结果反而不佳，故应适当掌握加样量。

C. 操作：加样前先把凝胶柱床上的缓冲液尽可能地放掉，并待凝胶柱床表面所剩缓冲液正好流干时，立即用吸管把样品小心滴加在凝胶柱床表面，待样品正好全部流入柱床内时，再用少量缓冲液洗涤柱壁和床面，并重复 1～2 次。然后在凝胶柱床面加入缓冲液，再铺上一层滤纸片即可接上洗脱液贮瓶进行洗脱。

4）洗脱：层析柱在加好样品以后，即可接上恒流泵或恒流洗脱贮瓶开始洗脱。

洗脱液的流速对分离效果影响显著，流速快，区带扩散明显；反之，则区带集中。洗脱液的流速应根据实验的要求进行调节，一般各种规格的凝胶材料，在使用说明书中对洗脱液的流速都有具体说明。

5）洗脱液的收集和测定：洗脱过程中，应根据洗脱液的流速按时收集洗脱液于各个试管中，选用合适的测定方法对各管内的洗脱液进行测定，以确定其洗脱位置。对于蛋白质类样品，可采用显色法测定，也可用紫外分光光度计测定其在 280nm 或 230nm 波长处的吸光度；对于核酸类样品，则可在 260nm 波长处测定其吸光度。

样品各组分的位置确定以后，即可根据各洗脱峰的位置和范围将各相同部分合并和浓缩，然后利用电泳或免疫方法，鉴定层析后的各组分样品的纯度。

(4)凝胶层析的应用

1)去盐：大分子物质(如蛋白质、核酸、多糖等)溶液中的小分子杂质可以用凝胶层析法除去，这一操作称为去盐。用凝胶层析去盐有操作简便、快速，蛋白质、酶类等在去盐过程中不易变性等特点。适用的凝胶为葡聚糖凝胶 G-25 或生物凝胶 P-6。柱长 30～40cm 已能满足要求，适宜的柱高与直径比为(5：1)～(15：1)，样品体积可达柱体积的 25%～30%。但应注意，蛋白质去盐后溶解度降低，会形成沉淀物而被吸附在柱上洗脱不下来。解决的办法是先用含有挥发性盐类(如乙酸铵等)的缓冲液平衡凝胶柱，并用相同缓冲液作为洗脱液，洗脱后用冷冻干燥法除去挥发性盐类。

2)大分子溶液的浓缩：蛋白质的稀溶液需要浓缩时，可加入葡聚糖凝胶 G-25 或 G-50 的干胶，蛋白质稀溶液中的水分及小分子物质就会进入凝胶颗粒内部孔隙中，直到全部充满为止；大分子物质被排除在颗粒之外。经离心、过滤，将溶胀后的凝胶分离除去，得到的是浓缩了的大分子溶液。根据需要可反复多次浓缩。此法适用于不稳定的生物大分子溶液的浓缩。

3)分离提纯：凝胶层析法已广泛应用于酶、蛋白质、氨基酸、多糖、激素、抗生素、生物碱等物质的分离提纯，也可利用凝胶对热原有较强的吸附力以除去无离子水中的热原，制备注射用水。

4)测定大分子物质的相对分子质量：用一系列已知相对分子质量的标准样品，放入同一根凝胶柱，在同一条件下层析，测定每种组分的保留体积，并以保留体积对相对分子质量的对数作图，在一定相对分子质量范围内可得一直线，即为相对分子质量的标准曲线。测定样品分子的相对分子质量时，可将样品在同一凝胶柱上于同一条件下层析，测定保留体积，并在标准曲线上查出其相对分子质量。

凝胶层析技术操作方便，设备简单，对大分子物质有很好的分离效果，且样品用量少，有一定的实用价值。

2. 离子交换层析

离子交换层析是以具有离子交换性能的物质作为固定相，利用其与流动相中的离子能进行可逆交换的性质来分离离子型化合物的一种方法。

(1)原理　离子交换剂是一种不溶性的高分子化合物，在其特殊的网状结构骨架上带有能解离的功能团(活性基团)，该基团能与溶液中的离子进行可逆的交换反应，这种过程称为离子交换。

现以阳离子交换树脂为例说明离子交换过程。以 $R-A^+$代表树脂阳离子，B^+代表样品阳离子，其交换过程为

$$R-A^+ + B^+ \rightleftharpoons R-B^+ + A^+$$

开始时，B^+浓度大，不断扩散到树脂上，反应向右进行，直到反应达到平衡；随着洗脱

液向下流动，B^+的浓度不断降低，平衡破坏，已交换的 B^+又会解离，使上述反应逆转。因此，离子交换过程就是不断的交换和解离过程，即首先离子交换剂中阳离子与样品阳离子交换，然后样品阳离子再与洗脱液阳离子交换，从而得到分离。

(2) 器材和试剂

1) 离子交换剂：离子交换剂有天然的和人工合成的，大致可分为两大类，一类是离子交换树脂，另一类是离子交换纤维素。

A. 离子交换树脂：常用的聚苯乙烯型树脂是一种以苯乙烯为单体、二乙烯苯为交联剂所形成的网状立体结构的聚合物。通过化学反应在网状结构的树脂骨架上引入离子交换基团。根据所引入的离子交换基团的不同，离子交换树脂可分为阳离子交换树脂和阴离子交换树脂。阳离子交换树脂是在骨架上引入一些酸性基团，如磺酸基（$—SO_3H$）、羟基（—COOH）和酚羟基等。根据这些基团能电离出 H^+的程度，又可分为强酸型阳离子交换树脂和弱酸型阳离子交换树脂。

强酸型阳离子交换树脂的结构如图 2-4 所示。

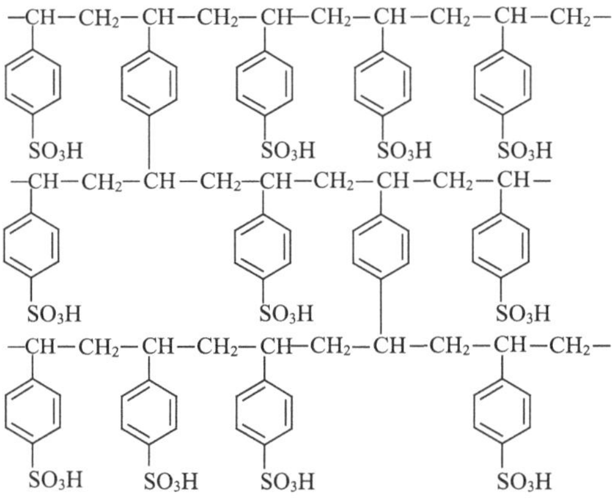

图 2-4　强酸型阳离子交换树脂的结构

其交换反应可表示为

$$R-SO_3^-H^+ + X^+ \underset{\text{再生}}{\overset{\text{交换}}{\rightleftharpoons}} R-SO_3^-X^+ + H^+$$

上述交换反应为可逆反应。阳离子被交换到树脂上，H^+被释放到溶液中，反应向正方向进行，这是交换过程。当树脂上所有可交换离子均被交换而不再具有可交换的 H^+时，树脂即失去活性。将树脂用一定浓度的稀酸溶液浸泡处理，由于溶液中存在高浓度的 H^+，交换反应向相反方向进行，阳离子交换树脂将恢复交换阳离子的能力，这个过程称为再生。

阴离子交换树脂是在骨架上引入一些能电离出 OH^-的碱性基团，如含有季胺基$—N(CH_3)_3^+$的树脂为强碱型阴离子交换树脂，含有氨基$—NH_2$、仲胺基$—NH(CH_3)$、叔胺基$—N(CH_3)_2$的树脂为弱碱型阴离子交换树脂。

强碱型阴离子交换树脂的结构如图 2-5 所示。

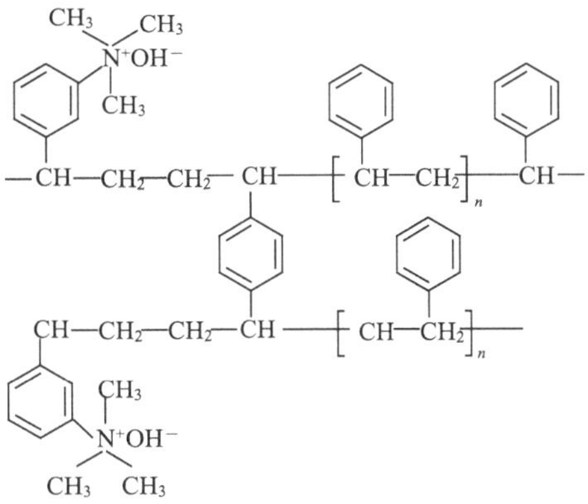

图 2-5　强碱型阴离子交换树脂的结构

其交换反应可表示为

$$R-N(CH_3)_3^+OH^-+Y^- \underset{再生}{\overset{交换}{\rightleftharpoons}} R-N(CH_3)_3^+Y^-+OH^-$$

B. 离子交换纤维素：在纤维素分子结构上连接一定的离子交换基团就成为离子交换纤维素。离子交换纤维素上的交换基团排列稀疏，电荷密度低，对大分子物质的吸附不太牢固，并且由于是亲水性结构，能在水中充分溶胀，因此可在温和条件下进行分离，而不致引起物质的变性。

与离子交换树脂一样，根据连接在纤维素上的交换基团不同而分为阳离子交换纤维素和阴离子交换纤维素。

离子交换纤维素又分为纤维型和微晶型。微晶型是将纤维素经化学处理除去非晶型部分，再适当加以交联使其结构稳定，然后再取代离子交换基团而制成。微晶型纤维素纤维短，粒子细，能装成紧密的层析柱，交换容量较大。

常用的离子交换纤维素有二乙基氨乙基(DEAE)纤维素(碱性阴离子交换纤维素)、羟甲基(CM)纤维素或磷酸(P)纤维素(弱酸型阳离子交换纤维素)，它们都适用于分离蛋白质。表氯醇三乙醇胺（ecteola）功能纤维素是碱性较弱的阴离子交换纤维素，适用于分离固定核酸、蛋白质和酶等，已在实际中得到应用。

2)离子交换柱：交换柱一般用玻璃制成，也可用碱式滴定管代替。交换柱的尺寸对分离有影响。柱的高度和直径之比大时，交换率高。但比例太大，即柱高增加时，会使洗脱峰变宽，故使用时装柱的高度和直径之比以(10∶1)～(20∶1)为宜。

3)洗脱液：不同的物质应选择不同的洗脱液。选择原则是洗脱液应具有比纤维素上所吸附物质更活泼的离子或基团，从而把所吸附的物质替换(交换)出来。

(3)方法和注意事项

1)离子交换剂的选择：根据被分离物质所带的电荷选择交换剂，若为无机阳离子或有机碱时，选用阳离子交换树脂；若为无机阴离子或有机酸时，选用阴离子交换树脂。若被分离物质处于酸性或中性环境中，可使用强酸型阳离子交换树脂；若处于碱性环境中，可使用强碱型阴离子交换树脂。弱酸型阳离子交换树脂宜在偏碱性环境中使用，弱碱型阴离子交换树脂宜在偏酸性环境中使用。对生物大分子化合物，要了解其保持生物活性和可溶性的 pH 范围，并根据其等电点和离子交换剂的适用 pH 范围，考虑大分子的带电情况，在此基础上再选择适用的纤维素交换剂。

交换剂的选择还应注意其颗粒的大小。颗粒大小通常以筛号表示，一般层析分离用的离子交换树脂多为200～400目，纤维素离子交换剂多为100～325目。离子交换剂一般以颗粒直径较小为宜，因为粒度小，表面积大，分离效率高。但粒度过小则装填紧密，阻力大，流速慢，需提高洗脱压力。

2）离子交换剂的预处理：新出厂的交换树脂是干树脂，可根据柱体容积计算树脂用量，用水浸透使之充分吸水溶胀，然后减压抽去气泡，倾去水分，再用大量去离子水洗至澄清。去水后用酸及碱处理以除去一些不溶解的杂质。使用前应通过转型，调整交换剂的可置换离子并用洗脱液平衡。

纤维素交换剂用前也要加水溶胀，以便初步除去杂质，再相继用酸及碱洗涤，最后用去离子水漂洗。洗涤好的纤维素在使用前必须平衡至所需的pH和离子强度。

3）装柱：装柱方法有重力沉降法和压力装柱法两种。离子交换树脂大都采用重力沉降法。装柱的关键是交换剂在柱内必须分布均匀，严防脱节和产生气泡。离子交换纤维素层析除用重力沉降法装柱外，往往还用加压装柱法。

4）上样：上样的量要适当，不要超过柱的负荷能力，否则被分离组分将穿过柱子，达不到分离目的。

5）洗脱与测定：不同的被分离物质应使用不同的洗脱液。由于被交换的物质为非单一物质，尚需进一步分离。因此，除了正确选择洗脱液外，还必须采用控制流速和分步收集的方法，以获得尽可能单一的物质。因不同物质的交换能力不同，与洗脱液交换的速度也不同，从层析柱流出的次序有先后之分，所以可使各组分得以分离。可利用不同pH和盐浓度梯度洗脱液进行洗脱，在流动相不同的pH和离子强度下，各组分被分别洗脱，达到分离纯化的目的。在收集流出液时往往需要分小瓶少量收集，以区别不同组分，然后利用一定的测定方法对收集液分别进行测定分析。离子交换剂在使用后可通过一定程序再生，恢复初始工作状态。

（4）*应用*　离子交换层析技术既可用于无机离子分析，也可用于有机物质分析。特别是对于那些酸性或碱性较强的有机物，用离子交换层析分析尤为适宜。用离子交换树脂可制备去离子水，并可使物质纯化。在生化实验中常用此法分离糖、氨基酸、多肽，也可用于DNA和RNA水解产物的分析。

3. 亲和层析

亲和层析是根据配体和生物大分子之间的特异性亲和力而设计的一类层析分离方法。

（1）*原理*　生物体中许多大分子化合物具有与其结构相对应的特异性分子进行可逆结合的特性，如酶与底物、抗原与抗体、激素与其受体、酶蛋白与辅酶、RNA与其互补DNA等。生物分子间的这种结合能力称为亲和力。亲和层析法就是根据这种具有亲和力的生物分子间可逆结合和解离的特性建立和发展起来的。用化学方法将可亲和的一对生物分子中的一方（称为配基，ligand），通过共价键连接到固体载体上，制备成亲和吸附系统（固定相）。另一方作为分离的目的物，当它在一定的条件下与固定相接触时，即能以某种次级键与已固定化的配基结合，而杂质不被吸附。去掉杂质后，更换条件，可使欲分离物质重新与配基解离而得到纯化。亲和层析的基本原理如图2-6所示。

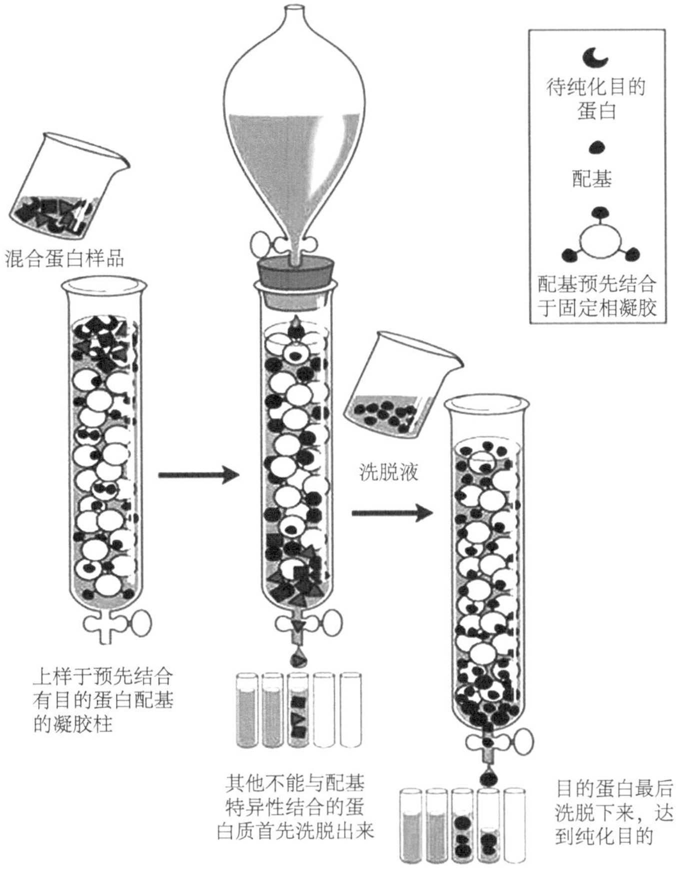

图 2-6　亲和层析原理示意图

(2) 载体　使配基固相化的水不溶性化合物称为载体。用于亲和层析的理想载体应具备以下特征：①非特异性吸附小，高度亲水，惰性；②具有大量可供活化并能和配基结合的化学基团；③有疏松的网状结构，使大分子能自由进入；④有较好的化学稳定性，能经受亲和层析时的所用条件；⑤具有良好的机械性能，颗粒均匀，保证亲和柱有较好的流速；⑥对酶及微生物侵蚀稳定。

常用载体有纤维素、聚丙烯酰胺凝胶、交联葡聚糖、琼脂糖、交联琼脂糖及多孔性的玻璃珠，其中使用最广泛的是珠状琼脂糖(Sepharose 4B)。Sepharose 4B 使用前需活化，最常用的活化方法是用溴化氰(CNBr)活化，使琼脂糖载体中的邻位羟基与溴化氰反应形成亚氨碳酸基团。此基团通常与含有氨基或羟基的配基反应，使配基结合在固相载体上。

(3) 应用　亲和层析的优点是特异性高，操作简便，纯化过程简单、迅速，分离率高，只要经过一次层析就能使被分离物质纯度成百倍甚至上千倍增加，且实验条件温和。亲和层析适于分离相对含量低，杂质与纯化目的物之间的溶解度、分子大小、电荷分布等物化性质差异较小，其他经典手段分离有困难的高分子化合物。特别对分离某些不稳定的高分子物质极为有效。

（杨鲁川　刘　戟）

六、电泳技术

电泳是指在电场中的带电粒子向电性相反方向发生位移的现象。电泳现象早在 19 世纪初就被人们发现，到 20 世纪初 Field 及 Teague 曾用电泳技术研究白喉毒素，但未引起人们的重视。直到 1937 年瑞典生物化学家 Tiselius 制成了界面电泳仪，并对血清蛋白进行了电泳，把血清蛋白分成清蛋白、α-球蛋白、β-球蛋白、γ-球蛋白 4 种。从此以后，电泳的种类和应用在深度和广度两方面均得到迅速发展，成为生物化学与分子生物学技术中分离、鉴定生物大分子的重要手段。由于电泳技术操作简单、快速、灵敏等优点，现已在生物化学、分子生物学、医学、药学、食品等学科得到广泛应用，并成为蛋白质、核酸分析鉴定的主要技术之一。

（一）电泳的基本原理

任何一种物质的颗粒，在溶液中如果含有能被解离的基团或能被吸附的带电质点，该物质在溶液中就带有一定量的电荷，在电场中必然会向电性相反的电极移动，这种现象称为电泳现象。

在电场中，带电颗粒受电场作用力（F）和摩擦力（f）两种相反作用力的作用。在匀强电场中，电场作用力和摩擦力相等，带电颗粒做匀速运动，由此可求出带电颗粒的泳动速度。可用以下公式计算

$$F=Eq \qquad f=6\pi r\rho v$$

在匀强电场中 $Eq=6\pi r\rho v$，则

$$v=Eq/(6\pi r\rho)$$

式中，E 为电场强度；q 为颗粒净电荷量； r 为颗粒半径；ρ 为介质黏度；v 为泳动速度。

由此可见，在同一电泳条件下，不同带电颗粒因其分子大小和带电量的不同具有不同的泳动速度。因此电泳一定时间，就能将其相互分开。

$$\Delta v = (Eq_1-Eq_2)/[6\pi(r_1-r_2)\rho]$$

$$\Delta d = \Delta vt$$

不同物质的电泳性质常用迁移率来表示。迁移率（又称泳动率）是指带电颗粒在单位电场强度下的泳动速度。可用以下公式计算

$$U=v/E=dL/vt$$

式中，U 为迁移率；v 为泳动速度；E 为电场强度；d 为泳动距离；t 为电泳时间；L 为支持物长度。

不同大小的带电颗粒具有不同的迁移率，在不同的介质条件下又具有不同的分辨效率。

（二）影响电泳的因素

（1）样品　影响迁移率的首要因素是电泳样品的性状，包括分子大小、电荷多少、颗粒形状和空间构型。一般来说，颗粒带净电荷越多，泳动速度越快；颗粒物理形状越大，与

支持物介质摩擦力越大，泳动速度越小。即迁移率与颗粒的分子大小及介质黏度成反比；与颗粒所带电荷成正比。

(2) 电场　带电颗粒在电场中移动可受到以下三个因素的影响。

1) 电流：电泳时必须是直流电源，且应保持恒定，如果电压固定，电流的大小则由缓冲液的离子强度和电极间的距离决定。一般情况下，电泳速度与电流大小成正比关系。

2) 电压：支持物两端的电压与电泳速度成正比。电压的大小常用电场强度来表示。电场强度是指电泳场两极间单位支持物长度的电压差，即电泳场两端电压与支持物长度之比。可用以下公式计算电场强度

$$E = U/L$$

式中，E 为电场强度(V/cm)；U 为电压(V)；L 为支持物长度(cm)。

3) 电阻：电阻与电泳速度成反比。同时，电阻与支持物的长度成正比；与支持物的宽度和缓冲液的离子强度成反比。电泳时电流通过支持物可以产生热量，产热对电泳是不利的，因为产热可促使支持物上溶剂的蒸发，而影响缓冲溶液的离子强度。若产热温度过高可导致分离样品变性而使电泳失败(非变性电泳)。所以，在电泳设备中，电泳槽要应有密闭的盖子，以减少缓冲液的水分蒸发。对高压电泳应增设冷却系统，以防样品在电泳时变性。

(3) 缓冲液　缓冲液能使电泳中的支持物保持稳定的 pH，并通过其组成成分和浓度等因素影响迁移率。

1) pH：溶液的 pH 是决定物质带电质点解离程度，即该物质带净电荷多少的决定因素。对蛋白质、氨基酸、核酸等两性电解质来说，缓冲液的 pH 距等电点(pI)越远，质点所带净电荷越多，电泳速度也越快，反之，则越慢。

2) 成分：通常所用的是甲酸盐、乙酸盐、柠檬酸盐、磷酸盐、硼酸盐、巴比妥盐和三羟甲基氨基甲烷-乙二胺基四乙酸缓冲液等。要求缓冲液的物质性能稳定，不易电解。

3) 离子强度：离子强度增加，缓冲液所载的分电流也随之增加，样品所载的电流则降低。因此，样品的电泳速度减慢。但要注意的是离子强度增加使电泳时的总电流和产热也增加，对电泳是不利的。在低离子强度时缓冲液所载的电流下降，样品所载的电流增加，因此加速了样品的电泳速度，低离子强度的缓冲液降低总电流，虽然可减少热量的产生，但是样品在支持物上的扩散较为严重，使分辨率明显降低。所以对缓冲液离子强度的选择，必须两者兼顾，一般为 0.02～0.20。

4) 支持物：对电泳的支持物要求是具有较大惰性的材料，且不与被分离的样品或缓冲液起化学反应。此外，还要求具有一定的坚韧度，不易断裂，容易保存。由于支持物的结构对分离物的移动速度有很大影响，因此对支持物的选择应取决于被分离物质的类型。

(三) 电泳的分类

电泳可以直接将样品放在缓冲液中进行，称为自由界面电泳。若将样品放在固体支持物上进行电泳，因待测样品各组分的泳动率不同而被分离成不同的区带，称为区带电泳。区带电泳的分类如下。

1) 根据电场强度不同分为：高压电泳(>20V/cm)、常压电泳(10～20V/cm)、低压电泳

(<10V/cm)。

2)根据支持物种类不同分为：滤纸电泳、醋酸纤维素薄膜电泳、琼脂糖凝胶电泳、聚丙烯酰胺凝胶电泳。

3)根据支持物形状不同分为：水平板电泳、垂直板电泳、柱状电泳、圆盘电泳、U形管电泳、毛细管电泳。

4)根据电泳原理不同分为：等速电泳、免疫电泳、等电聚焦电泳。

5)根据电泳方向不同分为：单向电泳、双向电泳。

6)根据电泳目的不同分为：分析型电泳、制备型电泳。

7)根据缓冲液pH不同分为：连续pH电泳、非连续pH电泳。

(四)常用的电泳技术

电泳的一般操作程序包括支持物的准备、加样、电泳、固定、染色、脱色、定性观察及定量测定等过程。

(1)醋酸纤维素薄膜电泳

1)原理：醋酸纤维素薄膜电泳(cellulose acetate electrophoresis，CAE)，是以醋酸纤维素薄膜作为支持物的一项电泳技术。醋酸纤维素分子中每个葡萄糖单位的两个游离羟基均与醋酸脱水缩合，生成二乙酰葡萄糖。常用于血清蛋白、同工酶的分离。

血清中含有多种蛋白质，其分子质量、等电点各异，在同一pH溶液中，可解离成带有不同电荷的离子，因而在电场作用下，以不同的电泳速度聚集在不同的位置，在薄膜支持物上呈现出不同的电泳区带，从而实现分离血清中各种不同蛋白质成分的目的。

由于蛋白质的等电点均低于pH 8.6，在pH 8.6的碱性缓冲液中均带有负电荷，在电场中均向正极泳动。但是，血清中各种蛋白质的等电点不同，在pH 8.6的缓冲液中带电荷量的多少不同，加之不同蛋白质的分子质量大小不同、形状不同，所以在同一电场中的电泳迁移率也就不同。带电荷多、分子质量小、形状趋于球形者，泳动较快；反之则较慢。在pH 8.6的缓冲液中，醋酸纤维素薄膜电泳可将血清蛋白按其泳动速度分成五条主要区带，从正极到负极依次为清蛋白、α_1-球蛋白、α_2-球蛋白、β-球蛋白及γ-球蛋白。

2)优缺点：由于乙酰基不电离，因此醋酸纤维素几乎不带电荷，吸附作用和电渗作用都很微弱。醋酸纤维素薄膜微孔细小，质地致密，标本电泳速度快，区带整齐，分辨率高，几乎无拖尾现象。醋酸纤维素不与染料着色，漂洗时染料容易脱去，背景白净，区带易于观察。醋酸纤维素薄膜在冰醋酸/乙醇溶液中或液体石蜡中极易透明，便于区带扫描定量。透明后的薄膜易于干燥，电泳区带可长期保存。

醋酸纤维素薄膜的吸水性差，电泳时水分容易蒸发。因此要求电泳槽密闭性能要好，始终维持水蒸气饱和，电流强度不宜过大，一般以保持在0.4～0.6mA/cm为宜。

(2)琼脂糖凝胶电泳

1)原理：琼脂糖凝胶电泳 (agarose gel electrophoresis，AGE)是以琼脂糖凝胶作为支持物的一项电泳技术。琼脂糖由琼脂经处理去除其中的果胶成分而得，化学组成是一类由多个D-半乳糖-*O*-3,6-脱水-L-半乳糖彼此连接而成的线性多糖，在形成凝胶时主要通过氢键相互交联。常用于血浆脂蛋白、免疫球蛋白、同工酶和 DNA 酶切片段的电泳分离。

血清脂蛋白，不仅在脂类的组成和含量上不同，其载脂蛋白部分也不相同。不同的载脂蛋白，因其等电点、分子大小及形状均不相同，故其在电场中的电泳行为和速度也不相同，各种脂蛋白的迁移率也就不同，从而得到分离。在 pH 8.6 的缓冲液中，血清脂蛋白均带负电荷，利用琼脂糖凝胶作支持物进行电泳，能将血清中脂蛋白分成 4 个组分，从正极到负极依次为 α 脂蛋白、前 β 脂蛋白、β 脂蛋白和乳糜微粒。除可定性外，还可以通过洗脱法或分光光度计扫描法对各种脂蛋白进行定量测定。

2)优缺点：电泳时，由于琼脂糖凝胶中含水量大(98%～99%)，近似自由电泳，固体支持物的影响较小，因此电泳速度快、区带整齐。由于琼脂糖去除了含酸性基团较多的琼脂胶，因此不含带电荷的基团，吸附作用和电渗影响都很小。又由于琼脂糖凝胶理化性质稳定，具有大小不等的筛孔，可允许相对分子质量达 100 万的大分子自由通过，因此琼脂糖凝胶是一种很好的电泳支持物，分离效果较好。一般琼脂糖凝胶的浓度在 0.5%～0.7%时，电泳图谱清晰、分辨率较高、重复性好、凝胶无色透明、不吸收紫外光，故电泳后可直接用紫外分光光度法做定量分析。琼脂糖不与染料结合，染色后背景染料容易洗脱，洗脱液可用于定量检测。凝胶透明度好，便于区带扫描定量。凝胶易于干燥制成薄膜，结果可长期保存。

琼脂糖凝胶仅仅是琼脂糖分子间的物理交联，没有分子间的化学聚合，凝胶网络结构疏松分辨率较聚丙烯酰胺凝胶电泳低。用于分离蛋白质时，允许分子质量小的蛋白质自由通过，没有分子筛效应；用于大分子质量 DNA 分离时，则具有分子筛效应。

(3)聚丙烯酰胺凝胶电泳

1)原理：聚丙烯酰胺凝胶电泳(polyacrylamide gel electrophoresis，PAGE)是以聚丙烯酰胺凝胶作为支持物的一项电泳技术。

A. 聚丙烯酰胺凝胶的结构：聚丙烯酰胺凝胶是以丙烯酰胺作为单体，以甲叉双丙烯酰胺作为交联剂，在过硫酸铵催化剂和 TEMED 加速剂的作用下，在溶液中聚合交联而成的三维网状结构凝胶(图 2-7)。

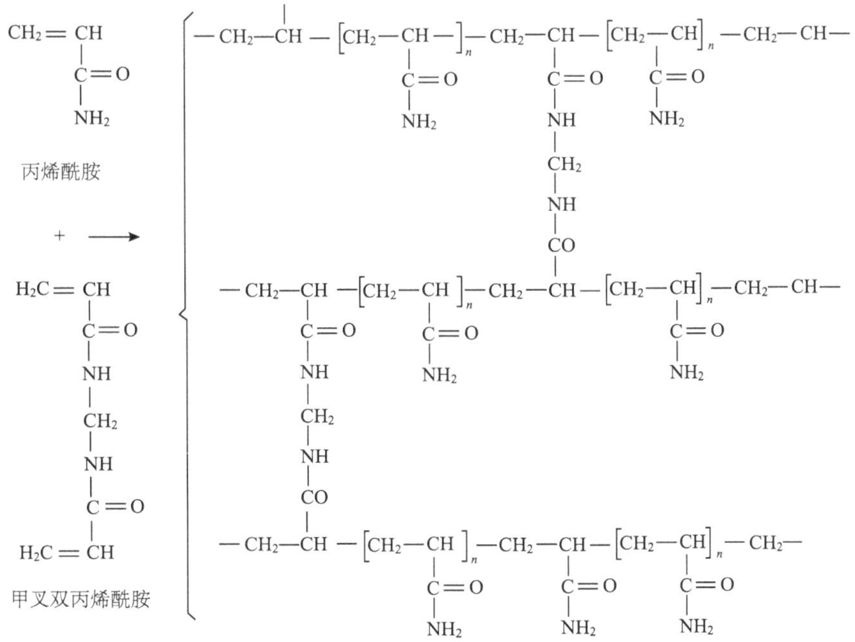

图 2-7　聚丙烯酰胺的结构

B. 凝胶用量与孔径的关系：凝胶的形成是一种催化聚合过程，可以通过控制单体浓度和聚合条件，合成具有一定交联度的凝胶。如果凝胶的孔径大小接近于分离样品分子的大小，在电泳过程中，各种样品分子在通过凝胶孔时所受到的阻力就会与样品分子的大小和形状密切相关，利于将迁移率很相近的物质分离开。

聚丙烯酰胺凝胶的机械性能、弹性、透明度和黏着度取决于凝胶的总浓度。总浓度越大，平均孔径越小，凝胶的机械性能就越强。表 2-3 列出了根据分子质量大小选择的凝胶总浓度。

表 2-3 凝胶浓度与分离样品分子质量的关系

凝胶总浓度/%	分子量范围/kDa
20	5～40
15	15～45
10	18～90
8	30～150
5	60～220

C. 聚丙烯酰胺凝胶电泳的分类：根据凝胶系统的均匀性，聚丙烯酰胺凝胶电泳可以分为连续性凝胶电泳和不连续性凝胶电泳系统。连续性凝胶电泳是指整个电泳系统中所用的凝胶网孔、缓冲液及 pH 都是相同的，电泳时沿电泳方向的电势梯度均匀分布，按常规区带电泳施加电压进行操作，简单易行；不连续凝胶电泳是指电泳系统中采用两种或两种以上的缓冲液、pH 和凝胶孔径，电泳过程中形成的电势梯度不均匀，能将较稀的样品浓缩成密集的区带，从而提高分辨率。

不连续聚丙烯酰胺凝胶电泳系统由两层不连续聚丙烯酰胺凝胶组成，上层为浓缩胶；下层为分离胶。两层凝胶具有不同的胶浓度和缓冲系统。上层浓缩胶的浓度为 2%～5%，缓冲液 pH 为 6.8；下层分离胶的浓度为 5%～20%，缓冲液 pH 为 8.9。不连续聚丙烯酰胺凝胶电泳具有很高的分辨力，这是因为它具有以下三种效应。

a. 样品浓缩效应。由于浓缩胶孔径大而分离胶孔径小，待分离的蛋白质负离子在大孔径胶中移动时阻力小，移动速度快，当它接近小孔径的分离胶时，遇到的阻力大，移动速度减慢而使样品浓缩，形成一条狭窄区带。另外，缓冲液离子成分的不同也促进了样品的浓缩。电泳液中含有甘氨酸负离子、氯离子和蛋白质负离子，三者带有同性电荷。在一定电场作用下，氯离子泳动速度最快，称为快离子，泳动率最小的是甘氨酸负离子，称为慢离子，蛋白质负离子的有效迁移率介于二者之间。电泳一定时间后，氯离子能超过蛋白质离子，将蛋白质离子甩到后面，而甘氨酸离子则落后于蛋白质离子，使蛋白质聚集在氯离子和甘氨酸负离子之间，浓缩成很窄的薄层。

浓缩胶与分离胶之间 pH 的不同，保证了蛋白质样品在浓缩胶中夹在快慢离子界面之间。而在分离胶中，pH 的增高可调节慢离子的有效迁移率，使之比各蛋白质离子的有效迁移率都高，此时蛋白质离子的移动不再受快慢离子界面的影响，而只靠蛋白质离子的电荷多少及凝胶的分子筛作用，从而达到分离的目的。

b. 分子筛效应。蛋白质分子在电场中泳动，主要受两种作用力，即静电引力和介质阻力。静电引力由蛋白质颗粒本身的带电性质来决定。所受阻力与凝胶网孔径有关。在分离胶中，分子质量及构象不同的蛋白质分子，通过一定孔径的凝胶时所受的阻力不同，从而使泳动速度不同。在一定网孔的凝胶中，即使不同蛋白质分子所带电荷相同，泳动一定时间后大分子受网孔阻力大，走在后面，而小分子受阻力小，走在前面。凝胶的这种可按大小分离不同分子的能力和现象，称为分子筛效应。

c. 电荷效应。纸电泳和液体电泳无此特点。由于浓缩效应，蛋白质在浓缩胶与分离胶交界处，被浓缩成狭窄条带，当它们进入分离胶时，由于电泳处于均一体系，蛋白质分子所带电荷多少就成为决定其迁移率的主要因素，因此带电荷多的泳动速度快，带电荷少的泳动速度慢，从而达到分离的目的。

2)优缺点：聚丙烯酰胺凝胶电泳是把分子筛效应和电荷效应结合在一起的一种具有高分辨率的电泳方法。该凝胶是—C—C—C—结合的一种酰胺多聚物(侧链上具有不活泼的酰胺基，没有其他带电的离子基)，化学上惰性较强，不易产生电渗现象，在一定浓度范围内透明性好，有弹性，机械强度好，制成多聚物的再现性高，样品分离重复性好，而且受pH 和温度影响较小，并能通过改变交联度调节孔径大小。该电泳所需设备简单，分离时间短，既适用于小量样品的分离鉴定，也适用于较大量样品的分离制备。因此该方法可用于蛋白质和核酸等生物大分子的分离、定性及分子质量的测定，也可用于核酸序列分析。不连续聚丙烯酰胺凝胶电泳是指电泳系统中采用两种或两种以上的缓冲液、pH 和凝胶孔径，电泳过程中形成的电势梯度不均匀，能将较稀的样品浓缩成密集的区带，从而进一步提高分辨率。

该方法的缺点是凝胶聚合易受各种因素影响，如氧分子阻止链的聚合，冷却可使聚合速度变慢；单体丙烯酰胺及甲叉双丙烯酰胺对神经系统和皮肤有毒性作用；TEMED对黏膜和上呼吸道组织及皮肤有很大的破坏作用等。

七、PCR 技术

(一)PCR 技术的基本原理

DNA 的半保留复制是生物进化和传代的重要途径。双链 DNA 在多种酶的作用下可以变性解旋成单链，在 DNA 聚合酶的参与下，根据碱基互补配对原则复制成同样的两分子拷贝。在实验中发现，DNA 在高温时也可以发生变性解链，当温度降低后又可以复性成为双链。因此，通过温度变化控制 DNA 的变性和复性，加入设计引物、DNA 聚合酶、dNTP 就可以完成特定基因的体外复制。但是 DNA 聚合酶在高温时会失活，因此，每次循环都需加入新的 DNA 聚合酶，不但操作烦琐，而且价格昂贵，制约了 PCR(polymerase chain reaction)技术的应用和发展。耐热 DNA 聚合酶——*Taq* 酶的发现对于 PCR 的应用有里程碑的意义，该酶可以耐受 90℃以上的高温而不失活，不需要每个循环加酶，使 PCR 技术变得非常简捷，同时也极大降低了成本，PCR 技术得以大量应用，并逐步应用于临床。

PCR 技术的基本原理类似于 DNA 的天然复制过程，其特异性依赖于与靶序列两端互补的寡核苷酸引物。PCR 由变性、退火、延伸三个基本反应步骤构成。①模板 DNA 的变性：模板 DNA 经加热至 93℃左右一定时间后，使模板 DNA 双链或经 PCR 扩增形成的双链 DNA 解离，使之成为单链，以便它与引物结合，为下轮反应做准备。②模板 DNA 与引物的退火(复性)：模板 DNA 经加热变性成单链后，温度降至 55℃左右，引物与模板 DNA 单链的互补序列配对结合。③引物的延伸：DNA 模板-引物结合物在 72℃、DNA 聚合酶（如 *Taq* DNA 聚合酶）的作用下，以 dNTP 为反应原料，靶序列为模板，按碱基互补配对与半保留复制原理，合成一条新的与模板 DNA 链互补的半保留复制链，重复循环变性、退火、延伸三个过程就可获得更多的“半保留复制链”，而且这种新链又可成为下次循环的模板。每完成一个循环需 2～4min，2～3h 就能将待扩目的基因扩增放大几百万倍。

（二）PCR 技术操作要素

1. PCR反应体系

10×扩增缓冲液 10μL；4 种 dNTP 混合物（终浓度）各 100～250μmol/L；引物（终浓度）各 5～20μmol/L；模板 DNA0.1～2.0μg；*Taq* DNA 聚合酶 5～10U；Mg^{2+}（终浓度）1～3mmol/L；补加双蒸水至 100μL。

其中 dNTP、引物、模板 DNA、*Taq* DNA 聚合酶及 Mg^{2+}的加量（或浓度）可根据实验调整。

PCR 反应五要素：参加 PCR 反应的物质主要有 5 种，即引物（PCR 引物为 DNA 片段，细胞内 DNA 复制的引物为一段 RNA 链）、酶、dNTP、模板和缓冲液（其中需要 Mg^{2+}）。引物有多种设计方法，由 PCR 在实验中的目的所决定，但基本原则相同。PCR 所用的酶主要有两种来源：*Taq* 和 *Pfu*，分别来自两种不同的噬热菌。其中 *Taq* 扩增效率高但易发生错配。*Pfu* 扩增效率低但有纠错功能。所以实际使用时根据需要必须做不同的选择。

模板即扩增用的 DNA，可以是任何来源，但有两个原则，第一纯度必须较高，第二浓度不能太高。

缓冲液的成分最为复杂，除水外一般包括 4 种有效成分：缓冲体系，一般使用 HEPES 或 MOPS 缓冲体系；一价阳离子，一般采用钾离子，但在特殊情况下也可使用铵根离子；二价阳离子，即镁离子，根据反应体系确定，除特殊情况外不需调整；辅助成分，常见的有 DMSO、甘油等，主要用来保持酶的活性和帮助 DNA 解除缠绕结构。

2. PCR引物设计

PCR 反应中有两条引物，即 5′端引物和 3′端引物。设计引物时以一条 DNA 单链为基准（常以信息链为基准），5′端引物与位于待扩增片段 5′端上的一小段 DNA 序列相同；3′端引物与位于待扩增片段 3′端的一小段 DNA 序列互补。

（1）引物设计的基本原则

1）引物长度：15～30bp，常用为 20bp 左右。

2）引物碱基：G+C 含量以 40%～60%为宜，G+C 太少扩增效果不佳，G+C 过多易出现非特异条带。A、T、G、C 最好随机分布，避免 5 个以上的嘌呤或嘧啶核苷酸的成串排列。

3）引物内部不应出现互补序列。

4）两个引物之间不应存在互补序列，尤其是避免 3′端的互补重叠。

5）引物与非特异扩增区的序列的同源性不要超过 70%，引物 3′端连续 8 个碱基在待扩增区以外不能有完全互补序列，否则易导致非特异性扩增。

6)引物 3′端的碱基，特别是最末及倒数第二个碱基，应严格按要求配对，最佳选择是 G 和 C。

7)引物的 5′端可以修饰，如附加限制酶位点，引入突变位点，用生物素、荧光物质、地高辛标记，加入其他短序列，包括起始密码子、终止密码子等。

(2)引物设计软件

Primer Premier5.0：主要功能是引物自动搜索及引物分析评价，还可以进行限制性内切酶位点分析、DNA 基元(motif)查找及同源性分析。

vOligo6：曾作为最好最专业的引物设计软件，主要可进行普通引物对的搜索、测序引物的设计、杂交探针的设计及评估引物对质量。

vVector NTI Suit：是一套功能强大、界面美观而又友好的分子生物学应用软件包。它主要包括 4 个组件，分别对 DNA、RNA 和蛋白质进行各种分析和操作。

vDNAsis：可在线进行 PCR 的模板制备及 DNA 序列分析。

vOmiga：界面友好，且大部分对核酸蛋白的序列分析功能均可在其中找到，不仅有着强大的蛋白质、核酸分析功能，还建有引物设计功能。

vDNAstar：它囊括了分子生物学领域的大多数内容，用于 DNA 和蛋白质的序列分析，重叠群拼接和基因工程管理等，是个综合性序列工具软件。

vPrimer3：最方便的引物设计软件，无需下载即可进行在线操作，但需要很清楚用作引物的模板序列及对 PCR 目的序列的长度有大致的了解。

3. 模板的制备

PCR 的模板可以是 DNA，也可以是 RNA。

模板的取材主要依据 PCR 的扩增对象，可以是病原体标本如病毒、细菌、真菌等。也可以是病理生理标本如细胞、血液、羊水细胞等。法医学标本有血斑、精斑、毛发等。

标本处理的基本要求是除去杂质，并部分纯化标本中的核酸。多数样品需要经过 SDS 和蛋白酶 K 处理。难以破碎的细菌，可用溶菌酶加 EDTA 处理。所得到的粗制 DNA，经酚、氯仿抽提纯化，再用乙醇沉淀后用作 PCR 反应模板。

4. 反应的控制

1)PCR 反应的缓冲液提供合适的酸碱度与某些离子。

2)镁离子浓度总量应比 dNTP 的浓度高，常用 1.5mmol/L。

3)底物浓度 dNTP 以等物质的量浓度配制，20～200μmol/L。

4)*Taq* DNA 聚合酶 2.5U(100μL)。

5)引物浓度一般为 0.1～0.5μmol/L。

6)反应温度和循环次数：变性温度和时间为 95℃，30s；退火温度和时间低于引物 T_m 值[T_m 值=4(G+C)+2(A+T)]，5℃左右，一般在 45～55℃；延伸温度和时间为 72℃，1min/kb(10kb 内)。循环次数一般为 25～30 次。循环数决定 PCR 扩增的产量。模板初始浓度低，可增加循环数以便达到有效的扩增量。但循环数并不是可以无限增加的。一般循环数为 30 个左右，循环数超过 30 个以后，DNA 聚合酶活性逐渐达到饱和，产物的量不再随循环数的增加而增加，出现了所谓的“平台期”。

5. 循环参数

(1) 预变性　模板 DNA 完全变性与 PCR 酶的完全激活对 PCR 能否成功至关重要，建议加热时间参考试剂说明书，一般未修饰的 *Taq* 酶激活时间为 2min。变性步骤：循环中一般 95℃，30s 足以使各种靶 DNA 序列完全变性，可能的情况下可缩短该步骤时间，变性时间过长损害酶活性，过短靶序列变性不彻底，易造成扩增失败。

(2) 引物退火　退火温度需要从多方面去考虑，一般以引物的 T_m 值为参考，根据扩增的长度适当下调作为退火温度。然后在此次实验基础上作出预估。退火温度对 PCR 的特异性有较大影响。

(3) 引物延伸　引物延伸一般在72℃进行(*Taq* 酶最适温度)。但在扩增长度较短且退火温度较高时，本步骤可省略。延伸时间随扩增片段长短而定，一般推荐在1000bp 以上，含 *Pfu* 及其衍生物的衍生设定为1min/kb。

(4) 循环数　大多数 PCR 含 25～35 循环，过多易产生非特异扩增。

(5) 最后延伸　在最后一个循环后，反应在 72℃维持 10～30min。使引物延伸完全，并使单链产物退火，成为双链。

6. 标准操作步骤

标准的 PCR 过程分为以下三步。

1) DNA 变性(90～96℃)：双链 DNA 模板在热作用下，氢键断裂，形成单链 DNA。

2) 退火(60～65℃)：系统温度降低，引物与 DNA 模板结合，形成局部双链。

3) 延伸(70～75℃)：*Taq* 酶在 72℃左右活性最佳，该酶从引物的 3′-OH 端开始，按照与模板互补配对的原则，延长 DNA 子链。

每一循环经过变性、退火和延伸，DNA 含量即增加一倍。现在有些 PCR 因为扩增区很短，即使 *Taq* 酶活性不是最佳也能在很短的时间内完成复制，因此可以改为两步法，即退火和延伸同时在 60～65℃进行，以减少一次升降温过程，提高了反应速度。

7. 产物检测

PCR 反应扩增出了高的拷贝数，下一步检测就成了关键。荧光素(溴化乙锭，EB)染色凝胶电泳是最常用的检测手段。电泳法检测特异性不太高，因此引物二聚体等非特异性的杂交体很容易引起误判。但因为其简捷易行，成为了主流检测方法。近年来，以荧光探针为代表的检测方法，有逐渐取代电泳法的趋势。

8. PCR反应特点

(1) 特异性强　PCR 反应特异性的决定因素包括：①引物与模板 DNA 特异性地正确结合；②碱基配对原则；③*Taq* DNA 聚合酶合成反应的忠实性；④靶基因的特异性与保守性。

其中引物与模板的正确结合是关键。引物与模板的结合及引物链的延伸是遵循碱基配对原则的。聚合酶合成反应的忠实性及 *Taq* DNA 聚合酶耐高温性，使反应中模板与引物的结合(复性)可以在较高的温度下进行，结合的特异性极大增加，被扩增的靶基因片段也就能保持很高的正确度。再通过选择特异性和保守性高的靶基因区，其特异性程度就更高。

(2) 灵敏度高　PCR 产物的生成量是以指数方式增加的，能将皮克（$1pg=10^{-12}g$）量级的起始待测模板扩增到微克（$1\mu g=10^{-6}g$）水平。能从 100 万个细胞中检出一个靶细胞；在病毒的检测中，PCR 的灵敏度可达 3 个 RFU（空斑形成单位）；在细菌学中最小检出率为 3 个细菌。

(3) 简便、快速　PCR 反应用耐高温的 *Taq* DNA 聚合酶，一次性地将反应液加好后，即在 DNA 扩增液和水浴锅上进行变性-退火-延伸反应，一般在 2～4h 完成扩增反应。扩增产物一般用电泳分析，不一定要用同位素，电泳分析无放射性污染、易推广。

(4) 纯度要求低　不需要分离病毒或细菌及培养细胞，DNA 粗制品及 RNA 均可作为扩增模板。可直接用临床标本如血液、体腔液、洗漱液、毛发、细胞、活组织等 DNA 扩增检测。

（三）PCR 技术所需仪器设备

PCR 仪工作原理：利用升温使 DNA 变性，在聚合酶的作用下使单链复制成双链，进而达到基因复制的目的。

简单地说，PCR 就是利用 DNA 聚合酶对特定基因做体外或试管内（*in vitro*）的大量合成，其实就是利用 DNA 聚合酶进行专一性的连锁复制。目前常用的技术可以将一段基因复制为原来的 100 亿～1000 亿倍。根据 DNA 扩增的目的和检测的标准，可以将 PCR 仪分为普通 PCR 仪、梯度 PCR 仪、原位 PCR 仪、实时荧光定量 PCR 仪 4 类。

1. 普通PCR仪

把一次 PCR 扩增只能运行一个特定退火温度的 PCR 仪，称为传统的 PCR 仪，也称普通 PCR 仪。如果要做不同的退火温度需要多次运行。该仪器主要用于简单的、对目的基因退火温度的扩增，主要应用于科研研究、教学、医学临床、检验检疫等机构。

2. 梯度PCR仪

把一次性 PCR 扩增可以设置一系列不同的退火温度条件（温度梯度），通常有 12 种温度梯度的 PCR 仪称为梯度 PCR 仪。因为被扩增的不同 DNA 片段，其最适退火温度不同，通过设置一系列的梯度退火温度进行扩增，从而进行一次性 PCR 扩增，就可以筛选出表达量高的最适退火温度，进行有效的扩增。该仪器主要用于研究未知 DNA 退火温度的扩增，这样在节约成本的同时也节约了时间，主要用于科研和教学机构。梯度 PCR 仪，在不设置梯度的情况下也可以做普通 PCR 扩增。

3. 原位PCR仪

用于从细胞内靶 DNA 的定位分析（如病原基因在细胞内的位置或目的基因在细胞内的作用位置等）的细胞内基因扩增仪称为原位 PCR 仪，该仪器可保持细胞或组织的完整性，使 PCR 反应体系渗透到组织和细胞中，在细胞的靶 DNA 所在的位置上进行基因扩增，不仅可以检测到靶 DNA，还能标出靶序列在细胞内的位置，对于在分子和细胞水平上研究疾病的发病机制和临床过程及病理的转变有重大的实用价值。

4. 实时荧光定量PCR仪

在普通 PCR 仪的基础上增加一个荧光信号采集系统和计算机分析处理系统，就成了荧光定量 PCR 仪。其 PCR 扩增原理和普通 PCR 仪扩增原理相同，只是 PCR 扩增时加入的引物是利用同位素、荧光素等进行标记的，使用引物和荧光探针同时与模板特异性结合扩增。扩增的结果通过荧光信号采集系统实时采集信号并连接输送到计算机分析处理系统得出量化的实时结果输出。把这种 PCR 仪称为实时荧光定量 PCR 仪（qPCR 仪）。荧光定量 PCR 仪有单通道、双通道、多通道。当只用一种荧光探针标记的时候，选用单通道，有多荧光标记的时候用多通道。单通道也可以检测多荧光标记的目的基因表达产物，因为一次只能检测一种目的基因的扩增量，需多次扩增才能检测完不同的目的基因片段的量。该仪器主要用于医学临床检测、生物医药研发、食品行业、科研院校等机构。

（四）各种 PCR 技术的变体

1）递减 PCR（touchdown PCR）：前几次循环温度逐渐下降。

2）反转录 PCR（RT-PCR）：以由 mRNA 反转录而来的 DNA 为模板，由此产生出来的 DNA 不带有内含子（基因中不具意义的段落），常应用于分子克隆技术。

3）热启动 PCR（hot start PCR）：以高热活化型核酸聚合酶进行反应，减少非专一性产物。

4）即时 PCR（real-time PCR）：PCR 过程中利用荧光探针或染料定量检测，又称定量 PCR（quantitative PCR）。

5）巢式 PCR（nested PCR）：先用低特异性引物扩增几个循环以增加模板数量，再用高特异性引物扩增。

6）多重 PCR（multiplex PCR）：在同一体系中使用多组引物。

7）复原条件 PCR（reconditioning PCR）：PCR 产物稀释 10 倍后重新放入原浓度的引物和 dNTP 等循环 3 次，以消除产物中的异二聚体。

8）dsRNA 合成（dsRNA replicator）：合并使用高保真 DNA 聚合酶、T7RNA 聚合酶与 Phi6 RNA 复制酶；从双链 DNA 转录为对应的双链 RNA（dsRNA）。可应用于 RNAi 实验操作。

9）COLD-PCR（co-amplification at lower denaturation temperature-PCR）：用以检测突变或特殊等位基因的 PCR 应用技术。

八、细胞培养技术

高等生物是由多细胞构成的整体，在整体条件下研究单个细胞或某一群细胞在体内（*in vivo*）的功能活动是十分困难的。但是如果把活细胞拿到体外（*in vitro*）培养进行观察和研究，则要方便得多。最早证明动物组织培养为一种有用的实验技术是在 20 世纪初。Harrison（1906）用淋巴液培养蛙胚神经组织数周，从此标志着体外培养组织细胞的基本模式的建立，一般公认 Harrison 为“组织培养之父”。Carrel（1910）发明了卡氏培养瓶，用反复传代的方法将一鸡胚心肌组织培养长达 34 年，揭示了离体动物组织在合适的条件下能够生长繁殖并同时证明组织培养是研究活细胞和组织的极好方法。习惯上，细胞培养与组织培养并无严格地区别，其本意是指从活体取出组织或细胞，在体外模拟体内生理环境使其生存和生长，并维持其结构和功能的方法。组织和细胞培养技术在现代分子生物学、遗传学、生物工程、生物制品、药物开发、临床疾病诊断与治疗等生命科学中有着广泛的应用，现在已发展成为一门专门的学科——组织和细胞培养技术。

细胞的生长需要营养环境，用于维持细胞生长的营养基质称为培养基。培养基按其物理状态可分为液体培养基和固体培养基。液体培养基用于大规模的工业生产及生理代谢等基本理论的研究工作。液体培养基中加入一定的凝固剂（如琼脂）或固体培养物（如麸皮、大米等）便成为固体培养基。固体培养基为细胞的生长提供了一个营养及通气的表面，在这样一个营养表面上生产的细胞可形成单个菌落。因此，固体培养基在细胞的分离、鉴定、计数等方面起着相当重要的作用。从多细胞生物中分离所需要细胞和扩增获得的细胞及对细胞进行体外改造、观察，首先必须解决细胞离体培养问题，同微生物细胞培养相比，比较困难的是来自多细胞生物的单细胞培养，特别是动物细胞的培养。细胞培养泛指所有体外培养，其含义是指从动物活体体内取出组织，于模拟体内生理环境等特定的体内条件下，进行孵育培养，使其生存并生长。细胞培养工作现已广泛应用于生物学、医学、新药研发等各个领域，成为最重要的基础科学之一。

（一）设施器材及培养基

（1）细胞培养所需常规设施　超净工作台台、恒温培养箱、倒置显微镜、液氮储存罐、电热鼓风干燥箱、冰柜、电子天平、恒温水浴槽、离心机、压力蒸汽消毒器等。

（2）细胞培养所需常规器材

1）玻璃器材：培养皿、刻度移液管、离心管、培养瓶、烧杯、量筒、锥形瓶。

2）塑料器材：多孔培养板、培养皿、培养瓶。

3）橡皮器材：橡皮制品（最好是硅制品）制成各种瓶或试管的塞子、盖子。

4）金属器材：剪刀、镊子、手术刀、解剖刀、血管钳、组织镊、眼科镊及各种型号针头。

5）其他物品：纱布、注射器和针头等。

（3）培养基　几种常用细胞培养基产品如下。

1）BME（basal medium eagle）：用于研究测量正常生长（WI-38）和转化（HeLa 细胞）的细胞的体外培养。当其经过适当的补充，具有广泛的适用性，支持各种各样的正常生长和转化细胞系。

2）MEM（minimum essential medium eagle）：是全合成细胞培养基中应用最广泛的一种培养基。早期用于培养正常哺乳动物成纤维细胞和某些有特殊的营养需要（HeLa 细胞）的亚型。

3）DMEM（Dulbecco's modified eagle medium）：是 BME 的一种修饰培养基，包含 4 倍氨基酸和维生素浓度，以及额外的补充成分。原培养基配方中含有 1000mg/L 的葡萄糖被首次用于小鼠胚胎细胞的培养。

4）IMDM（Iscove's modified Dulbecco's medium）：是 DMEM 的一种修饰培养基。在补充了清蛋白、转铁蛋白、卵磷脂后可用于培养红细胞和巨噬细胞的前体细胞。进一步的研究表明，该培养基可用于培养老鼠 β 淋巴细胞、骨髓造血组织、脂多糖刺激后的 B 淋巴细胞、T 淋巴细胞及各种杂交细胞。

5）RPMI（roswell park memorial institute medium）：该培养基中含有大量的磷酸盐。RPMI

1640 已被用于人类的淋巴样细胞的无血清培养。

6）M199（medium 199）：该培养基具有广泛的物种的适用性，特别是对非转化细胞的培养。它广泛应用于病毒学、疫苗生产和小鼠胰腺上皮细胞和大鼠晶状体组织外植体离体的培养。

7）Mccoy's 5A ：以 BME 为基础，但培养基中添加了来自 M199 的氨基酸和维生素。该培养基已被证明能用于肾上腺细胞、骨髓（正常）、牙龈、肺癌、小鼠肾、网膜、皮肤、脾脏等组织细胞的培养，是一种建立细胞系的通用培养基。

8）F10\F12\DMEM 混合 F12：最初用于中国仓鼠卵巢细胞（CHO）多克隆培养，以及克隆培养 HeLa 细胞和小鼠 L 细胞。根据培养的细胞类型，这两种培养基混合物可以添加或不添加血清进行使用。

（二）细胞培养常规操作

1）细胞复苏：①把冻存管从液氮中取出来，立即投入 37℃水浴锅中，轻微摇动。液体都融化后（1.0～1.5min），拿出来，乙醇消毒，放到超净工作台上；②把上述细胞悬液吸到装有 10mL 培养基的 15mL 的离心管中（用培养基把冻存管洗一遍，把粘在壁上的细胞都洗下来），1000r/min 离心 5min；③把上清液倒掉，加 1mL 培养基把细胞吹打悬浮起来，吸到装有 10mL 培养基的 10cm 培养皿中前后左右轻轻摇动，使培养皿中的细胞均匀分布；④标好细胞种类和日期、培养人名字等，放到 37℃的 5% CO_2 培养箱中培养，细胞贴壁后换培养基；⑤根据细胞增长速度，2～3d 换一次培养基。

2）细胞传代：①培养皿中的细胞覆盖率达到 80%～90%时要传代；②把原有培养基吸掉；③加适当的胰蛋白酶（能覆盖细胞就行），消化 1～2min；④细胞都变圆后加入等体积的含血清的培养基终止消化；⑤用移液器吹打细胞，让细胞悬浮起来；⑥把细胞悬液吸到 10mL 或 15mL 的离心管中，1000r/min 离心 5min；⑦倒掉上清液，加 1～2mL 培养基，把细胞都悬浮起来；⑧根据细胞种类把细胞传到若干个培养皿中。一般，癌细胞传 5 个培养皿，正常细胞传 3 个培养皿。继续培养。

3）细胞冻存：把细胞消化下来并离心（同上）。用配好的冻存液把细胞悬浮起来，分装到灭菌的冻存管中，静置几分钟，写明细胞种类，冻存日期。4℃，30min，–20℃，30min，–80℃过夜，然后放到液氮罐中保存。

冻存液的配制：70%的完全培养基+20% FBS+10% DMSO。DMSO 要慢慢滴加，边滴边摇。

（三）细胞培养具体流程

1）准备工作：准备工作对开展细胞培养异常重要，工作量也较大，应给予足够的重视，准备工作中某一环节的疏忽可导致实验失败或无法进行。准备工作的内容包括器皿的清洗、干燥与消毒，培养基与其他试剂的配制、分装及灭菌，无菌室或超净工作台的清洁与消毒，培养箱及其他仪器的检查与调试，具体内容可参阅有关文献。

2）取材：在无菌环境中从机体取出某种组织或细胞（视实验目的而定），经过一定的处理（如消化分散细胞、分离等）后接入培养器皿中，这一过程称为取材。如果是细胞株的扩大培养则无取材这一过程。机体取出的组织或细胞的首次培养称为原代培养。理论上讲各种动物和人体内的所有组织都可以用于培养，实际上幼体组织（尤其是胚胎组织）比成年个体的组织容易培养，分化程度低的组织比分化高的容易培养，肿瘤组织比正常组织容易培养。取材后应立即处理，尽快培养，因故不能马上培养时，可将组织块切成黄豆般大的小块，置 4℃的培养液中保存。取组织时应严格保持无菌，同时也要避免接触其他有害物质。取病理组织和皮肤及消化道上皮细胞时容易带菌，为减少污染可用抗生素处理。由组织分离分散细胞的方法可参阅有关文献。

3）培养：将取得的组织或细胞接入培养瓶或培养板中的过程称为培养。如果是组织块培养，则直接将组织块接入培养器皿底部，几个小时后组织块可贴牢在底部，再加入培养基。如果是细胞培养，一般应在接入培养器皿之前进行细胞计数，按要求以一定的量（以每毫升细胞数表示）接入培养器皿并直接加入培养基。细胞进入培养器皿后，立即放入培养箱中，使细胞尽早进入生长状态。正在培养中的细胞应每隔一定时间观察一次，观察的内容包括细胞是否生长良好，形态是否正常，有无污染，培养基的 pH 是否过高或过低（由酚红指示剂指示），此外对培养温度和 CO_2 浓度也要定时检查。一般原代培养进入培养后有一段潜伏期（数小时到数十天不等），在潜伏期细胞一般不分裂，但可贴壁和游走。过了潜伏期后细胞进入旺盛的分裂生长期。细胞长满瓶底后要进行传代培养，将一瓶中的细胞消化悬浮后分至 2～3 瓶继续培养。每传代一次称为“一代”。二倍体细胞一般只能传几十代，而转化细胞系或细胞株则可无限地传代下去。转化细胞可能具有恶性性质，也可能仅有不死性（immortality）而无恶性。培养正在生长中的细胞是进行各种生物医学实验的良好材料。

4）冻存及复苏：为了保存细胞，特别是不易获得的突变型细胞或细胞株，要将细胞冻存。冻存的温度一般用液氮的温度（–196℃），将细胞收集至冻存管中加入含保护剂（一般为二甲亚砜或甘油）的培养基，以一定的冷却速度冻存，最终保存于液氮中。在极低的温度下，细胞保存的时间几乎是无限的。复苏一般采用快融方法，即从液氮中取出冻存管后，立即放入 37℃水中，使其在 1min 内迅速融解。然后将细胞转入培养器皿中进行培养。冻存过程中保护剂的选用、细胞密度、降温速度及复苏时温度、融化速度等都对细胞活力有影响。

5）一般条件：简言之，即细胞需要什么就提供什么，道理是如此，真正能做到这点尚需时日，人们现在对细胞生命周期的控制机制的认识还不充足，癌细胞虽然也来自正常细胞，但至今仍不知道癌细胞究竟为什么很难停止已经启动的有害分裂。尽管如此，人们长期的研究结果表明，离体细胞培养需要的基本条件包括下列细胞生理条件。

A. 温度：温度过低时细胞生长缓慢甚至不生长。利用冷冻保藏细胞可保持细胞的原有分裂分化能力。温度过高导致细胞死亡。这主要是由酶和蛋白质所需要的最适温度决定的。多数生物大分子遇到高温后容易导致空间结构改变或者丧失（变性）。细胞膜遇到高温后容易变态。在自然界，既有耐高温的细胞，也有耐低温的细胞。在极端情况下生长的生物对付极端环境的机制研究在生物进化和农业、环保、发酵工业中意义重大。

B. pH：pH 过高或过低均可导致细胞死亡。这主要与蛋白质的变性和细胞膜的结构受损有关。

C. 渗透压：细胞内外可溶于水的物质比例和种类决定了细胞的膨胀与收缩程度。不是所有物质都能自由通过细胞膜，所以，同一物质在细胞内外的分布数量不同，当某一种极溶于水的物质在细胞外浓度过大时，有可能导致细胞干瘪死亡，这些物质在细胞内过多时导致细胞过量吸水膨胀。细胞膜调节渗透压的能力是有限的。

D. 营养物：营养物和水一起，又称细胞培养液，培养液中含有细胞增殖和生长所需要的各种物质。营养物包括：氮源和碳源，这些物质与提供能量有关；无机盐、维生素、激素，这些物质与代谢调节控制有关。细胞培养液的设计一直是细胞离体培养技术的关键。理想的细胞培养液可以同时解决细胞离体培养所需要的 pH、渗透压、营养物、调节物质的全部需要。在干细胞分化研究与应用中，关键是找到一种使干细胞分化成为所需细胞和组织的营养液。相同的人体干细胞，放在不同的营养液中分化培养出人的各种脏器，这个昔日的梦想已经开始成为现实。

E. 水：水是细胞需要数量最大的物质，不同的物种、不同部位、不同生长期的细胞含水量差别相当大。干旱植物细胞的含水量高达 90%。水的需求量一般随同细胞培养液一起考虑。

F. 无菌条件：体外细胞培养仅是对所需的细胞进行培养，但环境中(如空气)有各种其他微生物，必须对所需细胞进行无杂菌的隔离培养。无菌条件是细胞离体培养最基本的条件。

G. 气体：动物细胞需要不断供给氧气和排出二氧化碳。二氧化碳的作用：调节 pH，缓冲作用，没有刺激动物细胞呼吸的功能。

在所有的细胞离体培养中，最困难的是动物细胞培养。下面是动物细胞培养所需要的特殊条件。

血清：动物细胞离体培养常常需要血清。最常用的是小牛血清。血清提供生长必需因子，如激素、微量元素、矿物质和脂肪。有一天人们真正学会了配制和血清一样的培养液，那时血清才可被取代。在这里，血清等于是动物细胞离体培养的天然营养液。

支持物：大多数动物细胞有贴壁生长的习惯。离体培养常用玻璃、塑料等作为支持物。

气体交换：二氧化碳和氧气的比例要在细胞培养过程中不断进行调节，不断维持所需要的气体条件。可想而知，每一次开箱操作后的快速恢复对设备的要求有多难，由此决定了动物细胞离体培养设备要求高、投资大。

(四)注意事项

1)实验进行前，无菌室及无菌操作台(laminar flow)用紫外灯照射30～60min 灭菌，以70%乙醇擦拭无菌操作台面，并开启无菌操作台风扇运转10min 后，才开始实验操作。每次操作只处理一株细胞株，且即使培养基相同也不共用培养基，以避免失误混淆或细胞间污染。实验完毕后，将实验物品带出工作台，以70%乙醇擦拭无菌操作台面。应让无菌操作台运转10min 以上后，再进行下一个细胞株的操作。

2)无菌操作工作区域应保持清洁及宽敞，必要物品，如试管架、移液器或吸管盒等可以暂时放置，其他实验用品用完即应移出，以利于气流之流通。实验用品以70%乙醇擦拭后才能带入无菌操作台内。实验操作应在台面的中央无菌区域，勿在边缘的非无菌区域操作。

3)小心取用无菌实验物品，避免造成污染。勿碰触吸管尖头部或是容器瓶口，也不要在打开的容器正上方操作实验。容器打开后，以手夹住瓶盖并握住瓶身，倾斜约 45°角取用，尽量勿将瓶盖盖口朝上放置在桌面上。

4)工作人员应注意自身安全，须穿戴实验服及手套后才进行实验。对于来自人类或病毒感染的细胞株应特别小心操作，并选择适当等级的无菌操作台(至少 class Ⅱ)。操作过程中，应避免引起气溶胶产生，小心毒性药品，如 DMSO 及 TPA 等，并避免尖锐针头的伤害等。

5）定期检测下列项目：CO_2钢瓶压力、培养箱CO_2浓度、温度及水盘是否有污染（水盘的水用无菌水，每周更换）。定期更换紫外线灯管及HEPA过滤膜、预滤网。水槽定期添加消毒剂，定期更换水槽中的水。

6）粉末培养基配制好后（加了血清），一般在4℃尽量不要超过1个月，如在−20℃存放时间可长一些，但最好不要超过3～4个月，可能对于永生化细胞株来说要求不是太高，细胞娇弱，放置时间不宜过长。

7）开紫外线照射操作台的时候，应将培养基、酶、DHANKS液拿到室外自然升温40min，也可其放到37℃水浴锅里加热。一定要注意水浴锅的卫生，使用时一定要经常清洗。瓶子从水浴锅中拿出后，应擦干上面残留的水。

（五）细胞培养方式

1）群体培养：大量细胞置于同一培养瓶中进行贴壁或悬浮培养。

2）克隆培养：挑选单个细胞或单一集落（克隆）于体外进行培养。常用于细胞克隆化（纯化），建立细胞株，长期传代。

3）细胞培养优点：①能长期传代，保持活性，便于监控检测结构功能和生命活动；②培养条件可以人为控制，便于研究物理、化学、生物因素对细胞代谢的影响；③可用于各种观察和检测手段研究活细胞的变化（变异、分化），可从细胞水平开展亚细胞结构和代谢分子的表达；④研究范围和细胞来源广泛，选择性广；⑤不同代次细胞可长期保存，既可开展同代次不同条件和方法的研究，又可观察不同代次的动态变化；⑥耗资少、经济、成本低、可大量培养，利于生物制品的生产。

（六）细胞培养存在的不足

细胞或组织生长在人工环境中，与体内环境存在差异，细胞或组织的形态或功能会发生不同程度的改变。

九、其他常规仪器设备的使用

（一）移液器

移液器（pipette，pipet，pipettor 或 chemical dropper），又称“定量吸管”“移液管”“吸量管”，港台地区口语上常以英语名称来称呼。移液器是一种实验室器材，专门用来测量液体体积，并用其吸取以滴入其他容器。常用于生物学实验或化学实验。通过多种设计来实现不同的准确度与精密度，包括从简单的用一片玻璃制作的吸管，到复杂的可调的或电控的吸管。许多移液器可使液面上方容器形成局部真空，并通过选择性地调节真空体积来吸取或排出液体。其测量的准确度因种类不同而差别巨大。

即使各种移液器都有本身特定的描述性称谓，在实际使用中，任何类型的移液器都会被简单地称为“移液器”或“定量吸管”，通过上下文可以明显地推断出所指的具体种类。有时，将 1～1000μL 的移液器称为“微量移液器”（micropipette），而对于更大体积的，则称为“大量移液器”（macropipette）。

排气式微量移液器，常称为“排气式移液枪”，简称“移液枪”，是一种可调的、用于测量 0.1～1000.0μL 体积的移液器。这种移液器需要一次性枪头与液体接触。这种移液器通过活塞驱动，排出空气，由此，垂直运动的金属或陶瓷活塞在密闭的筒管中制造出真空。当活塞向上抽动，压缩后半部气体，而前一半空间则变成了真空。此时，枪头附近的液体便进入了真空部分，随后便可转移或再次排出。这种移液器可以很准确和精密。然而，因为其依赖于气体的移动、压缩，所以它的准确度会受环境条件的影响，特别是温度和使用者的操作技术。因此，这种仪器必须妥善保存和校准，使用者也必须经过训练，练习正确和稳定的操作技术。

微量移液器品牌包括 Gilson、ErgoOne、Eppendorf 等。

市售不同种类的微量移液器的分类：①体积可调的或固定的；②单腔道、多腔道或连发型；③锥形尖端或柱状尖端；④手动的或电控的。

不分厂家和价格，如果频繁使用，任何生产商都推荐使用者每 6 个月校准微量移液器。药物、食品厂商要求每 3 个月校准。进行化学实验的学校可以每年校准。进行大量测试的法医和研究部门通常会每月校准。

图 2-8 是一个常用微量移液器的结构示意简图。

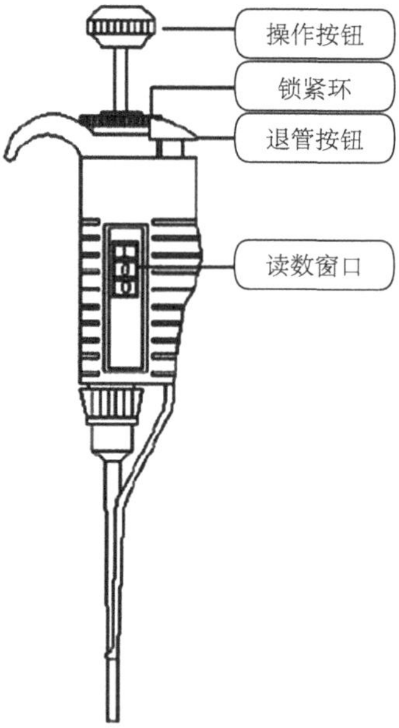

图 2-8　微量移液器的结构示意简图

移液器规范操作步骤如下。

1）设定移液体积：旋转刻度即可。

2）装配移液器吸头：将移液器下端垂直插入吸头，左右微微转动，上紧即可。

3）吸液和放液：垂直吸液，吸头尖端需浸入液面 3mm 以下，慢吸慢放，控制好弹簧的伸缩速度，放液时吸头尖端可靠容器内壁。

移液操作中的小技巧简述如下。

1) 预润湿吸液：黏稠液体可以通过吸头预润湿的方式来达到精确移液，先吸入样液，排出，这时吸头内壁已经吸附了一层液体，使表面吸附形成饱和，然后再吸入样液，最后排出液体的体积就很精确了。

2) 正向吸液与反向吸液：正向吸液是指正常的吸液方式，操作时吸液可将按钮按到第一挡吸液，释放按钮。放液时先按下第一挡，排出大部分液体，再按下第二挡，将余液排出。反向吸液是指吸液时将按钮直接按到第二挡再释放，这样会多吸入一些液体，打出液体时只要按到第一挡即可（图2-9）。多吸入的液体可以补偿吸头内部的表面吸附，反向吸液方法也适用于黏性液体。

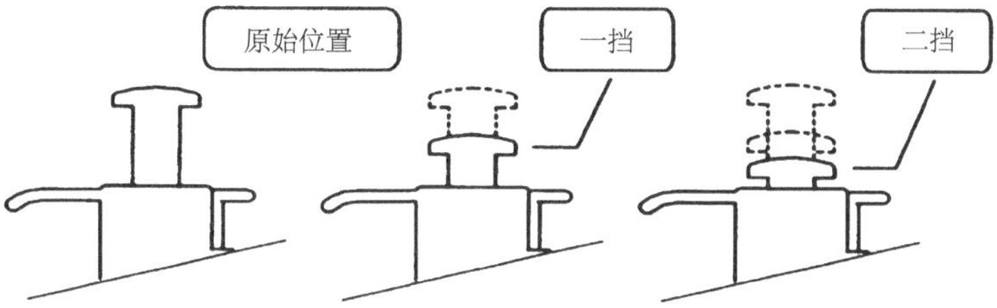

图 2-9　微量移液器操作按钮使用示意图

移液器在使用过程中，如果怀疑移液器的精确度，可以根据以下一些提示对移液器或移液方法做自我检查。

(1) 移液器是否有漏气的问题

1) 目视法检测：移液器装配好吸头后吸取液体，将移液器垂直静置 15s，观察是否有液滴缓慢流出，若有流出，说明有漏气现象。

2) 压力泵检测：使用专用的压力泵，检测压力情况，判断是否漏气。

3) 可能的原因：吸头是否匹配？装配吸头时有无上紧？移液器内部气密性良好与否？必要时联系公司维修工程师。

(2) 液体、移液器、吸头及环境的温度差异是否会影响移液器的准确度　移取液体的温度与吸头和移液器的温度不一致的情况下，液体温度高于吸头的，移取的液体体积会偏大；液体温度低于吸头的，移取的液体体积会偏小。

(3) 液体样品的密度和水是否有非常明显的区别　移液器出厂前的校准是用水作为标准液进行测试的，如果所操作的液体与水的密度有很大差异，所给出的不精确度和不准确度就不能满足，从而产生误差。

(4) 吸液速度是否太快　吸液速度太快会产生反冲和气泡，导致移液体积的不准确。

（二）酶标仪

即酶联免疫检测仪，是酶联免疫吸附试验的专用仪器，又称微孔板检测器。可简单地分为半自动和全自动两大类，但其工作原理基本上都是一致的，其核心都是一个比色计,即用比色法来进行分析。测定一般要求测试液的最终体积在 250μL 以下，用一般光电比色计无法完成测试，因此对酶标仪中的光电比色计有特殊要求。

酶标仪实际上就是一台变相光电比色计或分光光度计，其基本工作原理和主要结构与光电比色计基本相同。光源发出的光波经过滤光片或单色器变成一束单色光，进入塑料微孔极中的待测标本，该单色光一部分被标本吸收，另一部分则透过标本照射到光电检测器上，光电检测器将这一待测标本不同而强弱不同的光信号转换成相应的电信号,电信号经前置放大，对数放大，模数转换等信号处理后送入微处理器进行数据处理和计算，最后由显示器和打印机显示结果。微处理器还通过控制电路和控制机械驱动机构 *X* 方向和 *Y* 方向的运动来移动微孔板，从而实现自动进样检测过程。而另一些酶标仪则是采用手动移动微孔板进行检测，因此省去了 *X*、*Y* 方向的机械驱动机构和控制电路，从而使仪器更小巧，结构也更简单。

微孔板是一种经事先包埋专用于放置待测样本的透明塑料板，板上有多排大小均匀一致的小孔，孔内都包埋着相应的抗原或抗体，微孔板上每个小孔可盛放零点几毫升的溶液。

光是电磁波，波长100～400nm 称为紫外光，400～780nm 的光可被人眼观察到，大于780nm 称为红外光。人们之所以能够看到色彩，是因为光照射到物体上被物体反射回来。绿色植物之所以是绿色，是因为植物吸收的大部分为红橙光和蓝紫光，但对绿色不吸收，反射出来，所以植物呈现为绿色。酶标仪测定的原理是在特定波长下，检测被测物的吸光值。

随着检测方式的发展，拥有多种检测模式的单体台式酶标仪称为多功能酶标仪，可检测吸光度(*A*)、荧光强度(FI)、时间分辨荧光(TRF)、荧光偏振(FP)和化学发光(Lum)。

酶标仪从原理上可以分为光栅型酶标仪和滤光片型酶标仪。光栅型酶标仪可以截取光源波长范围内的任意波长，而滤光片型酶标仪则根据选配的滤光片，只能截取特定波长进行检测。

1. 结构

规格有 24 孔板、48 孔板、96 孔板等多种，不同的仪器选用不同规格的孔板，对其可进行一孔一孔的检测或一排一排的检测。

酶标仪所用的单色光既可通过相干滤光片来获得，也可用分光光度计相同的单色器来获得。在使用滤光片作滤波装置时与普通比色计一样，滤光片即可放在微孔板的前面，也可放在微孔板的后面，经聚光镜、光栏后到达反射镜，经反射镜 90°反射后垂直通过比色溶液，然后再经滤光片送到光电管。

图 2-10 是酶标仪及其测试所用 96 孔板，它和普通的光电比色计有以下几点差异。

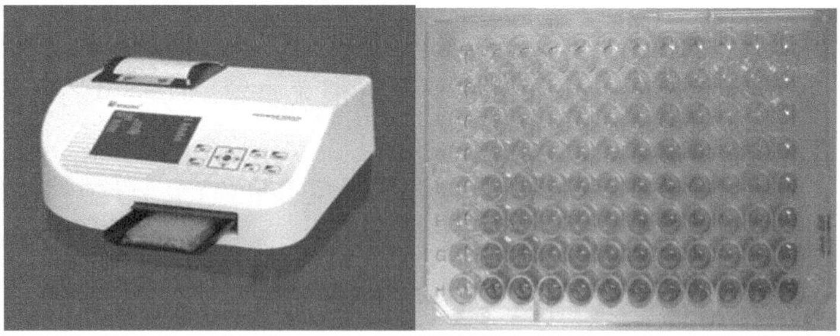

图 2-10　常用酶标仪及所用 96 孔板

1) 盛装待测比色液的容器不再是比色皿，而是塑料微孔板。微孔板常用透明的聚乙烯材料制成，对抗原抗体有较强的吸附作用，故用它作为固相载体。

2) 由于盛样本的塑料微孔板是多排多孔的，光线只能垂直穿过，因此酶标仪的光束都是垂直通过待测溶液和微孔板的，光束既可从上到下，也可从下到上穿过比色液。

3）酶标仪通常不仅用 A，有时也使用光密度 OD 来表示吸光度。酶标仪可分为单通道和多通道两种类型，单通道又有自动和手动之分。自动型的仪器有 X、Y 方向的机械驱动机构，可将微孔板的小孔一个个依次送入光束下面测试，手动型则靠手动移动微孔板来进行测量。

在单通道酶标仪的基础上又发展了多通道酶标仪，此类酶标仪一般都是自动化型的，它设有多个光束和多个光电检测器，如 12 个通道的仪器设有 12 条光束或 12 个光源，12 个检测器和 12 个放大器，在 X 方向的机械驱动装置的作用下，样品 12 个为一排被检测。多通道酶标仪的检测速度快，但其结构较复杂，价格也较高。

2. 工作环境

酶标仪是一种精密的光学仪器，因此良好的工作环境不仅能确保其准确性和稳定性，还能够延长其使用寿命。仪器应放置在无磁场和干扰电压的位置；仪器应放置在低于 40dB 的环境下；为延缓光学部件的老化，应避免阳光直射；操作时环境温度应在 15～40℃，环境湿度在 15%～85%；操作电压应保持稳定；操作环境空气清洁，避免水汽、烟尘；保持干燥、干净、水平的工作台面，以及足够的操作空间。

（三）水浴锅

恒温水浴锅（thermostat water bath）内水平放置不锈钢管状加热器，水槽的内部放有带孔的铝制隔板。上盖上配有不同口径的组合套圈，可适应不同口径的烧瓶。水浴锅左侧有放水管，恒温水浴锅右侧是电气箱，电气箱前面板上装有温度控制仪表、电源开关。电气箱内有电热管和传感器。该温度控制系统采用了优质电子元件，控温灵敏、性能可靠、使用方便。工作原理：传感器将水槽内水的温度转换为电阻值，经过集成放大器的放大、比较后，输出控制信号，有效地控制电加热管的平均加热功率，使水槽内的水保持恒温。当被加热的物体要求受热均匀，温度不超过100℃时，可以用水浴加热。水浴锅通常用铜或铝制作，有多个重叠的圆圈，适于放置不同规格的器皿。注意不要把水浴锅烧干，也不要把水浴锅当作沙盘使用。

1. 操作步骤

1）电子恒温水浴锅应放在固定平台上，先将排水口的胶管夹紧，再将清水注入水浴锅箱体内（为缩短升温时间，也可注入热水）。

2）接通电源，显示 OFF 的红色指示灯亮，旋转温度调节旋钮至设定的温度（顺时针升温，逆时针降温），水开始被加热，指示灯 ON 亮；当温度上升到设定温度时，指示灯 OFF 亮，水开始恒温。

3）水浴恒温后，将装有待恒温物品的容器放于水浴中进行恒温。

4）恒温容器中的恒温物品应低于水浴锅的恒温水浴面。

5）使用完毕后，取出恒温物，关闭电源，排出箱体内的水。并做好仪器使用记录。

6）维护保养。

A. 水箱应放在固定的平台上，仪器所接电源电压应为 220V，电源插座应采用三孔安装插座，并必须安装地线。

B. 加水之前切勿接通电源，而且在使用过程中，水位必须高于不锈钢隔板，切勿在无水或水位低于隔板的情况下加热，否则会损坏加热管。

C. 如恒温控制失灵，可将控制器上的金属接点用细砂布擦亮即可工作。

D. 注水时不可将水流入控制箱内，以防发生触电，使用后箱内水应及时放净，并擦拭干净，保持清洁以利延长使用寿命。

E. 最好用纯化水，以避免产生水垢。

2. 维护方法

1）使用时必须先加适量的洁净自来水于箱内，也可按需要的温度加入热水，以缩短加热时间。

2）接通电源，选择温度。

配备电子式恒温器时，将“温度旋钮”顺时针调节到所需要的温度，此时为加热状态，绿色指示灯亮。当加热到所需温度时，红色指示灯亮，此时为恒温状态。

配备数显表头时，计数器最大位为十位数，按操作符号“+”为增数，按操作符号“-”为减数。红绿灯随箱体内温度的变化而转换。当水浴锅处于加热状态时，红灯亮，当水浴锅处于恒温状态时，绿灯亮。

使用该仪器须经过加热、恒温两次以上才能达到正确的设定温度（必须全部封盖、封圈后才能达到）。

3）工作完毕，将温控旋钮、增减器置于最小值，切断电源。

4）如果要锅内水温达100℃，作沸水蒸馏用时，可将调节旋钮调至终点。

5）加水不可太多，以免沸腾时水溢出锅外。

6）锅内水量不可低于1/2，不可使加热管露出水面。以免烧坏，造成漏水、漏电。

7）该设备使用时必须将三眼插座有效接地线。

3. 水浴锅分类

①数显恒温水浴锅；②恒温水浴锅；③恒温油浴锅；④低温水浴锅；⑤电动搅拌玻璃恒温水浴锅。

（胡敏珊　刘　戟）

第三章　实 验 项 目

第一节　基础性实验项目

一、蛋白质定量分析实验

【实验目的】

掌握几种常用的蛋白质定量测定的方法和原理；了解这几种蛋白质定量测定方法的区别及各自的应用。

实验一　考马斯亮蓝 G-250 法测定蛋白质含量

【实验原理】

考马斯亮蓝（Coomassie brilliant blue）G-250 有红色和蓝色两种，能与蛋白质通过范德瓦耳斯力而结合。在一定蛋白质浓度范围内，染料与蛋白质的结合成正比，用于蛋白质含量的测定。随着染料与蛋白质结合颜色由红色变为蓝色，最大光吸收的波长由 465nm 变成 595nm，测定 595nm 处吸光度的增加量可以知道其结合蛋白质的量。

蛋白质与考马斯亮蓝的结合反应约 2min 可达最大光吸收，结合后可稳定约 1h，之后发生聚合并沉淀。此测定方法灵敏度很高，是 Lowry 法灵敏度的 2 倍。显色反应重复性好，精确度高，线性关系好，干扰物少，但大量去垢剂存在时对显色反应影响大且不易消除，误差较大。如果去垢剂 SDS 高于 0.01%，Triton X-100 高于 0.05%，Tween20、Tween60、Tween80 高于 0.015% 均不能使用本方法测定蛋白质浓度，应考虑换用 BCA 法或其他蛋白质浓度测定方法。

【实验试剂和器材】

1. 试剂

1）考马斯亮蓝试剂：取 95%乙醇 50mL 溶解考马斯亮蓝 G-250 100mg 后，加入 100mL 85% 磷酸，用蒸馏水稀释至 1000mL，滤纸过滤。棕色瓶保存。常温可以放置 1～2 月。

2）标准蛋白质溶液：以生理盐水溶解干燥至恒重的结晶牛血清清蛋白，配制浓度为 0.1mg/mL。

3）待测血清样品的稀释：取血清 0.1mL 置于 50mL 容量瓶中，以 0.9% NaCl 定容至刻度，此为稀释 500 倍待测样品。

4）0.9% NaCl。

2. 器材

试管及试管架，刻度吸量管或可调移液器，722 型分光光度计。

【实验步骤】

1）取 10 支试管，按表 3-1 加入各试剂。

表 3-1　考马斯亮蓝 G-250 法加样表

试剂＼管号	1	2	3	4	5	6	7	8	9	10
蛋白质标准溶液/mL	0	0.05	0.10	0.20	0.30	0.40	0.60	0.80	1.00	—
待测稀释血清/mL	—	—	—	—	—	—	—	—	—	0.10
0.9% NaCl/mL	1.00	0.95	0.90	0.80	0.70	0.60	0.40	0.20	0.00	0.90
考马斯亮蓝 G-250/mL	5	5	5	5	5	5	5	5	5	5
标准蛋白质含量/μg	0	5	10	20	30	40	60	80	100	—

注："—"表示对应试管不添加该试剂。

2）混匀各管，放置 5min，595nm 波长比色，读取 *A* 值并记录。

3）标准曲线的绘制：以 595nm 测得的标准管 *A* 值为纵坐标，以每一标准管的蛋白质含量为横坐标，绘制标准曲线（使用 Excel 绘制），并得到直线方程和相关系数 R^2。

4）计算：将血清样品管的 *A* 值代入标准曲线得到的直线方程，可求得血清样品管的蛋白质含量，再除以待测稀释血清的体积 0.1mL，得出稀释血清的蛋白质浓度，再乘以稀释倍数 500 倍，即得未稀释血清的蛋白质浓度。

【注意事项】

1）此法显色迅速、稳定，2min～1h 均可测定。但显色后 5～20min 内颜色最稳定。

2）少量蛋白质-染料复合物会在测定后吸附于比色杯杯壁上，此吸附量可以忽略。如果测定要求严格，可用乙醇将比色杯清洗干净。

3）如果希望获得更准确可靠的实验结果，在尽量保证取样准确的前提下，还应每管做至少 3 个技术性重复（空白管除外）。

（杨　烨　曾凡才）

实验二　BCA 法测定蛋白质含量

【实验原理】

此法是近年来被科研工作者广泛选用的蛋白质浓度测定方法。二辛可宁酸（bicinchonininc acid，BCA）与含二价铜离子的硫酸铜等其他试剂混合一起呈苹果绿，即为 BCA 工作试剂。在碱性条件下，BCA 与蛋白质结合时，蛋白质将 Cu^{2+}还原为 Cu^{+}，一个 Cu^{+}螯合两分子的 BCA，形成紫色的反应复合物，在 562nm 处有最大光吸收，其强度与蛋白质浓度成正比。

BCA 法比 Lowry 法的灵敏度高，操作简单，形成的复合物稳定。与 Bradford 法相比，更不易受去垢剂的影响。但受螯合剂和略高浓度的还原剂的影响，需确保 EDTA 低于 10mmol/L，无 EGTA，二硫苏糖醇低于 1mmol/L，β-巯基乙醇低于 0.01%。

【实验试剂和器材】

1. 试剂

1）试剂 A：1% BCA 二钠盐、2%无水碳酸钠、0.16%酒石酸钠、0.4%氢氧化钠、0.95%碳酸氢钠，混匀后调节 pH 为 11.25。

2）试剂 B：4%硫酸铜。

3）BCA 工作液：试剂 A 100mL＋试剂 B 2mL 混合均匀。

4）蛋白质标准液：以生理盐水溶解干燥至恒重的结晶牛血清清蛋白，根据其纯度配制成 1.5mg/mL 的蛋白质标准液。纯度可经凯氏定氮法测定蛋白质含量而确定。

5）待测样品：取血清 0.1mL 置于 50mL 容量瓶中，以 0.9% NaCl 定容至刻度线，此为稀释 500 倍待测样品。

2. 器材

722 型分光光度计，恒温水浴箱，试管和试管架，可调取液器或刻度吸量管。

【实验步骤】

1）取试管 10 支，按表 3-2 加入各试剂。

表 3-2　BCA 法测定蛋白质含量加样表

试剂 \ 管号	1	2	3	4	5	6	7	8	9	10
蛋白质标准液（1.5mg/mL）/μL	0	5	10	20	30	40	60	80	100	—
双蒸水/μL	100	95	90	80	70	60	40	20	—	—
待测样品/μL	—	—	—	—	—	—	—	—	—	100
BCA 工作液/mL	4.9	4.9	4.9	4.9	4.9	4.9	4.9	4.9	4.9	4.9
标准蛋白质含量/μg	0	7.5	15	30	45	60	90	120	150	—

注：“—”表示对应试管不添加该试剂。

2）混匀，37℃保温 30min，用 562nm 波长测定各管吸光度（A）值。

3）标准曲线的绘制：以每一标准管的蛋白质含量为横坐标，以 562nm 测得的标准管 A 值为纵坐标，绘制标准曲线（使用 Excel 绘制），并得到直线方程和相关系数 R^2。

4）计算：将血清样品管的 A 值代入标准曲线得到的直线方程，可求得血清样品管的蛋白质含量，再除以待测稀释血清的体积 0.1mL，得出稀释血清的蛋白质浓度，再乘以稀释倍数 500 倍，即得未稀释血清的蛋白质浓度。

【注意事项】

1）BCA 试剂的蛋白质测定范围为 20～200μg/mL，微量 BCA 测定范围为 0.5～10μg/mL。

2）试剂抗干扰能力较强，如较高浓度的去垢剂、尿素等均无影响。

3）因为 BCA 法测定时颜色会随着时间的延长不断加深，并且显色反应的速度和温度有关，所以除非精确控制显色的时间和温度，否则每次都要制作标准曲线。

4) BCA 法测定蛋白质浓度较低时，适合在较高温度下孵育，或延长孵育时间。

5) 如果希望获得更准确可靠的实验结果，在尽量保证取样准确的前提下，还应每管做至少 3 个技术性重复（空白管除外）。

（杨　烨　曾凡才）

实验三　Folin-酚试剂法（Lowry 法）测定蛋白质含量

【实验原理】

Folin-酚试剂法包括两步反应：双缩脲反应和 Folin-酚显色反应。在碱性溶液中，铜离子（Cu^{2+}）能与双缩脲（biuret）（$H_2N-CO-NH-CO-NH_2$）结合生成紫红色络合物。蛋白质或二肽以上的多肽分子也有多个与双缩脲结构相似的肽键，也可以在碱性条件下与铜离子生成紫红色的蛋白质-Cu^{2+}络合物。Folin-酚试剂在碱性条件下不稳定，其磷钼酸盐-磷钨酸盐被酚类化合物还原，产生深蓝色的钼兰和钨兰的混合物。蛋白质-Cu^{2+}复合物中的酪氨酸或色氨酸残基带有的酚羟基也可以还原酚试剂中的磷钼酸和磷钨酸，生成蓝色化合物。在一定范围内，蓝色深度与蛋白质的量成正比。其显色原理与双缩脲方法相同，只是加入了 Folin-酚试剂增加了显色量，提高了检测的灵敏度。

由 Lowry 最早确定了 Folin-酚试剂法测定蛋白质浓度的基本步骤，得到广泛的应用。这个测定方法的优点是灵敏度高，比双缩脲法更灵敏；缺点是费时间，要精确控制操作时间，标准曲线也不是严格的直线形式，干扰物质较多。过去，Folin-酚试剂法是应用最广泛的一种方法，近年来逐渐被考马斯亮蓝法和 BCA 法取代。

【实验试剂和器材】

1. 试剂

1) 碱性硫酸铜试剂：(A) 10g Na_2CO_3，2g NaOH 和 0.25g 酒石酸钾钠（$KNaC_4H_4O_6 \cdot 4H_2O$），溶解于 500mL 蒸馏水中。(B) 0.5g 硫酸铜（$CuSO_4 \cdot 5H_2O$）溶解于 100mL 蒸馏水中。每次使用前，将 50 份 (A) 与 1 份 (B) 混合，即为碱性硫酸铜试剂。

2) Folin-酚试剂：在 2L 磨口回流瓶中，加入 100g 钨酸钠（$Na_2WO_4 \cdot 2H_2O$），25g 钼酸钠（$Na_2MoO_4 \cdot 2H_2O$）及 700mL 蒸馏水，再加入 50mL 85%磷酸，100mL 浓盐酸，充分混合，接上回流管，以小火回流 10h，回流结束时，加入 150g 硫酸锂（Li_2SO_4），50mL 蒸馏水及数滴液体溴，开口继续沸腾 15min，以便驱除过量的溴。冷却后溶液呈黄色（如仍呈绿色，须再重复滴加液体溴的步骤）。稀释至 1L，过滤，滤液置于棕色试剂瓶中保存。使用时用标准 NaOH 滴定，酚酞作指示剂，然后适当稀释，约加水 1 倍，使最终的酸浓度为 1mol/L 左右。

3) 标准蛋白质溶液：精确称取结晶牛血清清蛋白，溶于 0.9% NaCl 溶液，浓度为 200μg/mL。

4) 待测样品：取血清 0.1mL 置于 25mL 容量瓶中，以 0.9% NaCl 定容至刻度，此为稀释 250 倍待测样品。

2. 器材

可见光分光光度计，漩涡振荡器，秒表，试管。

【实验步骤】

1)标准曲线的测定：取 10 支试管，按表 3-3 加入各试剂。

表 3-3 Folin-酚试剂法测定蛋白质含量加样表

试剂＼管号	1	2	3	4	5	6	7	8	9	10
牛血清清蛋白标准液(200μg/ mL)/μL	—	0.05	0.10	0.20	0.30	0.40	0.60	0.80	1.00	—
待测样品/μL	—	—	—	—	—	—	—	—	—	0.50
蒸馏水/μL	1.00	0.95	0.90	0.80	0.70	0.60	0.40	0.20	—	0.50
碱性硫酸铜试剂/μL	4.00	4.00	4.00	4.00	4.00	4.00	4.00	4.00	4.00	4.00
标准蛋白质含量/μg	0	10	20	40	60	80	120	160	200	—

注：“—”表示对应试管不添加该试剂。

2)在漩涡振荡器上迅速混匀各管，室温放置 10min。

3)向各管加入 0.50mL Folin-酚试剂，2s 内迅速混匀。室温放置 30min。

4)冷却，在 650nm 波长处，以 1 号试管作为空白对照，测定各管吸光度(*A*)。

5)标准曲线的绘制：以每一标准管的蛋白质含量为横坐标，以测得的标准管 *A* 值为纵坐标，绘制标准曲线(使用 Excel 绘制)，并得到直线方程和相关系数 R^2。

6)计算：将血清样品管的 *A* 值代入标准曲线得到的直线方程，可求得血清样品管的蛋白质含量，再除以待测稀释血清的体积 0.5mL，得出稀释血清的蛋白质浓度，再乘以稀释倍数 250 倍，即得未稀释血清的蛋白质浓度。

【注意事项】

1)加 Folin-酚后立即混匀，混合速度要快，否则会使显色程度减弱。

2)因 Folin-酚显色反应的显色随时间不断加深，因此各项操作必须精确控制时间，即第 1 支试管加入 5mL 碱性硫酸铜试剂后，开始计时，1min 后，加第 2 支试管，2min 后加第 3 支试管，以此类推。全部试管加完后若已超过 10min，则第 1 支试管可加入 0.5mL Folin-酚试剂，1min 后加第 2 支试管，2min 后加第 3 支试管，以此类推。待最后一支试管加完试剂后，再放置 30min，然后开始测定吸光度。每分钟测一个样品。

3)由于各种蛋白质含有不同量的酪氨酸和苯丙氨酸，显色的深浅往往随不同的蛋白质而变化。因此本测定方法通常只适用于测定蛋白质的相对浓度(相对于标准蛋白质)。

4)凡含有两个氨甲酰基($-CO-NH_2$)，$-CS-NH_2$，$-C(NH)NH_2$，$-CRH-NH_2$，$-CH_2NH-CHNH_2CH_2OH$，$-CHOH-CH_2NH_2$ 等基团的化合物均能与铜离子产生双缩脲反应；甚至过量的铵盐也会干扰反应。所以，双缩脲反应并非为蛋白质所特有。因此，要求样品中除蛋白质外，不能含有能与双缩脲试剂显色的物质。

对双缩脲反应产生干扰的离子，同样容易干扰 Folin-酚显色反应。而且对后者的影响还要大得多。酚类、柠檬酸、硫酸铵、Tris 缓冲液、甘氨酸、糖类、甘油等均有干扰作用。浓度较低的尿素(0.5%)、硫酸钠(1%)、硝酸钠(1%)、三氯乙酸(0.5%)、乙醇(5%)、乙醚(5%)、丙酮(0.5%)等溶液对显色无影响，但这些物质浓度高时，必须作校正曲线。含硫酸铵的溶液，只需加浓碳酸钠-氢氧化钠溶液，即可显色测定。若样品酸度较高，显色后会色浅，则必须提高碳酸钠-氢氧化钠溶液的浓度1～2倍。

5) 进行测定时，加Folin-酚试剂时要特别小心，因为该试剂仅在酸性pH条件下稳定，但上述还原反应只在pH=10的情况下发生，故当Folin-酚试剂加到碱性的铜-蛋白质溶液中时，必须立即混匀，以便在磷钼酸-磷钨酸试剂被破坏之前，发生还原反应。

6) 此法也适用于酪氨酸和色氨酸的定量测定。

（杨 烨）

实验四 紫外分光光度法测定蛋白质含量

【实验原理】

色氨酸、酪氨酸等芳香族氨基酸含有共轭双键，可以吸收紫外光，其最大吸收峰于280nm处，故可用280nm紫外线来测定样品中蛋白质的含量，测定范围为20～100μg/mL。

核酸也可以吸收紫外线，其最大吸收峰在260nm处，但在280nm波长处也有光吸收，因此对蛋白质的测定有干扰作用。所以，蛋白质溶液中如果存在核酸时必须同时测定280nm、260nm处的吸光度，通过计算可消除其影响，方可测得溶液中蛋白质的实际含量。

此测定方法的优点是简便，不消耗样品，低浓度盐类不干扰测定。缺点是测定方法着眼于芳香族氨基酸对紫外线的吸收，而各种芳香族氨基酸对紫外线的吸收是不同的，所以样品中芳香族氨基酸的组成与标准蛋白质的组成相差较大时，可出现一定的误差；当样品中存在核酸等紫外吸收物质时，也会出现较大的干扰。因乙酸、琥珀酸、邻苯二甲酸及巴比妥等缓冲液在215nm波长处有较大的光吸收，不能应用此方法。

【实验试剂和器材】

1. 试剂

生理盐水、血清。

2. 器材

试管、容量瓶(50mL)、752型紫外-可见分光光度计、可调移液器。

【实验步骤】

1) 500倍稀释血清：准确吸取0.1mL血清，用生理盐水定容至50mL。

2) 吸光度测定：以生理盐水调零，用280nm及260nm两种波长测定稀释蛋白质溶液的吸光度值。

3) 计算：将280nm及260nm的吸光度值按下列校正经验式计算出蛋白质浓度

$$蛋白质浓度(mg/mL)=(1.45\times A_{280}-0.74\times A_{260})\times 500$$

【注意事项】

1) 因紫外线可以被玻璃阻挡，所以紫外分光光度计应使用石英比色皿作为容器。

2) 对于纯蛋白质样品，可用280nm的标准吸光系数，直接测定出该蛋白质的含量。如牛血清蛋白的$E_{280}^{1\%}$（溶液浓度为1%，在280nm波长下，液层厚度1cm时的吸收系数）为6.3，则待测样品中牛血清蛋白含量可用下式计算

$$样品中牛血清蛋白浓度(mg/mL)=\frac{A_{280}}{6.3}\times 10$$

式中，A_{280}为280nm波长处测得的吸光度值。

3）不同的蛋白质及核酸的光吸收率不同，可能产生误差。而嘌呤碱基、嘧啶碱基在波长260nm和280nm处也有光吸收。因此，要求核酸含量必须在20%以下，$A_{280}/A_{260}>1.5$时方可用上述公式计算蛋白质含量。

4）对混合蛋白质溶液，可用A_{280}乘以0.75来推算出蛋白质的大致含量（mg/mL）。

测定蛋白质含量的方法有多种，主要分为两大类：一类是利用微量凯氏定氮法、双缩脲法和Folin-酚试剂法（Lowry法）等化学方法来进行测定；另一类是利用蛋白质的折射率、密度、染料结合、紫外吸收等物理化学性质进行测定。测定蛋白质含量的几种方法的比较见表3-4，方法的选用应根据实验要求及实验室条件来决定。

表3-4　测定蛋白质含量的几种方法的比较

方法	灵敏度	最大吸收波长/nm	优点	缺点
凯氏定氮法	0.2～1.0mg	—	干扰少、准确	灵敏度低、操作复杂、耗时长
紫外分光光度法	50～100μg	280	快速简便、不消耗样品	灵敏度低、干扰物质较多
BCA法	≤0.5μg	562	灵敏度高、干扰较少、操作简单、颜色稳定	受尿素和β-巯基乙醇干扰
考马斯亮蓝G-250法（Bradford法）	1～5μg	595	灵敏、简便、快速、干扰物质少、颜色稳定	不同蛋白质测定时有较大偏差
双缩脲法	1～20mg	540	干扰相对较少	灵敏度低
Folin-酚试剂法（Lowry法）	≈5μg	650	灵敏度高	干扰物质多、费时、操作需要严格计时、颜色深浅随不同蛋白质变化

【思考题】

1. 书中所列各种测定蛋白质方法的原理是什么？
2. 试述各种测定蛋白质的方法的优缺点。如何选用不同方法？
3. 测定蛋白质的含量还有其他什么方法？

（杨　烨　曾凡才）

二、层析分离纯化实验

实验五　血清γ-球蛋白的分离纯化与鉴定

【实验目的】

掌握分子筛层析、盐析、离心、电泳技术的概念、原理、基本的实验操作技术及应用；

熟悉血清蛋白分类、清蛋白/球蛋白比率及其临床意义。

【实验原理】

人血清中蛋白质按电泳法一般可分为五类：清蛋白、α_1-球蛋白、α_2-球蛋白、β-球蛋白和γ-球蛋白。而牛血清中主要含有以下四类蛋白质：清蛋白、α-球蛋白、β-球蛋白和γ-球蛋白。不同种类的蛋白质其带电量、分子质量、溶解度等均不同，故可根据这些理化性质的不同来分离和纯化蛋白质。

血清中蛋白质的分离可用盐析法进行分离，所谓盐析(salt precipitation)是指在蛋白质溶液中加入大量中性盐，以破坏蛋白质的胶体性质，使蛋白质从溶液中沉淀的方法。清蛋白和球蛋白在高浓度硫酸铵溶液中溶解度不同而能通过盐析进行分离。半饱和硫酸铵溶液可使球蛋白沉淀析出，清蛋白则仍溶解在溶液中，经离心分离，沉淀部分即为球蛋白。再减少硫酸铵溶液的浓度，使γ-球蛋白沉淀析出，而α-球蛋白、β-球蛋白溶解在溶液中，经离心分离，沉淀部分即为初步纯化的γ-球蛋白。这种通过改变盐的浓度使蛋白质分批沉淀的方法即为分段盐析。

经盐析分离得到的蛋白质样品中含有大量的硫酸铵，可用透析法、分子筛层析法(也称凝胶层析)等方法将其除去。本实验利用蛋白质与无机盐类之间分子质量的差异，采用分子筛层析法去除硫酸铵。当溶液通过 Sephadex G-25 凝胶柱时，溶液中大分子的蛋白质不能进入凝胶颗粒的网孔，从颗粒间隙流出，流程短而先流出层析柱，小分子的无机盐能进入凝胶颗粒的网孔之中，流程长而后流出层析柱，从而达到去盐的目的。纯化后的γ-球蛋白可利用醋酸纤维素薄膜电泳法鉴定其纯度。由于人血清来之不易且主要用于抢救患者生命，本实验选用牛血清作为实验样品。

【实验试剂和器材】

1. 试剂

1) pH 7.2，饱和硫酸铵溶液：称取硫酸铵(ammonium sulfate) 85g 溶于 100mL 蒸馏水中，在 70～80℃水浴中搅拌溶解，用浓氨水调 pH 为 7.2，室温放置过夜，瓶底析出白色结晶，上层液即为饱和硫酸铵溶液。

2) pH 7.2，0.01mol/L 磷酸盐缓冲液(phosphate-buffered saline，PBS)：称取 $Na_2HPO_4 \cdot 12H_2O$ 3.58g，溶于 1000mL 蒸馏水中，即为 0.01mol/L Na_2HPO_4 液。称取 $NaH_2PO_4 \cdot 2H_2O$ 1.56g，溶于 1000mL 蒸馏水中，即为 0.01mol/L NaH_2PO_4 液。取 0.01 mol/L Na_2HPO_4 液 720mL，加 0.01mol/L NaH_2PO_4 液 280mL，混匀即为 pH 7.2，0.01mol/L 磷酸盐缓冲液。

3) 葡聚糖凝胶 G-25(Sephadex G-25)悬液：取适量的葡聚糖凝胶 G-25，加大量蒸馏水混匀，沸水浴中加热 2h，不时搅拌。溶胀充分后倒去多余的水分，使凝胶成为可流动的稀糊状悬液。

4) 10%三氯乙酸(acetocaustin)。

5) 纳氏试剂(Nessler's reagent)：称取 HgI_2(mercuric iodide) 115g 和 KI(potassium iodide) 80g 溶解于蒸馏水中，稀释至 500mL。加入 6mol/L NaOH 溶液 500mL，静置后吸取上清液使用，试剂宜放置于阴凉处。

6) pH 8.6，离子强度 0.06 巴比妥电泳缓冲液(barbital buffer)：称取巴比妥钠(barbital sodium) 12.76g，巴比妥(barbital) 1.66g，溶解于蒸馏水中，加热，稀释至 1000mL。

7) 氨基黑 10B 染色液：称取氨基黑 10B(amino black 10B) 0.5g，加甲醇 50mL，冰醋酸

(glacial acetic acid) 10mL，蒸馏水 40mL 溶解。

8) 漂洗液：95%乙醇 45mL，加冰醋酸 5mL 及蒸馏水 50mL。

2. 器材

离心管、玻璃棒、烧杯、量筒、滴管、试管、可调移液器、普通离心机、层析柱、瓷比色盘(黑色和白色各一个)、镊子、培养皿、X 光软片、滤纸、电泳仪、电泳槽。

【实验步骤】

1. 分段盐析

1) 取牛血清 1.0mL 加入离心管中，加 PBS 1.0mL，混匀。再逐滴加入 pH 7.2 饱和硫酸铵液 2.0mL，边加边混匀。静置 20min 后离心(3000r/min，10min)，倾去上清液并尽量倒净。

2) 加 PBS 1.0mL 于上述离心管的沉淀中，搅拌溶解，再逐滴加入饱和硫酸铵液 0.5mL，边加边混匀。静置 20min 后离心(3000r/min，10min)，倾去上清液并尽量倒净，其沉淀为初步纯化的 γ-球蛋白。如需获得更纯的 γ-球蛋白，可重复此过程 1～2 次，最后用 PBS 1.0mL 将沉淀溶解。

2. 分子筛层析

1) 装柱：取 1cm×20cm 层析柱一支，加 1/3 柱高的蒸馏水，排出底部死腔内空气，至剩余 1～2cm 柱高蒸馏水时关紧下端出口。玻璃棒搅拌并缓慢加入葡聚糖凝胶 G-25 悬液，灌注过程中防止气泡和断层的出现。待凝胶和水分层后打开下端出口，继续加入凝胶至凝胶沉积 10～15cm 高，注意凝胶表面应平整。当水全部进入凝胶后，沿柱内壁缓慢加入 PBS 约 10mL，待液面与凝胶表面相平时，关闭出口待用。

2) 加样与洗脱：用滴管吸取 γ-球蛋白液，小心缓慢地沿层析柱内壁加到凝胶表面(注意不要破坏凝胶床表面的平整)。打开下端出口，待样品全部进入凝胶后，小心加入少量 PBS 于柱内，以洗净柱内壁上的样品溶液，待进入凝胶后再加入 PBS 进行洗脱，流速为 4～5 滴/min。

3) 收集：取 10 支干净的试管并编号，于加样开始后收集洗脱液。每收集约 1.0mL 换一管。

4) 检查：取瓷比色盘 2 个(黑色与白色各一个)，按洗脱液的管号顺序分别取 1 滴滴于比色盘各凹槽中，黑盘各槽中加 10%三氯乙酸 5 滴，出现白色混浊或沉淀者即有蛋白质存在；白盘各槽中加纳氏试剂 1 滴，出现颜色反应者存在 NH_4^+。将检查结果用“-，+，++”等符号记录于表 3-5 中。选取蛋白质含量高且不含铵离子的样品液进行纯度鉴定。

表 3-5　蛋白质和铵离子检测结果

管号	1	2	3	4	5	6	7	8	9	10
蛋白质沉淀										
铵离子										

3. 纯度鉴定

1) 取 3cm×8cm 大小的醋酸纤维素薄膜 1 张，在巴比妥缓冲液中充分浸润。用镊子夹取浸透的膜条放在滤纸上吸去多余的水分，于无光泽面点样。

2) 在距膜条一端约 1.5cm 处，用 X 光软片分别蘸取适量的血清和纯化后的 γ-球蛋白样品液点于膜条的同一水平线上。

3) 将巴比妥电泳缓冲液加于电泳槽内，再将点样后的膜条放于电泳槽槽架上，槽架上预先用 4 层滤纸作桥垫。放置时膜条的点校面应向下，点样端置于负极，膜条与滤纸需贴紧。

4) 接通电源，以 120V 恒压电泳 50min。

5) 通电完毕后，用镊子将膜条取出，浸于盛有氨基黑 10B 的染色液中，染色 1～2min 后取出，先用自来水冲洗，再放入盛有漂洗液的培养皿中，依次漂洗，直到背景干净为止。用滤纸吸干膜条，比较纯化前后电泳图谱的变化，以确定样品的纯度。

【注意事项】

1) 凝胶装柱是操作中最重要的一步，为使柱装得均匀，凝胶悬液应该不稀不厚，凝胶与水的比例一般为 1∶1。装柱后凝胶表面要平整，进样及洗脱时勿使床面暴露在空气中，否则柱床会出现气泡或分层现象。加样时要小心缓慢，勿破坏凝胶表面的平整性。

2) 凝胶使用后如短期不用，为防止凝胶发霉可加防腐剂如 0.02% 叠氮钠，保存于 4℃冰箱内。若长期不用，应脱水干燥保存。

【思考题】

1. 简述血清蛋白质的分类。
2. 盐析和分子筛层析的原理分别是什么？
3. 血清 γ-球蛋白的分离纯化采用了哪些分离纯化方法？整个实验的思路是什么？

（严冬梅）

实验六　血清脂质的薄层层析

【实验目的】

掌握薄层层析的基本原理及方法；熟悉血清脂质的分类。

【实验原理】

薄层层析(thin-layer chromatography，TLC)是吸附层析的一种，在玻璃板上均匀涂抹一薄层吸附剂，待分离样品点在薄层板一端，然后让展开剂从上流动，被分离物各组分在两相中吸附能力的大小不同，从而使各组分得到分离。本实验将血清脂质混合液点在玻璃薄板上，由于血清脂质各组分分子结构不同，吸附剂对其的吸附能力不同，当展开剂流过时，吸附力小的成分移动快，吸附力大的成分移动慢，从而将各成分分开。

由于硅胶 G 对各种不同脂质的吸附能力不同，因此本实验用硅胶 G 做成薄板，以石油醚-丁酮-乙酸的混合液为展开剂，对血清脂质进行层析分离。吸附力的强弱，受本身分子极性的影响。移动速率用 R_f(rate flow)表示，极性强的分子，容易被吸附，则移动慢，R_f值小；极性弱的分子，不易被吸附，则移动快，R_f值大。通过薄层层析能使各成分分离，经显色后，比较它们的 R_f值，即可鉴定其成分。各种脂质在硅胶薄层上的移动速率 R_f值可通过下式求得

$$R_f=\frac{色斑中心距原点中心的距离}{溶剂前沿距原点中心的距离}$$

【实验试剂和器材】

1. 试剂

1) 展开剂：石油醚-丁酮-乙酸(体积之比为 95∶4∶1)

2) 标准液：称取胆固醇、胆固醇酯、卵磷脂、甘油三酯、脂肪酸各 100mg，分别溶于 100mL 氯仿中。

3) 0.1mol/L 的 NaCl：称取 0.585g NaCl，加蒸馏水溶解，定容至 100mL。

4) 氯仿与甲醇溶液、硅胶 G。

5) 磷钼酸显色剂：称取磷钼酸 5g 溶于 70mL 蒸馏水和 25mL 95%乙醇中，再加 70%过氯酸 5mL 混匀。

2. 器材

玻璃板(8cm×15cm)、层析缸(19cm×6cm×16.5cm)，喷雾器、试管、研钵、毛细玻璃管、离心机、离心管、漩涡振荡器、烘箱。

【实验步骤】

1) 血清脂质的提取：取新鲜血清 0.5mL 于有塞的干净试管中，加入氯仿与甲醇(体积比 2∶1)的混合液 2mL，用漩涡振荡器快速振摇混匀 30min，然后再加入 0.1mol/L 的 NaCl 0.4mL 混匀，2000r/min，离心 5min，将下层氯仿层转移至另一有塞的试管中，水浴蒸干，加入 0.1mL 氯仿，使其充分溶解，混匀备用。

2) 薄板的制备：称取硅胶 G 4.5g 于研钵中，加入蒸馏水 14mL，研匀。待成糊状后，迅速均匀倒在干燥清洁的玻璃板上，晃动玻璃板，让糊状硅胶自然扩散开，边角可用研磨棒涂抹使其均匀分布。室温下风干，使用前置于 105℃烘箱中活化 30min 备用。

3) 点样：用毛细玻璃管吸取各种脂质的标准液及样品液(即上述氯仿溶液)各少许(6～10μL)，在距层析薄板一端 2cm 处点样 1 滴，各点之间的间距为 1～2cm，点样圈的直径应小于 3mm，待样品的溶剂蒸发干后再放入层析缸中。

4) 展开：把已点好样品的薄板倾斜 30°于层析缸中，薄板点样起点必须高于展开剂的高度。密闭层析缸，让其展开。

5) 烘干：待展开剂的前沿上升到距薄板顶端 1～2cm 处，取出薄板，并于展开剂到达处做好标记，将薄板于室温下放置 5min 后，再置 80℃烘箱中烘干约 20min。

6) 显色：薄板烘干后，喷洒磷钼酸显色剂，置烘箱中 105℃烘烤，3～5min 即可显色。

7) 测量计算：测量展开剂前沿距原点中心的距离与色斑中心距原点中心的距离，计算各脂质的 R_f值，把标准品与试样品进行比较鉴定。

【注意事项】

1) 血清必须是新鲜血清，如陈旧血清，自由脂肪酸不易提取。
2) 提取脂质时可用手摇，但必须要不停的剧烈振荡，否则效果不好。
3) 提取脂质的全过程都要在有塞的试管中进行，防止溶剂挥发。
4) 展开时，玻璃板轻轻放入，不要摇摆，不要移动。
5) 一定要烘干后才能喷显色剂，喷时不要太用力。

【思考题】

1. 影响脂质在硅胶薄层上的 R_f 值的主要因素是什么？
2. 在提取血清脂质时需要注意些什么？

（严冬梅）

三、电泳实验

实验七　血清蛋白醋酸纤维素薄膜电泳及定量分析

【实验目的】

掌握醋酸纤维素薄膜电泳的基本操作技术及应用；熟悉血清蛋白的分类及其临床意义。

【实验原理】

蛋白质是两性电解质，在 pH 小于其等电点的溶液中，带正电荷，在电场中向阴极移动；在 pH 大于其等电点的溶液中，带负电荷，电泳时向阳极移动。血清中含有若干种不同的蛋白质，由于它们的分子质量各异，所带电荷不等，因此在电场中移动速率各不相同，可以利用醋酸纤维素薄膜(cellulose acetate film)作为支持物进行电泳将它们分离开。一般情况下，利用醋酸纤维素薄膜作为支持物进行电泳可将人血清蛋白质分成 5 条区带，从正极端起依次为清蛋白(albumin，A)、α_1-球蛋白、α_2-球蛋白、β-球蛋白及 γ-球蛋白(globulin)，各组分的等电点、相对分子质量及其在正常血清中的百分含量见表 3-6。

表 3-6　血清蛋白各组分的等电点、相对分子质量及其在正常血清中的百分含量

组分	等电点	相对分子质量	在血清中的百分含量/%
清蛋白	4.64	69 000	57～72
α_1-球蛋白	5.06	200 000	2～5
α_2-球蛋白	5.06	300 000	4～9
β-球蛋白	5.12	90 000～150 000	6.5～12.0
γ-球蛋白	6.85～7.3	156 000～950 000	12～20

血清蛋白电泳有一定的临床意义。例如，肝硬化时清蛋白明显降低，而 γ-球蛋白可增高 2 倍；肾病综合征和慢性肾小球肾炎可见到清蛋白降低，α-球蛋白和 β-球蛋白增高。从电泳

谱上也可查出某些异常。例如，多发性骨髓瘤患者血清，有时在β-球蛋白与γ-球蛋白之间出现巨球蛋白；原发性肝癌患者血清在清蛋白与α_1-球蛋白之间可见到甲胎蛋白。

【实验试剂和器材】

1. 试剂

1) 巴比妥缓冲液(barbital buffer，pH 8.6，离子强度 0.06)：称取巴比妥钠 12.76g，巴比妥 1.66g，去离子水加热溶解后加水至 1000mL。置 4℃保存，备用。

2) 氨基黑 10B 染色液：称取氨基黑 10B(amino black 10B) 0.5g，加甲醇(methanol) 50mL，冰醋酸(glacial acetic acid) 10mL，去离子水 40mL，混匀溶解后置具塞试剂瓶内贮存。

3) 漂洗液：取 95%乙醇 45mL，冰醋酸 5mL，去离子水 50mL，混匀后置具塞试剂瓶内贮存。

4) 透明液：临用前配制。甲液：取冰醋酸 15mL，无水乙醇 85mL，混匀。乙液：取冰醋酸 25mL，无水乙醇 75mL，混匀。

5) 0.4mol/L NaOH。

2. 器材

电泳仪及电泳槽，醋酸纤维素薄膜，培养皿，镊子，玻璃板，试管及试管架，722 型分光光度计。

【实验步骤】

(1) 准备

1) 将醋酸纤维素薄膜切成 2.5cm×8.0cm 的小片，在薄膜无光泽面距一端 1.5cm 处用铅笔画线，表示点样位置。

2) 将薄膜无光泽面向下，漂浮于巴比妥缓冲液(barbital buffer)液面上，使膜条自然浸湿下沉。

3) 将充分渗透、浸泡大于 2h(最好过夜)的膜条取出，用滤纸吸去多余的缓冲液。

(2) 点样　用点样器蘸取血清样品，垂直印于膜上(划线处)，待血清全部渗入膜内，移开点样器(点样应在薄膜的无光泽面，点样处距一端约 1.5cm)。

(3) 电泳　事先在电泳槽槽架上铺 4 层滤纸(或 2～3 层纱布)作桥垫，将点样后的膜条置于电泳槽架滤纸上，放置时无光泽面(即点样面)向下，点样端靠负极，膜条与滤纸需贴紧，待平衡 5min 后通电，调节电压至 90～110V，电流(稳流)为 0.4～0.6mA/cm 宽。通电 50～55min 后关闭电源。

(4) 染色　通电完毕后，用镊子将薄膜取出，直接浸于盛有氨基黑 10B 的染色液中，染色 1min 取出。先用自来水冲洗，后立即浸入盛有漂洗液的培养皿中，反复漂洗数次，直至背景漂净为止，用滤纸吸干薄膜。

(5) 定量　取试管 6 支，编号，分别吸取 0.4mol/L 的 NaOH 4mL，剪开薄膜上各条蛋白色带，另剪一空白膜条(与前面各色带一样大小)，按一定顺序将各膜条浸入上述试管中，不时摇动，使蓝色洗出，约 0.5h 后，用分光光度计进行比色，于波长 650nm 处，以空白膜条洗出液为空白对照，读取清蛋白(A)、α_1-球蛋白、α_2-球蛋白、β-球蛋白及γ-球蛋白各管的吸光度，然后根据公式计算各蛋白质在血清中的构成比。

(6)计算

$$吸光度总和(T) = A+\alpha_1+\alpha_2+\beta+\gamma$$

各蛋白质的构成比为：

清蛋白构成比= A/T　　β-球蛋白构成比= β/T

α_1-球蛋白构成比= α_1/T　　γ-球蛋白构成比= γ/T

α_2-球蛋白构成比= α_2/T

【注意事项】

1)薄膜应浸透，点样应少而均匀，否则图谱不齐，分离不清。若点样时发现薄膜太干并有白斑，需重新置于巴比妥缓冲液中浸透后点样。

2)注意溶液 pH 与等电点的关系，以确定点样端的电极。

3)漂洗时，漂洗液使用应少量多次。

4)操作时，手指切勿直接接触薄膜，在取薄膜、染色等步骤中均需用镊子夹取。

【思考题】

1. 电泳时，点样端置于电场的正极还是负极，为什么？

2. 根据实验原理中所列几种血清蛋白质的等电点，推测它们在 pH 8.6 的巴比妥缓冲液中带什么电荷？并预测它们泳动的先后顺序如何(暂不考虑分子质量大小)？

3. 引起电泳图谱不整齐的原因是什么？

(刘友平)

实验八　心、肝、肾组织乳酸脱氢酶同工酶的电泳分离

【实验目的】

掌握醋酸纤维素薄膜电泳分离乳酸脱氢酶(lactate dehydrogenase，LDH)同工酶的原理和方法；掌握同工酶的概念，乳酸脱氢酶的组成和组织分布特异性；熟悉电泳的原理和方法；了解酶专一性染色原理及其应用。

【实验原理】

同工酶是指来源于同一个体或组织，催化相同的化学反应，而分子结构、理化性质及免疫学特性都不相同的一组酶。同工酶的蛋白质结构有差别，它们的理化性质也就有差异。因此可用电泳或其他方法将它们分离开来。乳酸脱氢酶(LDH)是糖酵解过程中很重要的一种酶，其作用是催化丙酮酸与乳酸的相互转化。LDH 蛋白质分子由 B(心肌型)和 A(骨骼肌型)两类亚基组成，分别形成 $LDH_1(B_4)$、$LDH_2(B_3A)$、$LDH_3(B_2A_2)$、$LDH_4(BA_3)$、$LDH_5(A_4)$ 5 种同工酶的分子形式。它们的组成、结构和等电点均不同，在特定的 pH 条件下(一般为 pH 8.3)

所带电荷数量不同，根据其电泳迁移率的快慢可用电泳法分离出 5 种同工酶区带：向正极移动时，最快的是 LDH_1，依次为 LDH_2、LDH_3、LDH_4，最慢的是 LDH_5。

由于同工酶在不同组织、器官中的分布不同，即具有明显的组织特异性。LDH 同工酶的分布也有组织特异性：人的心肌、肾和红细胞中以 LDH_1 和 LDH_2 最多；而肝和骨骼肌中以 LDH_5 和 LDH_4 最多；而肺、脾、胰、甲状腺、肾上腺和淋巴结等组织以 LDH_3 最多；后来从睾丸和精子中发现了 LDH_x，其电泳迁移率介于 LDH_4 和 LDH_5 之间。正常人心肌和肝、肾组织提取液的 LDH 同工酶谱见图 3-1。

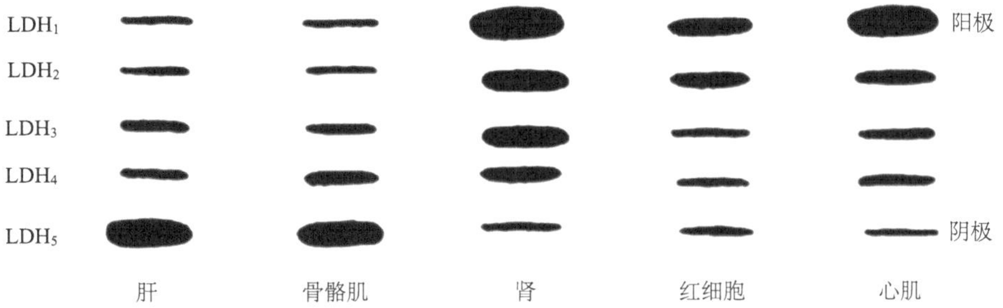

图 3-1　LDH 同工酶谱

分离 LDH 同工酶常用的支持物有醋酸纤维素薄膜、聚丙烯酰胺凝胶、琼脂糖凝胶及淀粉凝胶等。本实验以醋酸纤维素薄膜为支持物，分离心肌、肝组织、肾组织提取液的 LDH 同工酶，其优点是设备简单、操作方便、标本用量少、电泳时间短及区带分离清晰等。

电泳后，将醋酸纤维素薄膜覆盖于浸有染液[含底物乳酸钠和显色剂——吩嗪甲氧硫酸酯(phenazine methosulfate，PMS)和氯化硝基四氮唑兰(nitrobluetetraxolium，NBT)]的另一张醋酸纤维素薄膜上(粗面对粗面)，37℃保温，使酶起催化反应，可出现深浅不同的 5 条色带，称为同工酶谱。其显色机制见图 3-2。

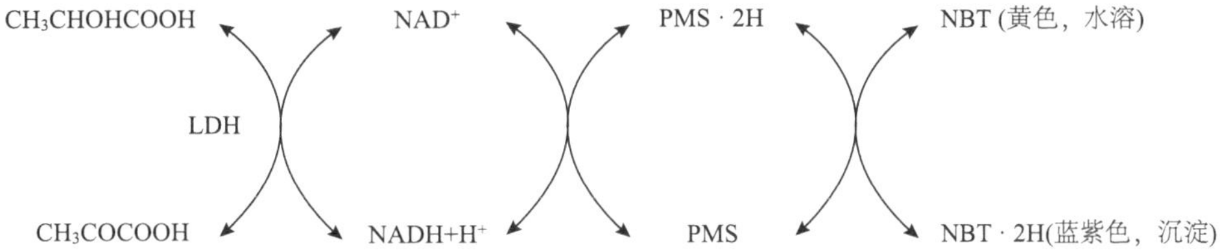

图 3-2　制作同工酶谱的显色机制

健康成人血清 LDH 同工酶的分布见表 3-7。

表 3-7　健康成人血清 LDH 同工酶的分布

报告者	电泳支持物	同工酶百分数/%				
		LDH_1	LDH_2	LDH_3	LDH_4	LDH_5
上海闸北区中心医院	醋酸纤维素薄膜	24～34	35～44	19～27	0～5	0～2
重庆医学院	醋酸纤维素薄膜	27.1	34.7	20.9	11.7	5.7

血清 LDH 同工酶是各组织释放的 LDH 的总和，当某一组织受损时，它含有的 LDH 同

工酶就会大量释放并进入血中，血清 LDH 同工酶谱表现出受损组织的 LDH 同工酶的特征。例如，血清 LDH_1 和 LDH_2 增高常见于心肌损伤；血清 LDH_5 增高常见于肝或骨骼肌损伤。因此，血清 LDH 同工酶谱的改变能反映出疾病的部位和损伤的程度，可作为临床诊断的依据，并有助于观察病程的转归和判断治疗效果；同工酶谱的改变也被应用于生物分类及遗传育种等工作中。

【实验试剂和器材】

1. 试剂

1）心肌提取液：取新鲜兔心，除去附着的结缔组织和脂肪，称重，剪成碎片，放入研钵中，加入 10 倍体积预先冰冷了的去离子水，磨成匀浆后取上清液点样。

2）肝（肾）组织提取液：取新鲜兔肝（肾），称重后放入匀浆机中加 10 倍体积预先冰冷的去离子水进行研磨成匀浆，静置沉淀后，蘸取上清液点样。

3）0.1mol/L 磷酸盐缓冲液（pH 7.5）：称取 $Na_2HPO_4 \cdot 7H_2O$ 22.55g 和 KH_2PO_4 2.16g，去离子水溶解后稀释至 1000mL。

4）1mol/L 乳酸钠：吸取乳酸钠液（相对密度 1.38～1.42，含量 60%～70%）5.3mL 溶于 50mL 0.1mol/L 磷酸盐缓冲液（pH 7.5）中，混匀，冰箱保存。

5）吩嗪甲氧硫酸酯（phenazine methosulfate，PMS）溶液（1mg/mL）：置棕色瓶中，4℃保存。对光敏感，呈绿色即不能使用。

6）氯化硝基四氮唑兰（nitrobluetetraxolium，NBT）溶液（3mg/mL）。

7）染色应用液：1mol/L 乳酸钠液 0.8mL，3mg/mL NBT 1.6mL，1mg/mL PMS 0.6mL，20mg 辅酶 I，临用前配制。

8）巴比妥缓冲液（pH 8.6，离子强度 0.05）：分别称取巴比妥 1.85g，巴比妥钠 10.3g，溶于 100mL 蒸馏水，加热助溶。待冷后倾入 1000mL 容量瓶中，用蒸馏水稀释至刻度，混匀。

2. 器材

电泳槽和电泳仪，刻度吸量管（1mL，2mL）或移液器，醋酸纤维素薄膜（6cm×3cm），点样器或血红蛋白吸管，有盖搪瓷盘，载玻片，电热恒温水浴箱。

【实验步骤】

1）准备：在电泳槽的电极室内加适量 pH 8.6 巴比妥缓冲液并搭好滤纸桥。

2）加样：准备甲、乙两条 6cm×3cm 的醋酸纤维素薄膜，将甲条浸于 pH 8.6 巴比妥缓冲液中充分浸透后取出，用滤纸将膜上多余水分吸干。用 X 光软片为点样器，蘸取组织上清液少许，使软片下端均匀地黏附上组织提取液，然后紧按在无光泽面的距一端 1.5cm 的醋酸纤维素薄膜处，待样品全部渗入膜内，移开软片。将点有样品的薄膜置于电泳槽滤纸桥上，点样面向下，点样端放阴极。

3）电泳：通电，电压 150～170V，电流 0.6～1.0mA/cm，电泳 45min。

4）染色：电泳结束前 15min 配制染色应用液。将乙条薄膜浸入染色应用液中完全浸润后取出，光面朝下，贴在玻璃片上。然后将甲条电泳膜取出，用滤纸迅速吸干两端上的缓冲液，无光泽面朝下贴在乙条薄膜上，将玻璃片移入有盖搪瓷盘内，盘内置湿纱布一条以保持盘内一定湿度，于 37℃保温 3～5min，观察蓝紫色区带，并比较心、肝、肾三大组织的 LDH_1 酶谱结果。

【注意事项】

1) LDH_4 与 LDH_5(尤其是 LDH_5)对热很敏感，因此底物-显色液的温度不能超过 50℃，否则易变性失活；LDH_4 和 LDH_5 对冷不稳定，容易失活，应采用新鲜标本。因此，整个实验过程必须注意控制温度和时间。

2) 缓冲液的 pH 应准确；基质液应临用前配制，PMS 对光敏感故需避光保存，否则显色后凝胶板背景颜色较深。

3) 染色时应注意薄膜上的染液要适量，过多会导致同工酶区带扩散，过少则会因为膜干燥而无法进行酶促反应。

4) 电泳时温度不宜过高，若室温超过 25℃则需降温以免影响酶活力。

5) 可用 0.5～1.0mol/L 的乳酸锂溶液(pH 7.0)代替上述乳酸钠溶液。乳酸锂化学性质稳定，易称量，还可避免乳酸钠长期放置后产生的酮类物质对酶促反应造成的抑制作用。

【思考题】

1. 同工酶具有明显的组织特异性，这有何生理意义?
2. 电泳时如果温度过高导致烧焦，继续染色能否看到分离条带? 为什么?
3. 染色时为什么要置于 37℃保温?

(刘友平)

实验九　聚丙烯酰胺凝胶电泳分离血清蛋白

【实验目的】

熟悉聚丙烯酰胺凝胶电泳(PAGE)分离蛋白质的基本原理及操作；进一步熟悉血清蛋白的分类；与醋酸纤维素薄膜电泳比较，认识聚丙烯酰胺凝胶电泳分离蛋白质的优缺点。

【实验原理】

聚丙烯酰胺凝胶(polyacrylamide gel)是由丙烯酰胺单体(acrylamide，Acr)和交联剂 *N*, *N'*-甲叉双丙烯酰胺(*N*, *N'*-methylene-bis-acrylamide，Bis)在水溶液中用催化剂过硫酸铵(ammonium persulfate)和加速剂四甲基乙二胺(TEMED)进行促凝作用，引发聚合交联而形成的具有三维网状结构(许多网孔)的高亲水性凝胶。该凝胶具有网状立体结构，很少带有离子的侧基，惰性好，电泳时，电渗作用小，几乎无吸附作用，对热稳定，呈透明状，易于观察结果。聚丙烯酰胺凝胶电泳(polyacrylamide gel electrophoresis，PAGE)就是以聚丙烯酰胺凝胶作为支持物的一种区带电泳，由于此种凝胶具有分子筛的性质，因此对样品的分离作用，不仅取决于样品中各组分所带净电荷的多少，还与分子的大小有关。电泳时样品的有效分离范围取决于这些网孔的大小，即取决于用于灌胶的丙烯酰胺的浓度和交联度。实验表明聚丙烯酰胺凝胶大多按“双丙烯酰胺-丙烯酰胺”为 1∶29 配制能分离大小相差只有 3%的蛋白质。用 5%～15%的丙烯酰胺所灌制凝胶的线性分离范围见表 3-8。

表 3-8　聚丙烯酰胺凝胶的有效分离范围

丙烯酰胺浓度/%*	线性分离范围/kDa
15.0	12～43
10.0	16～68
7.5	36～94
5.0	57～212

*双丙烯酰胺-丙烯酰胺物质的量比为 1∶29。

PAGE具体的电泳方式有两种：圆盘电泳（disc-electrophoresis）和平板电泳（slab-electrophoresis），而且这两种方式都有连续和不连续电泳之分。电泳在凝胶缓冲液 pH、电极缓冲液、凝胶孔径均相同的体系中进行，称为连续 PAGE；电泳在凝胶缓冲液 pH、电极缓冲液及凝胶孔径不同的体系中进行，称为不连续 PAGE。不连续 PAGE 分离中包括三种物理效应：浓缩效应、电荷效应和分子筛效应。本实验介绍不连续聚丙烯酰胺凝胶垂直平板电泳和圆盘电泳分离血清蛋白的方法。

通过聚丙烯酰胺凝胶电泳分离的血清蛋白需要用考马斯亮蓝（Coomassie brilliant blue）染色才能观察到蛋白条带。考马斯亮蓝是一类特异与蛋白质结合的蓝色染料。首先将凝胶浸入考马斯亮蓝染色液中，使整个凝胶着色，接着进行脱色，胶中被固定并染色的蛋白质不被脱色，而不含蛋白质的凝胶部分则全部脱色，结果出现蛋白质区带。考马斯亮蓝有 R-250 和 G-250 两种，考虑凝胶染色的检出灵敏度，一般常用 R-250。

I　垂直平板电泳法

【实验试剂和器材】

1. 试剂

1）分离胶缓冲液（1.5moL/L Tris-HCl 缓冲液）（pH 8.9）：称取 Tris 181.7g，1mol/L HCl 溶液约 48mL，加去离子水至 800mL 使其溶解，pH 调至 8.9，用去离子水定容至 1000mL，置棕色瓶中，4℃冰箱保存。

2）浓缩胶缓冲液（1.0mol/L Tris-HCl 缓冲液）（pH 6.8）：称取 Tris 121.1g，1mol/L HCl 溶液约 48mL，加去离子水至 800mL 使其溶解，pH 调至 6.8，用去离子水定容至 1000mL，置棕色瓶中，4℃冰箱保存。

3）凝胶储存液（30%丙烯酰胺）：称取丙烯酰胺（Acr）290g，甲叉双丙烯酰胺（Bis）10g，加去离子水约 600mL 溶解后定容至 1000mL，用 0.45μm 滤器滤去杂质后盛于棕色瓶中，4℃冰箱保存，可使用 1 个月。

4）电极缓冲液（pH 8.3）：称取甘氨酸 94g，Tris 15.1g，加去离子水至 850mL 溶解，调 pH 至 8.3，用去离子水定容至 1000mL，4℃冰箱保存，用时可作 5 倍稀释。

5）催化剂（10%过硫酸铵）：称取过硫酸铵 0.5g，加去离子水 5mL。临用前配制，4℃冰箱存放，最长不超过 1 周。

6）加速剂（四甲基乙二胺，TEMED）：原包装液，存于 4℃冰箱备用。

7）5×PAGE 上样缓冲液：1.0mol/L Tris-HCl 缓冲液（pH 6.8）1.25mL，溴酚蓝（Bromophenol blue，BPB，示踪剂）25mg，甘油 2.5mL，加去离子水溶解后定容至 5mL，500μL/份分装后室温保存。使用前每小份加入 25μL β-巯基乙醇（2-ME）混匀（加了 2-ME 的上样缓冲液可在室温下存放一个月左右）。

8）染色液：称取考马斯亮蓝 R-250（CBBR-250）1.0g，异丙醇 250mL，冰醋酸 100mL，再加去离子水 650mL 溶解混匀，用滤纸过滤去除不溶的颗粒物质，室温保存。

9）固定液：取甲醇 500mL，冰醋酸 100mL，再加去离子水 400mL 充混匀，室温保存。

10）洗脱液：取冰醋酸 100mL，乙醇 50mL，再加去离子水 850mL 充分混匀，室温保存。

11）保存液：取冰醋酸 70mL，再加去离子水 930mL 充分混匀，室温保存。

2. 器材

1）电泳仪：选用电子管或晶体管整流电源：电压 0～600V，电流 0～300mA。

2）电泳槽：垂直平板电泳槽及配套玻璃板。

3）小烧杯，50μL 微量进样器，移液器。

【实验步骤】

1. 制备凝胶

1）安装夹心式垂直玻璃板并紧固，确保灌胶时无漏液。

2）制备分离胶。确定所需凝胶溶液的体积，并按所需丙烯酰胺浓度（表3-9）配制分离胶溶液。一旦加入TEMED，马上开始聚合，故应立即快速搅拌混合物并进行下一步操作。

表 3-9　不同浓度分离胶溶液的配制

凝胶浓度/%	7.5		10		12	
双蒸水/mL	2.40	4.90	1.95	4.10	1.65	3.40
30%丙烯酰胺/mL	1.25	2.50	1.70	3.30	2.00	4.00
1.5moL/L Tris-HCl 缓冲液（pH8.9）/mL	1.3	2.5	1.3	2.5	1.3	2.5
10%过硫酸铵/mL	0.05	0.10	0.05	0.10	0.05	0.10
TEMED/mL	0.002	0.004	0.002	0.004	0.002	0.004
总体积/mL	5.0	10.0	5.0	10.0	5.0	10.0

3）迅速在两玻璃板的间隙中灌注分离溶液，留出灌注浓缩胶所需空间（梳子的齿长再加 0.5cm），再在胶液面上小心注入一层水或异丙醇（2～3mm 高），以阻止空气进入凝胶溶液而影响凝胶的聚合。

4）分离胶聚合完全后（约 30min），倾出覆盖水层，再用滤纸吸净残留水。

5）制备浓缩胶。参考表 3-10 给出的数据，在小烧杯中制备一定体积的浓缩胶溶液，一旦加入 TEMED，马上开始聚合，故应立即快速搅拌混合物并进行下一步操作。

表 3-10　浓缩胶溶液的配制

凝胶浓度/%	5%	5%
双蒸水/mL	2.077	5.612
30%丙烯酰胺/mL	0.5	1.3
1.0moL/L Tris-HCl 缓冲液（pH 6.8）/mL	0.38	1.0
10%过硫酸铵/mL	0.04	0.08
TEMED/mL	0.003	0.008
总体积/mL	3.0	8.0

6）在聚合的分离胶上直接灌注浓缩胶溶液，立即在溶液中插入干净的梳子。小心避免混入气泡，再加入浓缩胶溶液以充满梳子之间的空隙，将凝胶垂直放置于室温下。待聚合后倾去并吸干去离子水，准备加样。

2. 样品预处理及加样

1）取 20μL 血清加入 5μL 5×上样缓冲液，置 100℃沸水中煮 5min，冷至室温备用。处理好的样品液如经长期存放，使用前应在沸水浴中加热 1min，以消除亚稳态聚合。

2）浓缩胶聚合完全后（约30min），小心移出梳子。把凝胶板固定于电泳装置上，上下槽各加入 Tris-甘氨酸电极缓冲液。必须设法排出凝胶底部两玻璃板之间的气泡。

3）按预定顺序加样，加样量通常为 10～25μL（1.0mm 厚的胶）。

3. 电泳

1）将电泳装置与电源相接，凝胶上所加电压为 8V/cm。当染料前沿进入分离胶后，把电压提高到 15V/cm，继续电泳直至溴酚蓝到达分离胶底部上方约 1cm 处，然后关闭电源，需 2～4h。

2）电泳结束后，取下凝胶板，卸下凝胶膜上的橡胶框，用镊子将短板玻璃撬开。在溴酚蓝区带的中心作好标志，用水慢慢冲洗一下胶面，将凝胶与长板玻璃剥离后，置于培养皿内，放入固定液中轻轻振摇固定 10min。

4. 染色

1）倒去固定液。

2）倒入 50～60℃预温的染色液浸没凝胶，染色约 40min。回收染色液，用清水冲洗掉凝胶上多余的染色液。

3）倒入脱色液，轻摇 1～2h，其间换脱色液 2～3 次。

染色液中的冰醋酸，在染色过程中，还起固定蛋白质的作用。此法的检测灵敏度为 0.2～1.0μg，虽然不如银染色法的灵敏度高，但是操作简便，背景干净清楚，显色带的颜色深浅一般与蛋白质的量成正比，可用于蛋白质的定量测定。

II　圆盘电泳法

圆盘电泳原理与垂直板电泳相同，但操作更为简单，适合学生在实验室采用。

【实验试剂和器材】

1. 试剂

1）正常人血清，四甲基乙二胺（TEMED）。

2）单体交联剂：称取丙烯酰胺 30g，甲叉双丙烯酰胺 0.8g，加蒸馏水至 100mL，过滤后储存于棕色瓶，40℃避光保存。

3）催化剂：过硫酸铵 1g，加蒸馏水 10mL，用前配制。

4）电极缓冲液：称取硼砂 30.512g，硼酸 4.948g，加蒸馏水溶解后定容至 1000mL。此为储存液，pH 9.0。工作液：取储存液 90mL，加水 1440mL，pH 9.0。

5）固定液：称取三氯乙酸 12.5g，加蒸馏水溶解后定容至 100mL。

6）染色液：称取考马斯亮蓝 R-250 0.5g，95%乙醇 90mL。用时稀释至原液浓度的 1/3～1/2。

7）洗脱液、保存液：冰醋酸 38mL，加入甲醇 125mL，再加蒸馏水 338mL。

8）分离胶缓冲液：称取 Tris 6.06g、EDTA 1.17g，加适量双蒸水溶解，定容至 100mL，调 pH 为 8.8。

9）上样缓冲液：也称样品稀释液。取上述电极缓冲液 25mL，蔗糖 10g，0.05%溴酚蓝 5mL，加蒸馏水至 100mL，混匀，40C 保存。

2. 器材

电泳槽，电泳仪，玻璃管（10cm×0.6cm），50μL 微量注射器，5mL 注射器，局麻针头，橡皮泥，洗耳球等。

【实验步骤】

1. 制备凝胶柱

1）取一根 10cm×0.6cm 玻璃管，用金刚砂磨平两端，在 7cm 和 7.5cm 两处分别用记号笔作一记号。用小块玻璃纸将起始端包裹住，插到橡皮泥中，垂直放置于桌面上。按表 3-11 配制分离胶溶液。

表 3-11　圆盘电泳法分离胶溶液的配制

试剂	分离胶/mL
分离胶缓冲液	1.00
单体交联剂	2.10
双蒸水	6.80
10%过硫酸铵（催化剂）	0.10
TEMED（加速剂）	0.01

2）混匀后用滴管吸取配制好的溶液，沿玻璃管壁注入玻璃管内，至 7cm 记号处。避免气

泡产生(用手指轻叩管壁，可以排出可能产生的气泡)。

3)立即用滴管沿管壁加入少量蒸馏水(约 0.5cm 高)。

4)静置 30～60min，待聚合完成。当凝胶与水的界面出现清晰的线状时，聚合完成。先用滴管吸去凝胶上部的水层，再用细的滤纸条将残留的水分吸干。

2. 配制样品液

取正常人血清 0.1mL，与上样缓冲液 1.9mL 混合。

3. 电泳

1)将制备好的凝胶管插入圆盘电泳槽的槽底橡皮胶塞孔内，每个管子做一标记。

2)将电泳缓冲液加到下槽中，用玻璃棒或滴管排出凝胶管下口的气泡。将凝胶管放入下电泳槽。

3)用微量注射器吸取混合后的样品 30μL，沿管壁加到分离胶面上。

4)将电极缓冲液加到管内。注意，加电极缓冲液时不能将已上样的样品冲散。

5)接通电泳仪，上电泳槽接电泳仪的负极，下电泳槽接电泳仪的正极。开始电泳。调节电流为：3mA/管，电压 260～280V，电泳 40 min。

4. 剥胶

电泳结束后先关闭电泳仪上的开关。取下凝胶玻璃管。用带有 10cm 长局麻针头的注射器吸取蒸馏水后，插入凝胶与玻璃管管壁之间，注入注射器内的蒸馏水，边注边转动玻璃管，让蒸馏水作为润滑剂使凝胶与玻璃管分离，再用洗耳球在胶柱的一端加压，使凝胶柱从玻璃管内缓慢滑出，置于试管内。

5. 固定、染色和脱色

用12.5%的三氯乙酸浸泡凝胶条，此步骤可使凝胶上的蛋白质固定，10min后倒去三氯乙酸溶液。再加入考马斯亮蓝染色液，在90℃水浴染色15min。倒去染色液。加入洗脱液洗脱。洗脱过程需数日，中途需更换1～2次洗脱液，直至背景清晰。在平放的X光看片灯下观察结果。

【实验结果】

在聚丙烯酰胺凝胶电泳上，血清蛋白质可分离为12～25个不同的组分。根据凝胶配制的浓度和玻璃管长度的不同，可分辨的蛋白质组分的数目有差异。

【注意事项】

1)Acr 和 Bis 是神经毒剂，可经皮肤、呼吸道等吸收，操作时要注意保护。

2)Acr 和 Bis 在低温下稳定，应放棕色瓶干燥低温(4℃)保存。30%单体交联剂应装棕色瓶中，贮存于冰箱(4℃)能部分地防止水解，但也只能保存 1～2 月。可测定 pH(4.9～5.2)来检查是否失效，失效液不能聚合。

3)制备分离胶和浓缩胶时，加入催化剂和加速剂混合后在 10～30min 内聚合，故应尽快注入玻璃板或管内。

【思考题】

1. 比较分别以醋酸纤维素薄膜和聚丙烯酰胺凝胶为支持物得到的电泳结果有何不同？为什么？

2. 在制胶过程中为什么要用去离子水封住胶面(包括分离胶、浓缩胶)？

3. 制备分离胶和浓缩胶时发现凝胶不聚合，通常是什么原因所致？

4. 实验中如何去除蛋白质之间的电荷效应？

(刘友平　刘　戟)

实验十　SDS-PAGE 测定蛋白质相对分子质量

【实验目的】

熟悉 SDS-PAGE 电泳测定蛋白质相对分子质量的基本原理；掌握不连续聚丙烯酰胺凝胶平板垂直电泳和圆盘电泳的基本技术及应用。

【实验原理】

SDS-PAGE 即在 PAGE 蛋白质电泳系统中加入了十二烷基硫酸钠(sodium dodecyl sulfate，SDS)的蛋白质电泳。SDS 是一种阴离子变性剂，当其与蛋白质混合后，能破坏蛋白质分子间及其他物质分子间的非共价键使蛋白质的构象发生变化，继而使蛋白质变性解离成单一亚基，同时 SDS 与蛋白质结合为近似于雪茄烟形状的长椭圆棒复合物而引起蛋白质构象的改变，不同蛋白质的 SDS 复合物短轴长度都一样(约为1.8nm)，而长轴则与蛋白质分子质量成正比变化。这样的 SDS-蛋白质复合物，在凝胶电泳中的迁移率，不再受蛋白质原有电荷和形状的影响(蛋白质原有电荷被大量带负电荷的 SDS 所掩盖)，而只与椭圆棒的长度也就是蛋白质分子质量呈正相关函数关系，最终各蛋白质依各自的分子质量大小得到分离。

SDS-PAGE 是按照各蛋白质分子质量大小进行分离的，分子质量小的跑在前面，分子质量大的跑在后面，即蛋白质的分子质量与它的电泳迁移率有一定关系。通过对 37 种蛋白质的测定，得到如下的关系式

$$M_r = k(10^{-bm})$$

$$\lg M_r = \lg k - bm = k_1 - bm$$

式中，M_r是蛋白质的相对分子质量；k 和 k_1 为常数，b 为斜率，m 是电泳迁移率，实际使用的是相对迁移率 m_t，其计算公式为

$$m_t = d_{Pr}/d_{BPB}$$

式中，d_{Pr}、d_{BPB} 分别为样品(Pr)和溴酚蓝(bromophenol blue，BPB)以分离胶表面为起点迁移的距离。

如果以若干种标准蛋白质分子质量的对数($\lg M_r$)为纵坐标，以相应的相对迁移率(m_t)为横坐标，即可画出一条斜率为负值的标准曲线(图 3-3)。

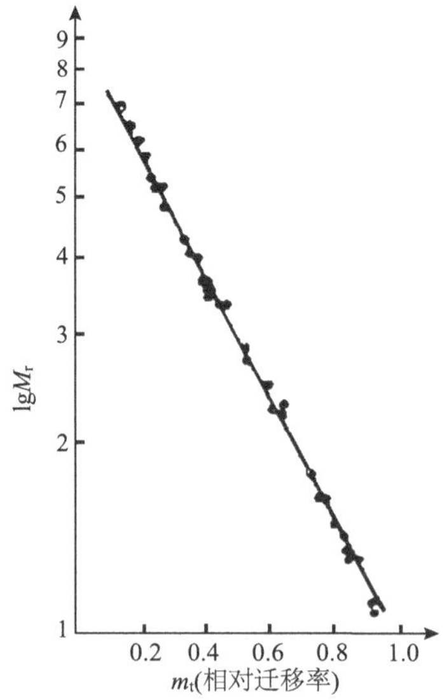

图 3-3　37 种蛋白质的 M_r 对数与相对迁移率的关系

M_r大小为(11～70)×10^3，10%凝胶，pH=7.2，SDS-磷酸盐缓冲系统

欲求未知蛋白质的分子质量，只需求出它的相对迁移率，然后，从标准曲线上就可求出此未知蛋白质的相对分子质量。

但由于 SDS 和 β-巯基乙醇(β-mercaptoethanol)的作用，蛋白质完全变性和解聚，解离成亚基或单个肽链，因此测定的结果只是亚基或单条肽链的分子质量。

【实验试剂和器材】

1. 试剂

1)标准蛋白质纯品和待测蛋白质：根据待测蛋白质相对分子质量的大小，选择4～6种已知分子质量的蛋白质纯品作为标准蛋白质，常用的见表3-12。

表 3-12　常用标准蛋白质的相对分子质量

标准蛋白质	来源	相对分子质量(M_r)
细胞色素 c	马心	12 500
胰凝乳蛋白酶原 A	牛胰	25 000
胃蛋白酶	猪胃	35 000
卵清蛋白	鸡卵	43 000
牛血清清蛋白	牛血清	67 000

2)10% SDS：称取 SDS 1.0g，加去离子水溶解并定容至 10mL，1.0mL/份分装置 4℃冰箱保存。

3)电极缓冲液(pH 8.3)：称取甘氨酸 94g，Tris 15.1g，SDS 5.0g，加去离子水至 850mL

溶解，调 pH 至 8.3，用去离子水定容至 1000mL，4℃冰箱保存，用时可作 5 倍稀释。

4) 5×SDS-PAGE 上样缓冲液：1.0mol/L Tris-HCl 缓冲液（pH 6.8）1.25mL，溴酚蓝（Bromophenol blue，BPB，示踪剂）25mg，SDS 0.5g，甘油 2.5mL，加去离子水溶解后定容至 5mL，500μL/份分装后室温保存。使用前每小份加入 25μL β-巯基乙醇（2-ME）混匀（加了 2-ME 的上样缓冲液可在室温下存放一个月左右）。

5) 其他试剂同实验九。

2. 器材

同实验九。

【实验步骤】

1. 凝胶的灌制、加样、电泳及染色

同实验九聚丙烯酰胺凝胶电泳分离血清蛋白实验。只是分离胶、浓缩胶的配制有所不同，具体见表 3-13、表 3-14。

表 3-13　不同浓度分离胶溶液的配制

凝胶浓度/%	7.5		10		12	
双蒸水/mL	2.35	4.80	1.90	4.00	1.60	3.30
30%丙烯酰胺/mL	1.25	2.50	1.70	3.30	2.00	4.00
1.5moL/L Tris 缓冲液（pH 8.8）/mL	1.3	2.5	1.3	2.5	1.3	2.5
10% SDS/mL	0.05	0.10	0.05	0.10	0.05	0.10
10%过硫酸铵/mL	0.05	0.10	0.05	0.10	0.05	0.10
TEMED/mL	0.002	0.004	0.002	0.004	0.002	0.004
总体积/mL	5.0	10.0	5.0	10.0	5.0	10.0

表 3-14　浓缩胶溶液的配制

凝胶浓度/%	5	5
双蒸水/mL	2.037	5.532
30%丙烯酰胺/mL	0.5	1.3
1.0moL/L Tris 缓冲液（pH 6.8）/mL	0.38	1.0
10% SDS/mL	0.04	0.08
10%过硫酸铵/mL	0.04	0.08
TEMED/mL	0.003	0.008
总体积/mL	3.0	8.0

2. 计算

取出脱色后的凝胶平放在两块透明投影胶片中间，赶尽气泡，在复印机上复印。在复印的凝胶图上用直尺分别量出各条蛋白带迁移的距离 d_{Pr} 和 d_{BPB}（以蛋白带的上沿或中心为准），

计算相对迁移率，根据方程：$\lg M_r = k_1 - bm_t$，用各标准蛋白质分子质量的对数（纵坐标）和相对迁移率 m_t（横坐标）画出标准曲线，由标准曲线再求出其他各条待测或未知蛋白带的相对分子质量，如有可能，计算其误差。

【注意事项】

1）不是所有的蛋白质都能用 SDS-PAGE 法测定其分子质量，已发现有些蛋白质用这种方法测出的分子质量是不可靠的。包括：电荷异常或构象异常的蛋白质，带有较大辅基的蛋白质（如某些糖蛋白）及一些结构蛋白如胶原蛋白等。例如，组蛋白 F_1，它本身带有大量正电荷，因此，尽管结合了正常比例的 SDS，仍不能完全掩盖其原有正电荷的影响，它的相对分子质量是 21 000，但 SDS-PAGE 测定的结果却是 35 000。因此，最好至少用两种方法来测定未知样品的分子质量，互相验证。

2）有许多蛋白质是由亚基（如血红蛋白）或两条以上肽链（如 α-胰凝乳蛋白酶）组成的，它们在 SDS 和巯基乙醇的作用下，解离成亚基或单条肽链。因此，对于这一类蛋白质，SDS-PAGE 测定的只是它们的亚基或单条肽链的分子质量，而不是完整分子的分子质量。为了得到更全面的资料，还必须用其他方法测定其分子质量及分子中肽链的数目等，与 SDS-凝胶电泳的结果互相参照。

【思考题】

1. 本实验算出的结果只是蛋白质亚基或单条肽链的分子质量，怎样推算才能得到蛋白质的相对分子质量？
2. PAGE 与 SDS-PAGE 的区别是什么？

（刘友平）

四、酶学实验

实验十一　碱性磷酸酶的分离、纯化与比活性测定

【实验目的】

掌握比活性的概念、比活性测定的原理和方法；熟悉碱性磷酸酶分离纯化的方法和步骤。

【实验原理】

有机溶剂分级沉淀是分离纯化蛋白质或酶的常用方法之一。有机溶剂能降低蛋白质水溶液的介电常数，使蛋白质的溶解度降低；同时有机溶剂易溶于水，破坏蛋白质颗粒表面的水化膜，使蛋白质颗粒互相聚集而沉淀析出。沉淀不同蛋白质所需有机溶剂的浓度不同，利用不同蛋白质在不同浓度的有机溶剂中发生沉淀作用而达到分离目的。用于蛋白质分级分离的溶剂主要是能与水互溶的有机溶剂，常用甲醇、乙醇和丙酮等。

本实验采用有机溶剂分级沉淀法从家兔肝匀浆中分离纯化碱性磷酸酶（alkaline phosphatase，AKP）。制备肝匀浆时使用低浓度的乙酸钠破坏细胞膜，同时加入乙酸镁保护和

稳定 AKP。在肝匀浆中加入正丁醇，使部分杂蛋白变性后过滤去除杂蛋白，含有 AKP 的滤液用冷丙酮和冷乙醇进行重复分离纯化。根据 AKP 易溶于 33%的丙酮或 30%的乙醇，而不溶于 50%的丙酮或 60%的乙醇的性质，经多次离心分离、提纯，可从含有 AKP 的滤液中获得较为纯净的 AKP。

因为在室温下有机溶剂能使大多数酶失活，所以分离提纯实验必须在低温下进行。有机溶剂应预先冷却，加入有机溶剂时要缓慢滴加，并充分搅拌，避免局部浓度过高或放出大量的热，使酶蛋白变性。有机溶剂分级沉淀法析出的沉淀在离心时容易沉降，因此可以短时间离心以分离沉淀。离心后立即将沉淀溶于适量的缓冲液中，避免酶活性的丧失。此外，采用有机溶剂法分离纯化酶时，还应注意控制溶液的 pH、离子强度及蛋白质浓度。

为了验证提纯过程中酶是否获得纯化，需测定各阶段酶的比活性等多项指标。酶的比活性是指单位质量蛋白质样品中所含的酶活性单位。随着酶被逐步纯化，其比活性也随之逐步升高，因此测定酶的比活性(specific activity)可以鉴定酶的纯化程度。根据国际酶学委员会规定，酶的比活性用每毫克蛋白质具有的酶活性单位来表示。因此，测定酶的比活性必须测定：①每毫升样品中的蛋白质毫克数(mg/mL)；②每毫升样品中的酶活性单位数(U/mL)。

AKP比活性的测定采用磷酸苯二钠法。AKP在碱性条件下作用于磷酸苯二钠，使之水解生成酚和磷酸氢二钠。酚在碱性溶液中与4-氨基安替比林作用，经铁氰化钾氧化生成红色的醌类衍生物，其颜色深浅与AKP活性成正比。以酚作标准液经过同样处理进行比色，可测知酚的生成量，从而计算酶的活性单位。AKP的活性单位(King-Armstrong法)定义为：在 37℃保温 15min，每产生 1mg的酚为一个酶活性单位(U)。样品中的蛋白质含量用Folin-酚法测定。具体反应如下。

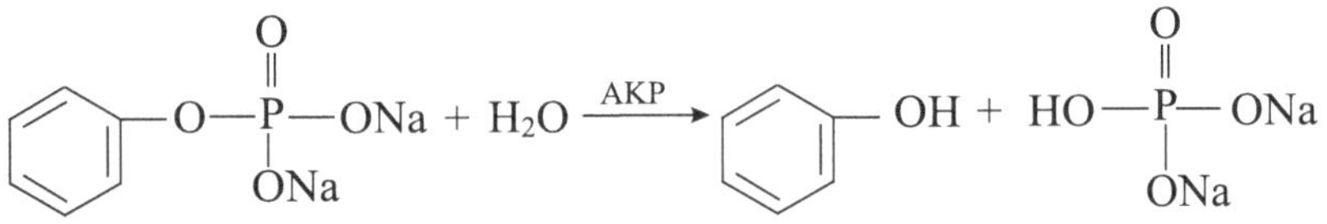

磷酸苯二钠 酚

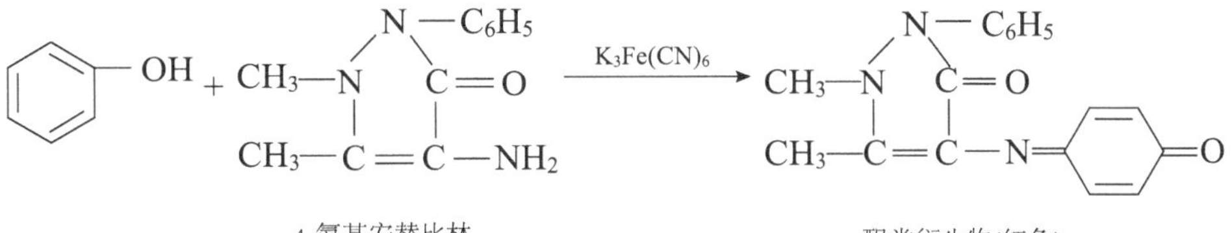

4-氨基安替比林 醌类衍生物(红色)

【实验试剂和器材】

1. 试剂

1) 0.5mol/L 乙酸镁溶液：称取乙酸镁 107.25g 溶于蒸馏水中，定容至 1000mL。

2) 0.1mol/L 乙酸钠溶液：称取乙酸钠 8.2g 溶于蒸馏水中，定容至 1000mL。

3) 0.01mol/L 乙酸镁-0.01mol/L 乙酸钠溶液：取 0.5mol/L 乙酸镁溶液 20mL 及 0.1mol/L 乙酸钠溶液 100mL，混匀后加蒸馏水定容至 1000mL。

4) 0.01mol/L Tris 缓冲液(pH 8.8)：称取三羟甲基氨基甲烷(Tris) 12.1g，用蒸馏水溶解并定容至 1000mL，即为 0.1mol/L Tris 溶液。取该溶液 100mL，加蒸馏水约 800mL，再加 0.5mol/L 乙酸镁溶液 20ml，混匀后用 1%乙酸调 pH 至 8.8，用蒸馏水定容至 1000mL。

5) 正丁醇（A.R.）、丙酮（A.R.）、95%乙醇（A.R.）。

6) 0.04mol/L 底物液：称取磷酸苯二钠（disodium phenyl-phosphate，$C_6H_5PO_4Na_2 \cdot 2H_2O$）15.16g 或磷酸苯二钠（无结晶水）8.72g，用冷却的蒸馏水溶解，定容至 1000mL。加氯仿 4mL，盛于棕色瓶中，4℃冰箱内保存，可用一周。

7) 1mg/mL 酚标准液：称取重蒸酚 100mg，用 pH 8.8 Tris 缓冲液配制成 100mL。

8) 0.5mol/L NaOH：称取 20g NaOH 溶于蒸馏水中，定容至 1000mL。

9) 0.3% 4-氨基安替比林：称取 4-氨基安替比林（4-amino-antipyrine）0.3g 及碳酸氢钠 4.2g，用蒸馏水溶解并稀释至 100mL，盛于棕色瓶中，4℃冰箱保存。

10) 0.5%铁氰化钾：称取铁氰化钾（potassium ferricyanide）5g 和硼酸（boric acid）15g，分别溶解于 400mL 蒸馏水中，溶解后两液混合，再加蒸馏水至 1000mL，盛于棕色瓶中，暗处保存。

11) 0.1mg/mL 蛋白标准液：准确称取牛血清清蛋白 100mg，用生理盐水稀释至 1000mL。

12) 考马斯亮蓝 G-250：同实验一。

2. 器材

研钵、组织剪、移液器及吸头、试管及试管架、刻度离心管、玻璃漏斗、滤纸和玻璃棒、低温离心机、恒温水浴箱、722 型分光光度计。

【实验步骤】

1. AKP的分离纯化

(1) 肝匀浆的制备　取约 2g 新鲜兔肝，剪碎后加入 0.01mol/L 乙酸镁-0.01mol/L 乙酸钠溶液 4mL，电动匀浆器中速匀浆 3～4min（或研磨成匀浆），倒入刻度离心管中，再加 0.01mol/L 乙酸镁-0.01 mol/L 乙酸钠溶液 2mL 冲洗匀浆器（或研钵），倒入刻度离心管中，记录体积，标记为 A 液。取 A 液 0.1mL 于另一支试管中，加 pH 8.8 的 Tris 缓冲液 4.9mL，此为稀释 A 液（1∶50），供测比活性用。

(2) 正丁醇除杂蛋白　取 A 液 10mL 加入正丁醇 3mL，用玻璃棒充分搅拌 2min，室温静置 30min 以上，用纱布或滤纸过滤，收集滤液于刻度离心管或量筒中。

(3) 第一次丙酮提纯　滤液中加入等体积的预冷丙酮，立即混匀，3000r/min 离心 5min。离心后弃上清，在沉淀中加入 0.5mol/L 乙酸镁 4mL，用玻璃棒搅拌使其充分溶解，记录体积，标记为 B 液。取 B 液 0.1mL 于另一支试管中，加入 pH 8.8 的 Tris 缓冲液 4.9mL，此为稀释 B 液（1∶50），供测比活性用。

(4) 乙醇分级纯化　在 B 液中缓慢加入预冷的 95%乙醇溶液，使乙醇的终浓度为 30%，立即混匀，3000r/min 离心 5min。将上清倒入另一支刻度离心管，弃沉淀，上清中加入预冷的 95%乙醇溶液，使乙醇的终浓度为 60%，混匀后 3000r/min 离心 5min。离心后弃上清，在沉淀中加入 0.01mol/L 乙酸镁-0.01mol/L 乙酸钠混合溶液 4mL，充分搅拌使其完全溶解。

重复上述操作，在悬浮液中缓慢加入预冷的 95%乙醇溶液，使乙醇的终浓度为 30%，立即混匀，3000r/min 离心 5min。将上清倒入另一支刻度离心管，弃沉淀，上清中加入预冷的

95%乙醇溶液，使乙醇的终浓度为60%，混匀后3000r/min离心5min。离心后弃上清，在沉淀中加入0.5mol/L乙酸镁3mL溶解沉淀，记录其体积，标记为C液。取C液0.1mL于另一支试管中，加入pH 8.8的Tris缓冲液1.9mL，此为稀释C液(1∶20)，供测比活性用。

(5)第二次丙酮分级纯化　在C液中加入预冷的丙酮，使丙酮终浓度为33%，立即混匀，3000r/min离心5min。离心后弃沉淀，上清倒入另一支刻度离心管，再缓慢加入预冷的丙酮，使丙酮终浓度为50%，混匀后4000r/min离心10min。离心后弃上清，沉淀为部分纯化的AKP，加入pH 8.8的Tris缓冲液2.5mL溶解沉淀，即为纯化的AKP溶液，标记为D液，供测蛋白质含量用。取D液0.4mL于另一支试管中，加入pH 8.8的Tris缓冲液1.6mL，此为稀释D液(1∶5)，供测比活性用。

2. AKP的比活性测定

(1)各阶段酶液AKP的活性测定　取试管6支，按表3-15进行操作。测定管1～4的待测酶液分别加稀释A液(50倍)、稀释B液(50倍)、稀释C液(20倍)、稀释D液(5倍)。

表3-15 AKP的活性测定操作表

试剂/管号	空白管	标准管	测定管1	测定管2	测定管3	测定管4
pH 8.8 Tris缓冲液/mL	1.0	—	—	—	—	—
0.04mol/L底物液/mL	1.0	1.0	1.0	1.0	1.0	1.0
37℃水浴保温5min						
1.0mg/mL标准酚液/mL	—	1.0	—	—	—	—
待测酶液/mL	—	—	1.0	1.0	1.0	1.0
37℃水浴准确保温15min						
0.5mol/L NaOH/mL	1.0	1.0	1.0	1.0	1.0	1.0
0.3% 4-氨基安替比林/mL	1.0	1.0	1.0	1.0	1.0	1.0
0.5%铁氰化钾/mL	2.0	2.0	2.0	2.0	2.0	2.0
混匀，室温放置10min，以空白管调零，于510nm处测定吸光度并记录						

注："—"表示对应试管不添加该试剂。

(2)各阶段酶液蛋白质含量的测定　取试管6支，按表3-16操作。测定管1～4的待测酶液分别为：稀释A液(50倍)、稀释B液(50倍)、稀释C液(50倍)、D液(1倍)。

表3-16 蛋白质含量测定操作表

试剂	空白管	标准管	测定管1	测定管2	测定管3	测定管4
pH 8.8 Tris缓冲液/mL	0.1	—	—	—	—	—
蛋白质标准液/mL	—	0.1	—	—	—	—
待测酶液/mL	—	—	0.1	0.1	0.1	0.1
考马斯亮蓝G-250溶液/mL	5.0	5.0	5.0	5.0	5.0	5.0
混匀后室温放置5min，于595 nm处比色						

注："—"表示对应试管不添加该试剂。

3. AKP比活性及得率的计算

$$每毫升样品中AKP的活性单位数(U/mL)=\frac{测定管的吸光度}{标准管的吸光度}\times标准管的酚含量\times稀释倍数$$

$$每毫升样品中蛋白质的含量(mg/mL)=\frac{测定管的吸光度}{标准管的吸光度}\times标准管的蛋白质浓度\times稀释倍数$$

$$总蛋白质量(mg)=每毫升样品中蛋白质的含量\times样品体积$$

$$AKP的比活性(U/mg)=\frac{每毫升样品中AKP的活性单位数（U/mL）}{每毫升样品中蛋白质的含量（mg/mL）}$$

$$AKP各阶段纯化倍数=\frac{各阶段AKP的比活性}{样品A的比活性}$$

$$AKP总活性单位(U)=每毫升样品中AKP的活性单位数(U/mL)\times样品体积$$

$$AKP各阶段得率(\%)=\frac{各阶段AKP的总活性单位}{样品A中AKP的总活性单位}\times100$$

将实验结果填入表 3-17，分析各提纯步骤的意义。

表 3-17　AKP 分离、纯化及比活性测定结果表

分离阶段	总体积/mL	蛋白浓度/(mg/mL)	总蛋白质量/mg	每毫升酶活性单位/(U/mL)	酶总活性单位/U	比活性/(U/mg)	纯化倍数	得率/%
肝匀浆(A 液)								
第一次丙酮提纯(B 液)								
乙醇分级纯化(C 液)								
第二次丙酮纯化(D 液)								

【注意事项】

1)有机溶剂沉淀是个放热过程，操作尽量在低温条件下进行。

2)各步骤中加入的有机溶剂量要计算准确，否则会影响实验结果。

3)加入有机溶剂时注意边加边搅拌，避免局部浓度过高使酶蛋白变性。

4)加入有机溶剂混匀后应立即离心，不宜放置过久，离心后立即用缓冲液溶解，避免酶蛋白失活。

5)含有丙酮或乙醇的废弃上清液需倒入回收瓶中。

6)在测定酶活性时，每加入一种试剂须立即混匀，避免浑浊。

【思考题】

1. 测定酶的比活性有何意义?
2. 采用有机溶剂分级沉淀法从组织细胞中分离纯化酶，主要包括哪些步骤?

（姚富丽）

实验十二　酶促反应动力学实验

Ⅰ　温度对酶活性的影响

【实验目的】

掌握酶最适温度的概念；掌握温度对酶活性的影响。

【实验原理】

温度对酶促反应速率的影响具有双重性。酶促反应开始时，反应速率随温度升高而增快，达到最大反应速率时的温度称为酶的最适温度。达到最适温度后，酶促反应速率随温度升高反而下降，因为高温引起酶蛋白发生变性失活。

酶的最适温度不是酶的特征性常数，它与酶促反应时间有关。测定酶活性均在酶促反应最适温度下进行，多数哺乳类动物组织中酶的最适温度为37～40℃。常用恒温水浴保持温度恒定。

本设计性实验以人唾液淀粉酶为例，观察高温（沸水浴）、最适温度（37℃水浴）和低温（冰水浴）对酶活性的影响，并根据底物即淀粉水解的速率来判断酶的活性。

淀粉经淀粉酶催化水解为葡萄糖的不同阶段，与碘试剂作用的颜色反应为：淀粉（蓝色）→紫色糊精（紫色）→红色糊精（红色）→无色糊精（不显色）→麦芽糖（不显色）→葡萄糖（不显色）。

【实验试剂和器材】

1. 试剂

1）1/15mol/L pH 6.6 磷酸盐缓冲液（phosphate buffer，PB）：称取 $NaH_2PO_4 \cdot 2H_2O$ 10.4g 加双蒸水至 1000mL 溶解，即为 1/15mol/L NaH_2PO_4 液。称取 $Na_2HPO_4 \cdot 12H_2O$ 23.88g 加双蒸水至 1000mL 溶解，即为 1/15mol/L Na_2HPO_4 液。取 1/15mol/L NaH_2PO_4 液 675mL，加 1/15mol/L Na_2HPO_4 液 325mL，混匀，即为 1/15mol/L pH 6.6 磷酸盐缓冲液。

2）1%淀粉液：称取可溶性淀粉 1g，加 5mL 蒸馏水调成糊状，再加蒸馏水 80mL，加热使其溶解，最后用蒸馏水稀释至 100mL。

3）0.3%稀碘液：称取 2g 碘化钾溶于 200mL 蒸馏水中，加入 1g 碘，加水到 300mL。

4）0.9% NaCl。

2. 器材

移液器及吸头、试管及试管架、滴管、白瓷比色盘、恒温水浴箱。

【实验方案设计提示】

1）怎样收集并稀释人唾液淀粉酶？

2）在磷酸盐缓冲液中，人唾液淀粉酶在 pH 6.4～6.6 时具有最大活性。Cl^-为其激活剂。

3）淀粉水解后的产物是什么？怎样判断淀粉的水解程度？

4）观察不同温度对酶活性的影响时，温度之间的差别应较大。

5）以表格形式列出设计方案，包括温度分组、试剂名称和剂量、操作步骤等。

6）以小组为单位，讨论并确定最佳实验设计方案。

【注意事项】

严格控制水浴时间和温度。

【思考题】

1. 低温和高温对酶活性的影响机制是否相同？
2. 酶的最适温度为什么不是酶的特征性常数？

II　pH 对唾液淀粉酶活性的影响

【实验目的】

掌握酶最适 pH 的概念和 pH 对酶活性的影响。

【实验原理】

大多数酶的本质是蛋白质，只有当酶蛋白处于一定的游离状态下，才有利于酶与底物的结合和催化，使酶促反应最强。因此酶促反应会受溶液 pH 的影响。此外，溶液的 pH 还可能影响底物或辅酶的解离程度从而改变酶的催化活性。当其他作用条件不变时，通常只有在一定的 pH 范围内，酶才表现其催化活性。酶活性最高时反应体系的 pH 称为酶的最适 pH。高于或低于最适 pH，酶的活性逐渐降低。不同的酶其最适 pH 也不同，如胃蛋白酶的最适 pH 为 1.5～2.5，胰蛋白酶的最适 pH 为 8.0。体内大多数酶的最适 pH 为 6.5～8.0。但也有例外，如磷酸单酯酶（简称磷酸酶）就有两类：碱性磷酸酶的最适 pH 为 8.0～12，酸性磷酸酶的最适 pH 则在 5 左右。

酶的最适 pH 不是酶的特征性常数。同一种酶的最适 pH 随缓冲液和底物的性质不同而不同。例如，人唾液淀粉酶的最适 pH 为 6.8，但在磷酸盐缓冲液中，其最适 pH 为 6.4～6.6，而在乙酸缓冲液中为 5.6。

本设计性实验以人唾液淀粉酶为例，观察不同 pH 环境对酶活性的影响，并根据底物即淀粉水解的速率来判断酶的活性，从而确定其最适 pH。

【实验试剂和器材】

1. 试剂

1）磷酸氢二钠-柠檬酸缓冲液：称取 $Na_2HPO_4 \cdot 2H_2O$　35.61g，溶于 1000mL 蒸馏水中，即为 0.2mol/L Na_2HPO_4 液。称取柠檬酸（$C_6H_8O_7 \cdot 2H_2O$）21.01g，溶于 1000mL 蒸馏水中，即

为 0.1mol/L 柠檬酸溶液。按表 3-18 取不同体积的 Na_2HPO_4 液，加入对应体积的 0.1mol/L 柠檬酸溶液，混匀，配成不同 pH 的磷酸氢二钠-柠檬酸缓冲液。

表 3-18　磷酸氢二钠-柠檬酸缓冲液配制表

pH	0.1mol/ L 柠檬酸/mL	0.2mol/L Na_2HPO_4/mL
5.0	9.70	10.30
5.5	8.63	11.37
6.0	7.37	12.63
6.4	6.15	13.85
6.8	4.55	15.45
7.4	1.83	18.17
8.0	0.55	19.45

2) 1%淀粉液：同实验十二-Ⅰ。

3) 0.3%稀碘液： 称取 2g 碘化钾溶于 200mL 蒸馏水中，加入 1g 碘，加水到 300mL。

2. 器材

移液器及吸头、试管及试管架、滴管、白瓷比色盘、秒表、恒温水浴箱。

【实验方案设计提示】

1) 怎样收集并稀释人唾液淀粉酶?

2) 在磷酸盐缓冲液中，人唾液淀粉酶在 pH 6.4～6.6 时具有最大活性。Cl^-为其激活剂。

3) 淀粉水解后的产物是什么？怎样判断淀粉的水解程度?

4) 观察不同 pH 对酶活性的影响时，pH 之间的差别应较大。

5) 以表格形式列出设计方案，包括 pH 分组、试剂名称和剂量、操作步骤等。

6) 以小组为单位，讨论并确定最佳实验设计方案。

【注意事项】

加入不同 pH 的磷酸氢二钠-柠檬酸缓冲液时，一定要看清试剂的 pH。

【思考题】

1. 环境 pH 影响酶促反应速率的机制是什么?
2. 酶的最适 pH 为什么不是酶的特征性常数?

III　抑制剂对酶促反应速率的影响

【实验目的】

掌握酶的抑制剂的种类、概念；掌握酶的竞争性抑制剂的动力学特点。

【实验原理】

能降低酶活性，甚至使酶完全丧失活性的物质，被称为酶的抑制剂。酶的抑制分为可逆性抑制与不可逆性抑制两大类。不可逆性抑制剂与酶生成共价结合的复合物，或以其他结合方式生成结合牢固且难于再解离的复合物。可逆性抑制剂多为与酶的底物化学结构相似的物质(竞争性抑制剂)，可与酶的活性中心结合，从而使酶与其底物结合的比例减少，降低酶促反应速率，但当加大底物浓度时，可逆转其抑制。

本设计性实验以琥珀酸脱氢酶为例，观察丙二酸对琥珀酸脱氢酶的竞争性抑制作用。在隔绝空气的条件下，从加入的甲烯蓝(methelene blue)的褪色情况来判断琥珀酸脱氢酶的活性。

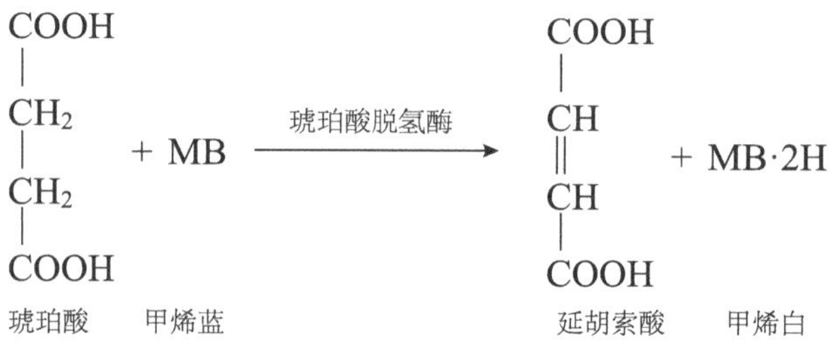

【实验试剂和器材】

1. 试剂

1) 1/15mol/L Ph 7.4 磷酸盐缓冲液：称取 $NaH_2PO_4 \cdot 2H_2O$ 10.4g 加双蒸水溶解至 1000mL，即为 1/15mol/L NaH_2PO_4液。称取 $Na_2HPO_4 \cdot 12H_2O$ 23.88g 加双蒸水溶解至 1000mL，即为 1/15mol/L Na_2HPO_4液。取 1/15mol/L NaH_2PO_4液 190mL，加 1/15mol/L Na_2HPO_4液 810mL，混匀，即为 1/15mol/L pH 7.4 磷酸盐缓冲液。

2) 0.2mol/L 琥珀酸：称取琥珀酸 23.618g，加双蒸水溶解至 1000mL。

3) 0.02mol/L 琥珀酸：取 0.2mol/L 琥珀酸 100mL，加双蒸水至 1000mL，混匀。

4) 0.2mol/L 丙二酸：称取丙二酸 20.806g，加双蒸水溶解至 1000mL。

5) 0.02mol/L 丙二酸：取 0.2mol/L 丙二酸 100mL，加双蒸水至 1000mL，混匀。

6) 0.02%甲烯蓝：取 0.2 g 甲烯蓝，加无水乙醇溶解，定容至 1000mL。

7) 液体石蜡。

2. 器材

研钵、组织剪、移液器及吸头、试管及试管架、玻璃漏斗、纱布、滴管。

【实验方案设计提示】

1) 底物是琥珀酸，竞争性抑制剂是丙二酸。

2) 本实验可从家兔肝组织中提取琥珀酸脱氢酶。

3) 琥珀酸脱氢酶在 pH 7.4 的磷酸盐缓冲液中有较高活性。

4) 怎样判断琥珀酸脱氢酶活性的高低?

5) 设计时应使琥珀酸与丙二酸的浓度比有较大的差异。

6）怎样隔绝空气？

7）以表格形式列出设计方案，包括琥珀酸与丙二酸不同浓度比、试剂名称和剂量、操作步骤等。

8）以小组为单位，讨论并确定最佳实验设计方案。

【注意事项】

1）加入不同浓度的丙二酸或琥珀酸时，一定要看清试剂的浓度。

2）滴加液体石蜡时沿着管壁倾斜加入，盖住液面即可。

3）观察结果时不能振摇试管，避免甲烯白重新氧化变蓝。

4）将试管放置在实验台上时，注意随时观察甲烯蓝褪色情况。

【思考题】

1. 改变底物浓度和抑制剂浓度的比例，对酶的催化活性有什么影响？
2. 酶的竞争性抑制作用的动力学参数 K_m 和 V_{max} 有何改变？

Ⅳ 底物浓度对酶活性的影响
（碱性磷酸酶米氏常数的测定）

【实验目的】

掌握底物浓度对酶活性的影响；掌握米氏方程与米氏常数概念；掌握双倒数作图及 K_m 值计算方法。

【实验原理】

在温度、pH 及酶浓度恒定的条件下，底物浓度对酶的催化作用有很大的影响。在一般情况下，当底物浓度很低时，酶促反应速度（V）随底物浓度（[S]）的增加而迅速增加；但当底物浓度继续增加时，反应速度的增加率就比较小。当底物浓度增加至某种程度时，反应速率就达到一个极限值（最大速率 V_{max}），如图 3-4 所示。

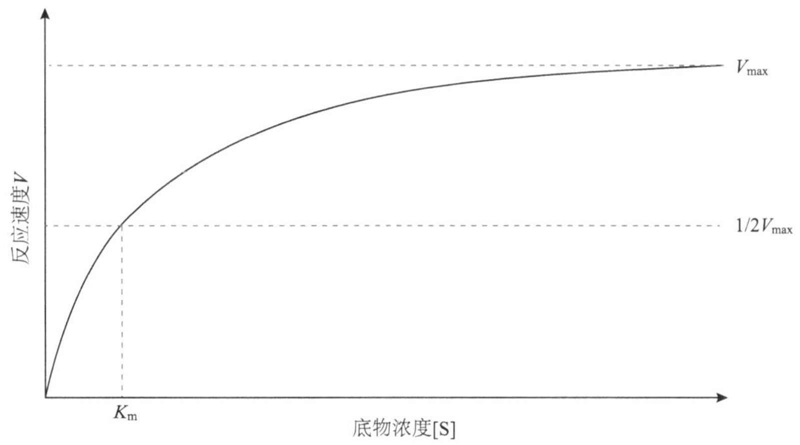

图 3-4 酶促反应速率随底物浓度的变化曲线

底物浓度与反应速率间的这种关系可用 Michaelis-Menten 方程式表示

$$V=\frac{V_{\max}[\mathrm{S}]}{K_{\mathrm{m}}+[\mathrm{S}]} \text{ 或 } K_{\mathrm{m}}=[\mathrm{S}](\frac{V_{\max}}{V}-1)$$

式中，V_{max} 为最大反应速率；K_m 为米氏常数。

当 $V=1/2V_{max}$ 时，$K_m=[S]$。所以，米氏常数是反应速率等于 1/2 最大反应速率时的底物浓度。K_m 是酶的特征常数，测定 K_m 是研究酶的一种重要方法。大多数酶的 K_m 值为 0. 01～100mmol /L。但是，在一般情况下，根据实验结果绘制成的上述直角双曲线却难以准确求得 K_m 和 V_{max} 值，如果将 Michaelis-Menten 方程式转换成 Lineweaver-Burk 方程式

$$\frac{1}{V}=\frac{K_{\mathrm{m}}+[\mathrm{S}]}{V_{\max}[\mathrm{S}]} \text{或} \frac{1}{V}=\frac{K_{\mathrm{m}}}{V_{\max}[\mathrm{S}]}+\frac{1}{V_{\max}}$$

此方程式为一直线方程式，故用反应速率的倒数和底物浓度的倒数来制图，则易于准确求得该酶的 K_m 值。以 $1/V$ 和 $1/[S]$ 分别为纵坐标和横坐标作图，可得出图 3-5，并由此推测出酶的 K_m 值。

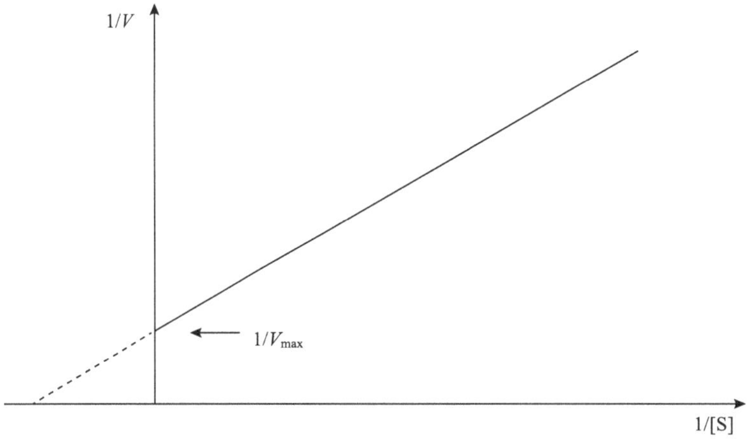

图 3-5　酶促反应速率倒数与底物浓度倒数的关系曲线

在图 3-5 中，K_m/V_{max} 为该直线的斜率，与纵坐标的交点为 $1/V_{max}$（截距），由此直线延长与横坐标的交点则为 $-1/K_m$，从而可在图上量出 $1/K_m$ 值，并得出 K_m 值。

本实验以 AKP 为例，测定不同底物浓度对酶活性的影响，按双倒数方程式作图，计算出 K_m 值。

【实验试剂和器材】

0.1mol/L 碳酸盐缓冲液，pH 10（37℃）：称取 Na_2CO_3 6.36g 及 $NaHCO_3$ 3.36g 溶于双蒸水中，并稀释至 1000mL。其余试剂同实验十一。

【实验步骤】

1. 配制反应体系

1）取干净试管 10 支，编号，按表 3-19 操作，特别注意准确吸取底物液和酶液。

表 3-19　底物浓度对酶活性影响实验操作表

管号	1	2	3	4	5	6	7	8	9	10
0.04mol /L 底物液/mL	0.05	0.10	0.20	0.30	0.40	0.80	1.00	1.20	—	—
0.1mol/L pH 10 碳酸盐缓冲液/mL	0.7	0.7	0.7	0.7	0.7	0.7	0.7	0.7	0.7	0.7
蒸馏水/mL	1.15	1.10	1.00	0.90	0.80	0.40	0.20	—	1.20	1.20
37℃水浴保温 5min										
酶液/mL	0.1	0.1	0.1	0.1	0.1	0.1	0.1	0.1	0.1	—
酚标准液/mL	—	—	—	—	—	—	—	—	—	0.1
最终底物液/(mmol /L)	1	2	4	6	8	16	20	24	—	—
加入酶后立即计时，各管混匀后均在 37℃水浴中准确保温 15min，保温完毕，立即加入碱性溶液以终止反应										
碱性溶液/mL	1.0	1.0	1.0	1.0	1.0	1.0	1.0	1.0	1.0	1.0
0.3% 4-氨基安替比林/mL	1.0	1.0	1.0	1.0	1.0	1.0	1.0	1.0	1.0	1.0
0.5%铁氰化钾/mL	2.0	2.0	2.0	2.0	2.0	2.0	2.0	2.0	2.0	2.0

注：“—”表示对应管不添加该试剂。

2）各管充分混匀，放置 10min，以第 9 管为对照，于波长 510nm 处比色，测定各管吸光度，并计算出各管的酶活性。

2. 作图

1）以酶活性单位代表各管中的酶促反应速率（V）作为纵坐标，以底物浓度（[S]）作为横坐标，在坐标纸上描出各点并连接成线，观察该图形的形状。

2）以酶活性单位的倒数代表该酶促反应速率的倒数（$1/V$）作为纵坐标，以底物浓度的倒数（1/[S]）作为横坐标，在坐标纸上描出各点并连接成线，求出该酶的 K_m。

【注意事项】

建立不同底物浓度的酶促反应体系时，特别注意准确吸取底物液和酶液。

【思考题】

1. 加入酶之前，为什么要先用 37℃水浴保温 5min？
2. 底物浓度对酶的活性有何影响？
3. 什么是酶的 K_m 值？

（姚富丽　刘　戟）

实验十三　MMP-2 和 MMP-9 表达的明胶酶谱分析

【实验目的】

掌握明胶酶谱分析法测定 MMP-2 和 MMP-9 表达的方法；了解 MMP-2 和 MMP-9 在促肿瘤转移中的作用。

【实验原理】

基质金属蛋白酶(matrix metalloproteinase，MMP)是一个锌离子结合蛋白水解酶家族，它们能够降解胞外基质。MMP 的表达增加与肿瘤的侵袭和转移密切相关。MMP 有超过 20 个家族成员，分别以酶的名字缩写 MMP 再加上一个数字表示。MMP 的活性调节比较复杂，这种调节作用可发生在转录和翻译水平。在基质金属蛋白酶家族中 MMP-2 和 MMP-9 属于明胶酶类。在多种肿瘤中 MMP 表达分析都表明 MMP-2 和 MMP-9 表达升高与肿瘤的发展和转移呈正相关，这是因为这两个明胶酶能降解基底膜中的Ⅳ型胶原和变性的间质胶原(明胶)。本实验通过观察明胶酶 MMP-2 和 MMP-9 分解其底物明胶来反映其表达量的变化。

【实验试剂和器材】

1. 试剂

1) 5%浓缩胶(现配现用)：按下列体系配制。

超纯水	2.10mL
30%丙烯酰胺溶液	0.50mL
1mol/L Tris-HCl(pH 6.8)	0.38mL
10% SDS	30.00μL
10%过硫酸铵(AP)	30.00μL
TEMED	3.00μL
总体积	3.00mL

2) 10%分离胶(现配现用)：按下列体系配制。

超纯水	2.10mL
30%丙烯酰胺溶液	2.31mL
1.5mol/L Tris-HCl(pH 8.8)	1.75mL
10% SDS	70.00μL
10%过硫酸铵(AP)	70.00μL
TEMED	5.60μL
10%明胶	0.70mL
总体积	7.00mL

3) 4×上样缓冲液(4℃保存)：按以下体系配制。

0.32% Tris-HCl	6.400mL
4% SDS	8.000mL
50%甘油	3.200mL
溴酚蓝	0.024g
超纯水	2.400mL
总体积	20.000mL

4) 5×Tris-甘氨酸电极缓冲液：超纯水配制，其中含 0.125mol/L Tris-HCl，1.25mol/L 甘氨酸和 0.5% SDS，完全溶解后调 pH 至 8.3，室温保存，用时稀释 5 倍。

5) 洗脱液：超纯水配制，其中含 2.5% Triton X-100，50mmol/L Tris-HCl，5mmol/L $CaCl_2$ 和 1μmol/L $ZnCl_2$，完全溶解后调 pH 至 7.6，室温保存。

6) 漂洗液：超纯水配制，其中含 50mmol/L Tris-HCl，5mmol/L $CaCl_2$ 和 1μmol/L $ZnCl_2$，完全溶解后调 pH 至 7.6，室温保存。

7) 孵育液：超纯水配制，其中含 50mmol/L Tris-HCl，5mmol/L $CaCl_2$，1μmol/L $ZnCl_2$ 和 0.02% Brij-35，完全溶解后调 pH 至 7.6，室温保存。

8) 染色液：超纯水配制，含 0.05%考马斯亮蓝 R-250，30%甲醇和 10%乙酸，混匀后室温保存。

9) 脱色液 A、B、C：超纯水配制，三种脱色液中甲醇浓度分别为 30%、20%、10%，乙酸浓度分别为 10%、10%、5%，混匀后室温保存。

2. 器材

小型垂直电泳槽、恒温水浴锅、酶标仪、pH 计、细胞培养设备、凝胶成像系统。

【实验步骤】

1) 取 6 孔板中对数生长期的 MDA-MB-231 乳腺癌细胞，用无血清 RPMI-1640 培养基冲洗 3 次，每孔中加入 1mL 无血清 RPMI-1640 培养基，实验分组，处理组加入终浓度为 5ng/mL TGF-β_1，对照组加入等量的无血清 RPMI-1640 培养基，37℃、5% CO_2 恒温培养箱中培养 24h。

2) 将细胞培养上清液移入离心管中，4℃，2000r/min 离心 10min，取上清分装后−80℃保存备用。

3) BCA 法测定各样品蛋白质浓度，根据不同浓度确定样品的上样体积，保证各样品上样的蛋白质量相同，与 4×上样缓冲液 5μL 混合，总体积不足 20μL 用超纯水补足。

4) 配制分离胶和浓缩胶，等胶聚合后，加入电泳缓冲液，使其溢满上样孔。

5) 20μL/孔上样，4℃，100V 进行 SDS-PAGE 电泳，直至溴酚蓝跑至分离胶的底部。

6) 电泳结束后，将凝胶放置于洗脱液中振荡洗脱 4 次，每次 15min。

7) 漂洗液中振荡漂洗 2 次，每次 20min。

8) 孵育液中，37℃水浴锅中孵育 48h。

9) 移至染色液中并置摇床上振荡染色 3h。

10) 将凝胶依次置于脱色液 A、B、C 中，在摇床上分别振荡脱色 0.5h、1.0h、2.0h。

11）脱色完成后，在蓝色背景上，可见 72kDa 和 92kDa 处为透明条带，照相，并用凝胶图像分析系统分析各条带的吸光度值。

【注意事项】

1）制备聚丙烯酰胺凝胶时应注意其毒性和排出气泡。

2）明胶酶谱的活性受钙离子、锌离子和 pH 等因素的影响，因此缓冲液配制应严格准确，尽量用超纯水，孵育温度也应控制好。

3）一定不能加 EDTA，蛋白质样品尽量在−80℃保存，上样量不能太多。

【思考题】

1. 为什么背景是蓝色，而观察到的目标带却是透明的？

2. 为什么基质金属蛋白酶能够促进肿瘤细胞的转移？

（曾凡才）

五、物质代谢实验

实验十四　胰岛素和肾上腺素对血糖浓度的影响

【实验目的】

掌握胰岛素和肾上腺素对血糖浓度的影响；掌握吴宪-Folin 法测定血糖浓度的原理和操作；熟悉邻甲苯胺法及葡萄糖氧化酶法测定血糖的原理和方法；熟悉 722 型分光光度计的使用。

【实验原理】

人和动物体内，血糖浓度受物质代谢、各种激素及神经系统的调节而维持恒定，其中以激素调节最为主要。胰岛素能降低血糖；肾上腺素和胰高血糖素等多种激素则具有升高血糖的作用，肾上腺素作用较为迅速而明显。胰岛素促进肝和肌肉将葡萄糖合成糖原，又加强糖的氧化作用，故可以降低血糖；肾上腺素促进肝糖原分解而增高血糖。此实验通过测定分别注射胰岛素和肾上腺素前后的家兔血糖浓度，观察胰岛素和肾上腺素对血糖浓度的影响。

【实验试剂和器材】

1. 试剂

肾上腺素 1mg/mL、胰岛素 4U/mL、肝素、75%乙醇。

2. 器材

试管、EP 管、可调移液器、低速离心机、微量注射器、针头或刀片、干棉球。

【实验步骤】

1）动物准备：取正常家兔两只，称体重（一般为2～3kg）。

2）取血：一般多以耳缘静脉取血，先去毛，用酒精棉球擦拭兔耳，使其血管充血，再用干棉球擦干，用粗针头刺破或用手术刀片划破静脉放血，将血液收入抗凝管中（预先用0.5%的肝素溶液润洗的试管）边收集边摇匀，以防凝固，至少收集1mL血液。用干棉球压迫血管止血。抗凝血采得后立即离心（3000r/min，5min）分离血浆。将制备的两只兔血浆样品分别装入2支试管，标号为试管1、试管2，待用。

3）注射激素后取血：取兔血后，其中一只家兔皮下注射胰岛素，剂量按0.75U/kg体重计算，并记录注射时间。半小时后再至少收集1mL血液制成待测血浆，装于试管3，待用。另一只家兔皮下注射肾上腺素，剂量按0.4mg/kg体重计算，并记录注射时间。0.5h后再至少收集1mL血液制成待测血浆，装于试管4，待用。

4）可用下文介绍的邻甲苯胺法或葡萄糖氧化酶法测定血糖浓度。

Ⅰ　吴宪-Folin法测定血糖浓度

【实验原理】

无蛋白质血滤液中的葡萄糖在碱性溶液中与硫酸铜共热，蓝色的二价铜（Cu^{2+}）即还原成砖红色的氧化亚铜（Cu_2O）沉淀。氧化亚铜再使磷钼酸还原成钼蓝。与同样处理的标准葡萄糖液比色，可求出血中葡萄糖的含量。具体包括以下几个反应。

$$Na_2CO_3 + H_2O \longrightarrow NaOH + NaHCO_3$$

$$2NaOH + CuSO_4 \longrightarrow Cu(OH)_2 + Na_2SO_4$$

$$2Cu(OH)_2 + C_6H_{12}O_6 \longrightarrow Cu_2O\downarrow + C_5H_{11}O_5COOH + 2H_2O$$

$$3Cu_2O + 3H_3PO_4 \cdot 2MoO_3 \cdot 12H_2O \longrightarrow 3H_3PO_4 \cdot MO_2O_3 \cdot 12\,H_2O + 6CuO$$

【实验试剂和器材】

1）碱性铜试剂：称取无水Na_2CO_3 40g，溶于100mL蒸馏水中，然后加酒石酸7.5g，若不易溶解可稍加热，冷却后，移入1000mL的容量瓶中。另取纯结晶$CuSO_4$ 4.5g溶于200mL蒸馏水中，溶后再将此溶液倾入上述容量瓶内，加蒸馏水至1000mL，摇匀，放置备用。

2）磷钼酸试剂：取纯钼酸70g，溶于10% NaOH 400mL中，其中再加Na_2WO_4 10g，加热煮沸30～40min，以除去钼酸中可能存在的NH_3，冷却后，加85% H_3PO_4 250mL，加蒸馏水稀释至1000mL，摇匀，于棕色瓶保存。

3）标准葡萄糖储存液（10g/L）：准确称取纯葡萄糖1.00g，用0.25%苯甲酸液溶解，倾入100mL的容量瓶中，最后加0.25%苯甲酸液至刻度，摇匀，放置冰箱中保存。

4）标准葡萄糖应用液（25mg/L）：准确取上述储存液5mL移入200mL容量瓶中，加0.25%苯甲酸溶液至刻度。

5）0.25%苯甲酸液：称取苯甲酸2.5g，加入1000mL煮沸的蒸馏水中，使成饱和溶液，冷却后，取上清液备用。

6）10% Na_2WO_4、0.33mol/L H_2SO_4。

【实验步骤】

1)无蛋白质血滤液的制备:取干试管 1 支,准确加入蒸馏水 3.5mL,血液 0.1mL,0.33mol/L H_2SO_4 0.2mL，10% Na_2WO_4 0.2mL，混匀。待有澄清液出现后，过滤，收集滤液备用。

2)取试管 3 支，编号，按表 3-20 操作。

表 3-20　葡萄糖浓度测定操作步骤

编号	标准管	测定管	空白管
25mg/L 标准葡萄糖液/mL	1.0	—	—
无蛋白质血溶液/mL	—	1.0	—
蒸馏水/mL	—	—	1.0
碱性铜试剂/mL	1.0	1.0	1.0
摇匀，置沸水浴准确煮沸 8min，取出时切勿摇动，置于冷水浴冷却			
磷钼酸试剂/mL	1.0	1.0	1.0
混匀，放置 3min			
蒸馏水/mL	1.5	1.5	1.5
各管混匀后，用红色滤光片或在波长 620nm 处，以空白管校零点，比色，根据比色测定结果计算血糖浓度			

注：“—”表示对应管不添加该试剂。

Ⅱ　邻甲苯胺法测定血糖浓度

【实验原理】

葡萄糖在热乙酸溶液中与邻甲苯胺(orthotoluidine)缩合生成蓝绿色的席夫碱(Schiff base)，其颜色深浅与葡萄糖含量成正比；与同样处理的葡萄糖标准溶液进行分光光度测定，可求得待测血液样品中葡萄糖的含量。正常人血糖含量为 3.89～6.11mmol/L。

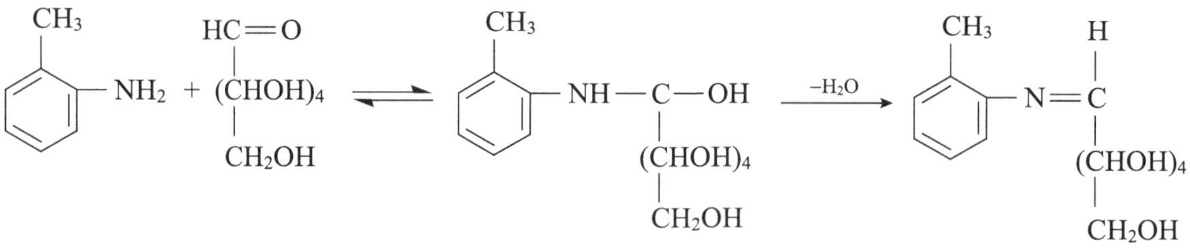

邻甲苯胺　　葡萄糖　　葡糖糖基胺　　席夫碱(蓝绿色)

【实验试剂和器材】

1. 试剂

1)邻甲苯胺试剂：称取硫脲(thiourea，A.R.)2.5g，溶于冰醋酸(glacial acetic acid，A.R.)750mL 中，将此溶液转移入 1L 容量瓶内，加邻甲苯胺(ortho-toluidine)150mL，2.4%硼酸(boric acid)溶液 100mL，再加冰醋酸至 1L 刻度，置棕色瓶中，至少可应用两个月。

2)葡萄糖储存标准液(50mmol/L)：将少量无水葡萄糖(A.R.或 C.P.)置于硫酸干燥器内一夜。精确称取此葡萄糖 0.9g，以饱和苯甲酸溶液溶解并转移入 100mL 容量瓶内，再以饱和苯甲酸溶液稀释至 100mL 刻度。置冰箱中可长期保存。

3)葡萄糖应用标准液(1.25mmol/L)：准确吸取葡萄糖储存标准液 2.5mL，置 100mL 容量瓶内，以饱和苯甲酸溶液稀释至 100mL 刻度。

4)饱和苯甲酸溶液：称取苯甲酸(benzoic acid)2.5g，加入蒸馏水 1L 中，煮沸使溶解，冷后储存于试剂瓶中。

2. 器材

试管及试管架、移液器、水浴锅、722 型分光光度计。

【实验步骤】

1. 操作

1)取洁净干燥的试管 6 支，编号，按表 3-21 操作。

表 3-21 邻甲苯胺法测定血糖浓度操作步骤

试剂/mL	空白管	标准管	测定管			
			试管 1	试管 2	试管 3	试管 4
血浆	—	—	0.1	0.1	0.1	0.1
葡萄糖标准液(1.25mmol/L)	—	0.1	—	—	—	—
蒸馏水	0.1	—	—	—	—	—
邻甲苯胺试剂	5.0	5.0	5.0	5.0	5.0	5.0

注：“—”表示对应试管不添加该试剂。

2)混匀后置沸水浴中加热 15min。取出，用冷水冷却。在波长 630nm 处进行比色，以空白管校正光密度到零点，读取各管光密度，并记录。

2. 计算与结果

1)计算：列公式并计算出各测定管的葡萄糖含量，单位为 mmol/L。

$$\text{血浆葡萄糖含量} = \frac{\text{测定管吸光度}}{\text{标准管吸光度}} \times 1.25\text{mmol/L}$$

2)结果：比较试管 1 与试管 3，试管 2 与试管 4 血浆葡萄糖含量。

Ⅲ 葡萄糖氧化酶法(GOD-POD 法)

【实验原理】

葡萄糖氧化酶(glucose oxidase，GOD)可利用水和氧将葡萄糖氧化成葡萄糖酸，并产生过氧化氢。过氧化氢被过氧化物酶(peroxidase，POD)催化分解成水和氧，并将色原性氧受体 4-氨基安替比林(4-AAP)和酚去氢缩合为红色醌类化合物，即 Trinder 反应。红色醌类化合物的生成量与葡萄糖含量成正比，通过相同处理的葡萄糖标准液可求得血糖浓度。此法对葡萄糖具有专一性，不受其他糖和还原性物质的干扰。

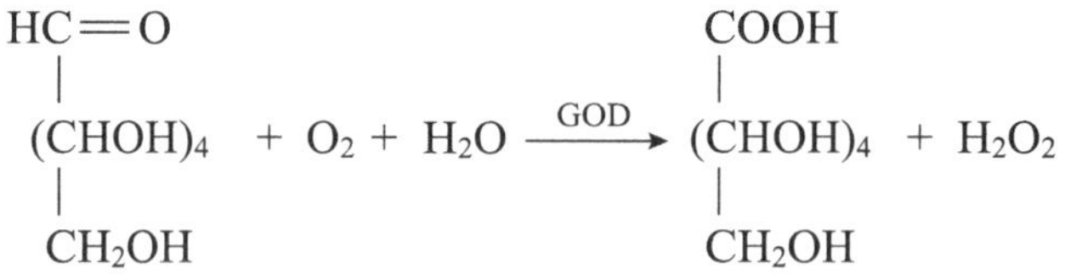

葡萄糖　　葡萄糖酸

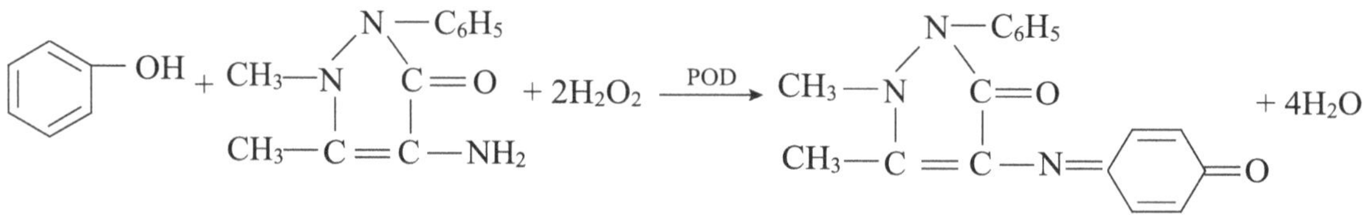

4-氨基安替比林　　醌类衍生物(红色)

【实验试剂和器材】

1. 试剂

1) 0.1mol/L 磷酸盐缓冲液(pH 7.0)：溶解无水磷酸氢二钠 8.67g 及无水磷酸二氢钾 5.3g 于 800mL 蒸馏水中，用 1mol/L 氢氧化钠或盐酸调节 pH 至 7.0，然后用蒸馏水稀释至 1L。

2) 酶试剂：取 GOD 1200U(国际单位)，POD 1200U，4-氨基安替比林 10mg，叠氮钠 100mg，加上述磷酸盐缓冲液至 80mL 左右，调节 pH 至 7.0，加磷酸盐缓冲液至 100mL，置冰箱保存，至少可稳定 3 个月。

3) 酚试剂：酚 100mg 溶于 100mL 蒸馏水中(酚在空气中易氧化成红色，可先配成 500g/L 的溶液，储存于棕色瓶中，用时稀释)。

4) 酶酚混合试剂：酶试剂及酚试剂等量混合，在冰箱中可保存 1 个月。

5) 饱和苯甲酸溶液：称取苯甲酸(benzoic acid) 2.5g，加入蒸馏水 1L 中，煮沸使溶解，冷后储存于试剂瓶中。

6) 葡萄糖储存标准液(50mmol/L)：将少量无水葡萄糖(A.R.或 C.P.)置于硫酸干燥器内一夜。精确称取此葡萄糖 0.900g，以饱和苯甲酸溶液溶解并转移入 100mL 容量瓶内，再以饱和苯甲酸溶液稀释至 100mL 刻度。置冰箱中可长期保存。

7) 葡萄糖应用标准液(1.25mmol/L)：准确吸取葡萄糖储存标准液 2.5mL，置 100mL 容量瓶内，以饱和苯甲酸溶液稀释至 100mL 刻度。

2. 器材

移液器、试管、恒温水浴箱、722 型分光光度计。

【实验步骤】

1. 操作

1) 取洁净干燥的试管 6 支，编号，按表 3-22 操作。

表 3-22　葡萄糖氧化酶法测定血糖浓度操作步骤

试剂/mL	测定管				标准管	空白管
	试管 1	试管 2	试管 3	试管 4		
血浆	0.1	0.1	0.1	0.1	—	—
葡萄糖标准液（1.25mmol/L）	—	—	—	—	0.1	—
蒸馏水	—	—	—	—	—	0.1
酶酚混合试剂	4.0	4.0	4.0	4.0	4.0	4.0

注："—"表示对应试管不添加该试剂。

2）混匀，置 37℃水浴中保温 15min，用分光光度计（波长 505nm）测定吸光度，以空白管调零，分别读取标准管及测定管的吸光度。

2. 计算与结果

同邻苯甲胺法。

【注意事项】

1）采血部位也可以是心脏，但注意部位应准确，切忌用针头划破心脏。

2）胰岛素和肾上腺素应注入兔子皮下，避免注入皮内、腹腔或是肠管中。

3）在保证取量准确的前提下，所使用的不同规格的吸量管或移液器应尽可能少。

4）为保证测定值的精确性，可设定平行管并取平均值。

5）目前国产 GOD 各批号活性并不完全一致，为了使酶试剂组分一致，配制酶试剂的 GOD 和 POD 活力最好能进行标化。现国内有许多厂家生产 GOD-POD 法干粉或液体试剂盒。

6）注意血浆样品管号的标注和血糖浓度测定时的取样，一定要保证是同一只兔子注射激素前后血糖浓度的比较。

【思考题】

1. 血糖浓度测定的方法有哪些？其测定原理如何？
2. 血糖浓度测定有何临床意义？正常人如何维持血糖水平的恒定？
3. 简述肾上腺素和胰岛素调节血糖浓度的作用机制。
4. 影响实验结果的因素有哪些？如何避免？

（段春燕　陈利弘）

实验十五　肝糖原的提取与鉴定

【实验目的】

掌握动物组织细胞糖原的提取原理；掌握低速离心机的使用方法；熟悉肝糖原提取的实验过程；了解组织匀浆机的使用方法。

【实验原理】

肝和肌肉组织中糖原的含量最高，因此适于用作糖原的提取与鉴定。

用三氯乙酸破坏肝组织的酶并沉淀蛋白而保留糖原。糖原不溶于乙醇而溶于热水，故先用95%乙醇将滤液中的糖原沉淀，再溶于热水。

糖原溶液呈乳样光泽，遇碘呈红棕色，本身无还原性，在酸性溶液中加热可水解为具有还原性的葡萄糖。后者可将碱性铜溶液（班氏试剂，Benedict reagent）中的二价铜氧化成氧化亚铜。利用上述性质，可判定组织中糖原的存在。

【实验试剂和器材】

1. 试剂

1）5%三氯乙酸（acetocaustin）、95%乙醇、0.9% NaCl、浓盐酸、50% NaOH。

2）碘试剂：I_2（iodine）100mg，KI（potassium iodide）200mg，溶解于30mL蒸馏水。

3）班氏试剂（Benedict reagent）：取柠檬酸钠（sodium citrate）173g及无水Na_2CO_3（sodium carbonate）100g放入2000mL烧杯内，加水约700mL，加热溶解并以玻璃棒不断搅拌，溶解后待冷却至室温。另用200mL烧杯，称取$CuSO_4 \cdot 5H_2O$（cupric sulfate）17.3g，加蒸馏水100mL，加热溶解。将$CuSO_4$液缓慢倒入前液，不断搅拌。补足水量至1000mL。若试剂混浊，可用脱脂棉过滤入瓶备用。

2. 器材

剪刀、组织匀浆机、漏斗、滤纸、白瓷板、试管、滴管、玻璃棒、塑料离心管、天平、普通低速离心机、水浴锅。

【实验步骤】

1. 糖原的提取

1）迅速处死动物（兔），立即取出肝脏，称取肝组织1～2g。

2）将肝组织放入研钵中，用剪刀尽量剪碎；加入5%三氯乙酸2mL，将肝组织研磨至糜状；再按5mL/g肝组织补加5%三氯乙酸。混匀，用滤纸过滤。

3）取滤液3mL于塑料离心管中，加入95%乙醇3mL，加盖后混匀，静置10min，以3000r/min离心5min，倾去上清液，白色沉淀即为糖原。

2. 糖原的鉴定

1）加蒸馏水2mL于上述离心管中，用滴管或玻璃棒将沉淀搅起，转入玻璃试管中。

2）将试管置沸水浴中加热使沉淀完全溶解，对光观察溶液，可见乳样光泽，记录。

3）取试管1支，加班氏试剂2mL，置于沸水浴中加热10min；再加入上述糖原溶液5滴，混匀后再放入沸水浴中加热5min左右，冷却后观察颜色并作记录。

4）取糖原溶液2滴于白瓷比色盘中，加碘试剂1滴，观察并记录其颜色。

5）在上述剩余的糖原溶液中，加入浓盐酸10滴，置于沸水浴水解20min，取出冷却后加50% NaOH 5滴中和。

6）另取试管1支，加班氏试剂2mL，于沸水浴中加热10min；再加入糖原水解液6～8滴，轻摇混匀，再放入沸水浴中加热5min左右，冷却观察并记录结果。

【注意事项】

1) 采用颈动脉放血处死兔子，且动作要迅速，以免肝组织淤血。

2) 尽量将肝组织匀浆成糜状，以释放所有的糖原分子。

3) 糖原水解液加班氏试剂鉴定时，一定要先将班氏试剂在沸水浴中加热，使之温度接近或达到 100℃，并观察其有无颜色变化，即检验所加班氏试剂本身是否已被还原。

4) 糖原水解液加班氏试剂鉴定时，可在沸水浴中加热时间长一些，直到观察到颜色变化为止。

【思考题】

1. 糖原水解液与糖原溶液有何实质区别？
2. 为什么要用肝组织来提取糖原？其他组织是否都能提取糖原？

（段春燕）

六、分子生物学实验

实验十六　组织细胞基因组 DNA 的提取

【实验目的】

掌握 SDS 使蛋白质变性而与 DNA 分离进行提取 DNA 的基本原理；熟悉 SDS 法提取 DNA 的基本操作过程。

【实验原理】

从动物组织细胞中提取基因组 DNA 时，先将组织块匀浆后，再用 SDS 处理，使细胞裂解并使基因组 DNA 从核小体中解离，即可用酚直接进行抽提。SDS 和酚均可引起蛋白质变性，以利于 DNA 的纯化。从核酸中除去蛋白质的标准方法是用酚抽提一次，再用 1∶1 酚-氯仿混合液抽提一次，然后再用氯仿抽提一次，这是因为用两种不同的有机溶剂去除蛋白质更为有效。用氯仿抽提的目的是除去 DNA 溶液中微量的酚，用无水乙醇沉淀即可获得较纯的 DNA 制品。

DNA 浓度的测定，一般以 A_{260}=1.0 相当于 50μg DNA 计算；纯化的 DNA A_{260}/A_{280}=1.8，常用此比值来检查 DNA 的纯度，若小于 1.8 则表明有蛋白质或酚污染，需做进一步纯化处理。

【实验试剂和器材】

1. 试剂

1) TE 缓冲液：含 10mmol/L Tris-HCl (pH 8.0)，1mmol/L EDTA。

2) 蛋白酶 K (10mg/mL)：称取蛋白酶 K (proteinase K) 10mg，溶于 1mL 缓冲液 (含 25mmol/L pH 8.0 Tris-HCl，10mmol/L EDTA，50%甘油) 中。配制后在 37℃保温 2h 以灭活 DNase，然后于−20℃保存。

3）Tris-饱和酚：市售 Tris-饱和酚是重蒸酚缓冲液（0.1mol/L Tris-HCl pH 9.5，0.2% β-巯基乙醇）按酚∶缓冲液= 6∶4 之比，充分混合，分层后上层水相 pH>7.8 的 Tris-酚混合液，呈黄色，室温下避光（棕色瓶）保存。久置会氧化后呈红色，则不能使用。

4）氯仿（chloroform）、20% SDS、无水乙醇（置–20℃预冷）、70%乙醇。

2. 器材

烧杯、剪刀、玻璃匀浆器、高速冷冻离心机、移液器、吸头及 EP 管、恒温水浴箱、真空干燥箱、紫外分光光度计。

【实验步骤】

1. 制备匀浆

1）取新鲜兔肝约 1g，在冰浴中将其剪成细小碎块。

2）加适量预冷的 TE 缓冲液（约 400μL），用玻璃匀浆器在冰浴中匀浆。

2. 裂解细胞、水解蛋白质

将匀浆转移至 1.5mL EP 管中，加 20% SDS 至终浓度 1%，混匀；再加蛋白酶 K 至终浓度为 200μg/mL，混匀，置 60℃水浴中保温 1～2h。

3. 抽提蛋白质

用等体积的 Tris-饱和酚，加盖后倒转振摇以抽提蛋白质，离心（4℃，10 000r/min，5min），将上层水相转移至另一 EP 管中；可重复抽提 1～2 次，直至界面清洁（无乳白色沉淀）为止。

4. 去除微量有机溶剂

1）用等体积的酚-氯仿（1∶1）混合液抽提两次，将上层液（水相）转移至另一 EP 管中。

2）用等体积氯仿抽提两次，将上层液体转移至另一 EP 管中。

5. 沉淀DNA

1）加入 2.5 倍体积预冷的无水乙醇，混匀，出现团絮状 DNA 沉淀，用大口吸头将 DNA 沉淀转移至另一 EP 管中，用 70%乙醇洗涤 2 次。

2）沉淀经减压干燥后，加适量 0.1×TE 缓冲液溶解，置于 4℃保存，同时取少量用紫外分光光度法测定其浓度。

【注意事项】

1）为尽可能避免 DNA 大分子的断裂，在实验过程中必须注意的问题包括：①研磨时上下用力，应保持低温，研磨时间短，勿使用电动匀浆器；②实验中使用的吸取 DNA 水溶液的滴管管口需要粗而短，并烧成钝口；③提取时勿剧烈振摇。

2）保持 DNA 活性，避免酸、碱或其他变性因素使 DNA 变性。

3）加入氯仿-异丙醇后勿剧烈摇动，以免大分子断裂。

4）有机溶剂对人体有害，操作时要注意。

【思考题】

1. 如果样品中有蛋白质存在，其紫外分析结果有何表现？如何进一步纯化？
2. DNA 的定量可采用哪些方法？目前常用的是哪种？
3. 从生物细胞中提取 DNA 的主要注意事项是什么？应如何控制？
4. 能引起 DNA 变性的因素有哪些？DNA 降解和 DNA 变性有何区别？如何鉴别？

（杨文理）

实验十七　质粒 DNA 的提取、定量、电泳与酶切鉴定

【实验目的】

掌握 SDS-碱裂解法提取质粒的基本原理；熟悉碱裂解法提取质粒的基本操作；熟悉质粒的基本特性；了解质粒的限制性内切核酸酶酶切鉴定原理；学习水平式琼脂糖凝胶电泳的基本操作。

【实验原理】

质粒(plasmid)是一种独立存在于染色体外的环状闭合双链 DNA，是一种能自主复制的稳定遗传因子。主要分布于细菌、放线菌、真菌及一些动植物细胞中，在细菌细胞中含量最多。细菌质粒大小为 1～200kb，它们可以利用宿主细菌细胞内的复制机制合成质粒自身的DNA。质粒的自主复制和转录能力，能使子代宿主细胞保持它们恒定的拷贝数，可表达它携带的遗传信息。质粒 DNA 可独立存在于细胞质内，也可整合到细菌染色体中；但它离开宿主的细胞就不能存活，由质粒控制的多种生物学功能可以赋予宿主细胞的特定表型。

质粒 DNA 分子小，便于分离和提取，分子克隆实验中常常利用改造后的质粒携带外源目的基因，将其转入细菌、酵母或动植物细胞内进行扩增与表达。同时，质粒 DNA 提取的质量将直接影响后续实验(如酶切、连接、转化及 PCR 扩增等)的结果。因此，从细菌细胞中高效快速地分离获取高质量的质粒显得尤为重要。目前，已有多种方法可用于质粒 DNA 的提取。本实验采用 SDS-碱裂解法提取质粒 DNA，该法应用广泛、操作简便，所提取质粒 DNA的纯度及质量较高。

由于质粒 DNA 具有的特殊形态结构，在特定条件下，如加热、极端 pH、有机溶剂、尿素、酰胺试剂等会使质粒 DNA 变性，去除这些变性条件又可以使质粒 DNA 复性。十二烷基硫酸钠(sodium dodecyl sulfate，SDS)是一种阴离子表面活性剂，它既能使细菌细胞的细胞壁裂解，又能使细菌蛋白质变性。因此，SDS 处理细菌细胞后导致细菌细胞壁破裂，从而使质粒 DNA、细菌基因组 DNA 及蛋白质等从细菌细胞中同时释放出来。释放出来的 DNA 在 pH 12.6 的强碱性(NaOH)条件下，染色体 DNA 的氢键断裂，双螺旋结构被破坏而变性；质粒DNA 的大部分氢键也断裂，但超螺旋共价闭合环状质粒 DNA 的两条互补链不会完全分离；蛋白质也发生变性。当迅速加入中和液(pH 4.8 的酸性乙酸钾)调节溶液碱性至中性时，由于质粒 DNA 分子较小可以迅速复性，呈溶解状态，离心时留在上清中；而由于染色体 DNA 与蛋白质分子巨大，在短时间内不能复性而缠绕附着在细胞壁碎片上呈絮状，离心时染色体DNA 与细胞碎片、不稳定的大分子 RNA、蛋白质-SDS 复合物等一起形成沉淀而被除去。用

无水乙醇或异丙醇沉淀上清中的质粒 DNA，再用 75%乙醇洗涤沉淀，即可将质粒 DNA 从细菌中提取出来。

质粒 DNA 分子质量一般为 10^6～10^7Da。在细胞内，共价闭环 DNA(covalently closed circular DNA，cccDNA)常以超螺旋形式存在。若两条链中有一条链发生一处或多处断裂，分子就能旋转而消除链的张力，这种松弛型的分子称为开环 DNA(open circular DNA，ocDNA)。在电泳时，同一质粒的 cccDNA 形式比开环或线状 DNA 形式的泳动速度更快。因此，本实验中质粒 DNA 的琼脂糖凝胶电泳中可出现 3 条大小不同的区带。

【实验试剂和器材】

1. 试剂和菌种

1) 含 pUC19 质粒的大肠杆菌 DH5α。

2) LB 液体培养基：胰蛋白胨(tryptone) 10g/L，酵母提取物(yeast extract) 5g/L，氯化钠(NaCl) 5g/L，去离子水定容至 1L；115℃，高压灭菌 15min，冷却至室温后 4℃保存。

3) 100mg/mL 氨苄西林：氨苄西林 1g 溶于 10mL 去离子水中，0.22μm 过滤，分装，–20℃保存；

4) 溶液Ⅰ：50mmol/L 葡萄糖，25mmol/L Tris-HCl(pH 8.0)，10mmol/L EDTA(pH 8.0)。配制方法：1mol/L Tris-HCl(pH 8.0) 12.5mL，0.5mol/L EDTA(pH 8.0) 10mL，葡萄糖 4.730g，加 dH_2O 至 500mL，分装 100mL/瓶。115℃，高压灭菌 15min，4℃保存(注：不能将 RNase A 加入溶液Ⅰ中一起高压灭菌，RNase A 用时现加)。

5) 溶液Ⅱ：0.2mol/L NaOH，1% SDS。配制方法：2mol/L NaOH 1mL，10% SDS 1mL，加 dH_2O 至 10mL。临用前配制。

6) 溶液Ⅲ：乙酸钾(KAc)缓冲液，pH 4.8。配制方法：5mol/L KAc 60mL，冰醋酸 11.5mL，加 dH_2O 至 100mL。115℃，高压灭菌 15min，4℃保存。

7) 0.5mol/L EDTA(pH 8.0)：18.61g $Na_2EDTA \cdot 2H_2O$，加去离子水，NaOH 调 pH 至 8.0，完全溶解后定容至 1L，121℃，高压灭菌 20min；4℃或室温保存。

8) TE 缓冲溶液(pH 8.0)：10mmol/L Tris-HCl (pH 8.0)，1mmol EDTA(pH 8.0)。配制方法：1mol/L Tris-HCl(pH 8.0) 1mL，0.5mol/L EDTA (pH 8.0) 0.2mL，加 dH_2O 至 100mL。121℃，高压湿热灭菌 20min，4℃或室温保存。

9) 氯仿-异戊醇(24∶1)：氯仿中加入异戊醇，氯仿-异戊醇为 24∶1(*V*/*V*)。

10) RNase A：不含 DNA 酶(DNase-free) RNase A 的 10mg/mL，TE 缓冲液配制，沸水加热 15min，分装后贮存于–20℃。

11) 5×TBE 电泳缓冲液：Tris 碱 54g，硼酸 27.5g，$Na_2EDTA \cdot 2H_2O$ 4.65g，加 dH_2O 至 1000mL。临用前用去离子水稀释为 0.5×TBE 电泳缓冲液。

12) 6×loading buffer 或 10×上样缓冲液，5mg/mL 溴化乙锭(EB)，琼脂糖凝胶：具体见实验十八核酸含量的测定实验中琼脂糖电泳法里的试剂。

13) DNA 分子质量标准：1kb DNA Marker 或 λ*Hin*d Ⅲ DNA Marker 或 DL2000 DNA Marker。

14) 限制性内切核酸酶：*Eco*R Ⅰ，–20℃保存。

15) 10×限制性内切核酸酶缓冲液。

16) 1%琼脂糖凝胶：1g 琼脂糖于锥形瓶中，加 100mL 0.5×TBE（1%琼脂糖凝胶），微波炉加热至完全溶化，冷却至 50～60℃，加 5mg/mL EB 储存液约 5μL 至终浓度 0.5g/mL。

17) 灭菌去离子水或双蒸水、Tris-饱和酚、无水乙醇、70%乙醇。

2. 器材

微量移液器(10μL、100μL、1000μL)，Eppendorf 管，1.5mL、10mL、50mL 塑料离心管，离心管架，台式高速(冷冻)离心机，漩涡振荡器，高压灭菌锅，恒温摇床，恒温培养箱，超纯水仪，制冰机，冰箱，锥形瓶(100mL 或 50mL)等常用玻璃仪器，一次性塑料手套等，电泳仪(包括直流电源整流器和水平电泳槽)，超净工作台，紫外分光光度计，微波炉，恒温水温箱，紫外灯或凝胶成像仪。

【实验步骤】

1. 质粒DNA的提取

提取质粒 DNA 的方法包括质粒 DNA 扩增的细菌培养，细菌的收集和裂解，质粒 DNA 的分离和纯化。

1) 细菌培养：在 LB 固体培养基上挑取带有 pUC19 质粒的大肠杆菌单菌落(教师预先完成)，接种于 5mL 含 100μg/mL 氨苄西林的 LB 液体培养基中，37℃，180r/min，培养过夜(12～14h)。

2) 细菌的收集：取 1.5mL 细菌培养物置塑料离心管中，13 000r/min，室温或 4℃离心 1min，弃上清，将离心管倒置于滤纸上，尽量流尽液体。

3) 细菌的重悬：加入 100μL 预冷的溶液Ⅰ重悬细菌沉淀，漩涡振荡器上剧烈振荡，使菌体充分分散(将两个微量离心管的管底部互相接触振荡，可使沉淀迅速分散)。

4) 细菌的裂解：加入 200μL 新配制的溶液Ⅱ，盖紧管口，快速颠倒 4～6 次(不要剧烈振荡)，将离心管置于冰上(不超过 5min)，使细胞膜裂解(溶液Ⅱ为裂解液，故离心管中菌液逐渐变清)。

5) 质粒 DNA 的复性：加入 150μL 预冷的溶液Ⅲ，盖紧管口，温和颠倒混匀 6～8 次使溶液Ⅲ在黏稠的细菌裂解液中分散均匀，离心管可置冰上 3～5min(可见白色絮状沉淀)。溶液Ⅲ呈酸性，可将溶液 pH 调至中性，变性的质粒 DNA 迅速复性，变性的染色体 DNA 和蛋白质则不能复性而形成不可溶性复合物，同时 K^+使 SDS-蛋白复合物沉淀。

6) 质粒 DNA 的分离：13 000r/min，室温或 4℃离心 5min，将上清液移入另一干净离心管中。

7) 质粒 DNA 的纯化(选做)：向上清液中加入等体积 Tris 饱和酚-氯仿-异戊醇(25∶24∶1，*V/V*)，盖紧管口，颠倒 4～6 次混合有机相和水相，13 000r/min，室温或 4℃离心 2min，小心转移上层水相转移至新的 1.5mL 离心管中。

8) 质粒 DNA 的回收：向上清液加入 2.5 倍体积预冷的无水乙醇以沉淀核酸，盖紧管口，混匀，室温放置 2～5min，13 000r/min，室温或 4℃离心 5min，倒去上层乙醇溶液，把离心管倒扣在滤纸上，吸干液体。

9) 加 0.7mL 预冷的 70%乙醇洗涤沉淀 1～2 次，盖紧管口，振荡混匀，13 000r/min，室温或 4℃离心 1min，弃上清；开盖，离心管置 37℃或室温自然干燥 5～10min，使乙醇挥发。

10）加入 50μL 含 20μg/mL RNase A（无 DNase）的 TE 缓冲液或重新溶解沉淀，室温或 37℃放置 30min 以降解 RNA 分子，使 DNA 充分溶解待用或置–20℃保存备用。

2. 质粒DNA的定量

具体参见实验十八核酸定量测定部分。

将待测质粒 DNA 样品适当稀释（5μL DNA 用 TE 缓冲液稀释至 1000μL）后，用 1mL TE 缓冲液作空白对照，在紫外分光光度计中测定 A_{260}。

3. 质粒DNA限制性内切酶的酶切鉴定

1）用 20μL 体系进行质粒 DNA 的限制性内切酶消化反应，于灭菌干燥的 1.5mL 离心管中依次加入下列试剂：上一实验提取纯化的质粒 DNA（500ng～1μg），10μL；10×限制性内切核酸酶缓冲液，2μL；相应的限制性内切核酸酶（*Eco*R Ⅰ，3～5U），1μL；ddH_2O，7μL。加样后，小心混匀，关盖，置 37℃，酶解 1～3h。按上述条件用相应的几种不同的内切酶进行单酶切或双酶切。

2）在 65℃加热 5min 或用 1/10 体积的 10×上样缓冲液终止反应。

3）取 9μL DNA 酶解产物加 1μL 10×上样缓冲液（含溴酚蓝指示剂和甘油），在 1%琼脂糖（含 0.5μg/mL 溴化乙锭）凝胶中电泳，电压<5V/cm，时间 30～40min。用紫外灯或凝胶成像仪观察分析。

【注意事项】

1）溴化乙锭（EB）为致癌剂，操作时应戴一次性手套，并及时更换。务必小心，勿沾染于衣物、皮肤、眼睛、口鼻等处。所有操作均只能在专门的电泳区域操作，尽量减少台面污染。EB 见光分解，应在避光条件下 4℃保存。

2）分子生物学实验的取样微量，DNA 样品与限制性内切酶的用量都必须取样精确，否则实验结果会很不理想。

3）注意加样的顺序，一般先加水、缓冲液和 DNA，最后加酶。

4）取不同的试剂必须更换吸头，避免试剂间相互污染。

5）取液前先混匀试剂，尽量从液面吸取，以防止吸头沾染过多的液体或酶。

6）限制性内切酶临用前取出放在冰浴中或冰盒内，用后立即盖紧盖子放回–20℃冰箱，避免限制性内切酶反复冻融而失活。

7）酶切反应中的离心管、吸头等塑料器皿，均是经湿热灭菌、烘干的无菌清洁物品。临用前打开包装，用镊子夹取，不能直接用手拿，避免其他杂酶、核酸或蛋白质等污染。

8）酶切反应的离心管在 37℃或 65℃温育时，必须做好标记避免混淆，盖紧离心管防止液体蒸发或水蒸气进入。

9）酶切反应完成后取样前或中间取样时需要进行瞬时离心，避免酶切反应体积减小。

【思考题】

1. 质粒 DNA 的常见构型有哪些？哪种构型的质粒 DNA 质量最佳？

2. 如何判断质粒DNA的不同构型？
3. 加溶液Ⅱ和溶液Ⅲ之间的时间间隔为什么不能过长？
4. 试述琼脂糖凝胶的浓度与分离的DNA分子大小之间的关系。
5. 溴化乙锭(EB)的致癌机制是什么？
6. 如何通过分析电泳图谱判断质粒DNA、基因组DNA的提取质量？
7. 如何避免限制性内切酶活性降低？
8. 如何使酶切效率最高？

（杨文理）

实验十八　核酸含量的测定

核酸包括DNA和RNA，测定核酸浓度有两种常用方法：一是利用分光光度计法测定DNA的紫外光吸收值；二是利用琼脂糖电泳法中溴化乙锭(ethidium bromide，EB)发射的荧光强度来计算核酸的含量。

1)紫外光吸收法：由于组成核酸的碱基中存在共轭双键，在260nm波长处具有强吸收峰；因此，通过测定260nm处的吸收峰即可对核酸进行定量。测定时，一般在中性pH环境条件下进行，此法常用于测定比较纯净的核酸样品。

2)琼脂糖电泳法：与DNA分子质量标准比较，估算DNA的浓度；也可以根据溴化乙锭发射的荧光强度法来计算核酸的含量溴化乙锭可与核酸结合并嵌入双链中，在紫外光照射下可激发产生荧光，且荧光的强度与核酸的含量成正比。

Ⅰ　紫外光吸收法

【实验目的】

掌握紫外光吸收法的基本原理；掌握紫外分光光度计的使用方法；了解紫外吸收法检测核酸浓度与纯度的方法。

【实验原理】

DNA和RNA链上的碱基(嘌呤环和嘧啶环)具有共轭双键，在紫外光区具有较强吸收，其吸收峰在260nm波长处。所有嘌呤(purine)和嘧啶(pyrimidine)及一切含有这些含氮碱的物质(核苷、核苷酸或核酸)，都有吸收紫外光的特性。波长为260nm时，DNA或RNA的光密度OD_{260}不仅与总含量有关，也随构型而有差异。

蛋白质分子中含有的芳香族氨基酸含有苯环结构也能吸收紫外光，其吸收峰通常在280nm波长处，在260nm处的光吸收值仅为核酸的1/10或更低，故核酸样品中蛋白质含量较低时对核酸的紫外测定影响不大。RNA的260nm与280nm吸收比值大于2.0；DNA的260nm与280nm吸收比值则在1.9左右。当样品中蛋白质含量较高时，比值即下降，故可根据此比值的大小判断核酸样品的纯度。

对标准样品来说，浓度为1μg/mL时，DNA钠盐的$OD_{260}=0.02$；当$OD_{260}=1$时，dsDNA浓度约为50μg/mL，ssDNA浓度约为37μg/mL，RNA浓度约为40μg/mL，寡核苷酸浓度约为

30μg/mL（由于底物不同有差异）。当 DNA 样品中含有蛋白质、酚或其他小分子污染物时，会影响 DNA 光密度测定的准确性。通常，同时检测同一样品的 OD_{260} 和 OD_{280}，计算其比值来衡量样品的纯度。

【实验试剂和器材】

1. 试剂

提取的 pUC19 质粒 DNA 样品、pUC19 DNA 标准样品、灭菌 dH_2O 或 TE 缓冲液。

2. 器材

烧杯、容量瓶、752 型紫外-可见分光光度计、石英比色皿。

【实验步骤】

1）752 型紫外-可见分光光度计开机预热 15～30min。将灵敏度旋钮调至“1”挡（放大倍率最小）。按“电源”开关（开头 2 个指示灯亮），钨灯点亮；按“氢灯”开关（开关内左侧指示灯亮）；氢灯电源接通，再按“氢灯触发”按钮（开关内右侧指示灯亮），氢灯点亮（注意：仪器后背部有一只“钨灯”开关，如不需用钨灯时可将它关闭）。选择开关置于“T”。打开样品室盖（光门自动关闭），调节“0%T”旋钮，使数字显示为“00.0”。将波长置于所需要测定的波长范围。

2）用双蒸水洗涤石英比色皿，吸水纸吸干，加入 TE 缓冲液（空白管）后，放入样品架中。

3）盖上样品室盖，将空白管溶液置于光路，调节透光率“100”旋钮，使数字显示为 100.0%（T）（如果显示不到 100.0%T，则可适当增加灵敏度的挡数，同时应重复调节“0%T”旋钮，使数字显示为“00.0”）。

4）将待测样品适当稀释（DNA 5μL 用 TE 缓冲液稀释至 1000μL）后，记录编号和稀释度。用 1mL TE 缓冲液作空白对照。

5）把装有标准样品或待测样品的比色皿放在分光光度计比色槽上，关闭样品室盖。

6）设定紫外光波长，将选择开关置于“A”，旋动消光度调整旋钮，使数字显示为“0.000”，然后移入待测溶液，显示值即为光密度值。分别测定 230nm、260nm、280nm 波长时的 OD 值。

7）计算待测样品的浓度与纯度：对标准样品来说，浓度为 1μg/mL 时，DNA 钠盐的 $OD_{260}=0.02$；当 $OD_{260}=1$ 时，dsDNA 浓度约为 50μg/mL，RNA 浓度约为 40μg/mL。因此，核酸样品浓度计算如下：

$$\text{DNA 样品的浓度}(\mu g/\mu L)=OD_{260}\times\text{稀释倍数}\times 50/1000$$

$$\text{RNA 样品的浓度}(\mu g/\mu L)=OD_{260}\times\text{稀释倍数}\times 40/1000$$

一般认为，对于 DNA 来说，$OD_{260}/OD_{280}\approx 1.8$，则说明样品中 DNA 比较纯；$OD_{260}/OD_{280}>1.9$，表明有 RNA 污染；$OD_{260}/OD_{280}<1.6$，表明有蛋白质、酚等污染。若想检测样品中是否残存酚等有机杂质，则需测定 OD_{230}。对于 RNA 来说，$1.7<OD_{260}/OD_{280}<2.0$ 则说明样品中 RNA 比较纯；$OD_{260}/OD_{280}<1.7$ 时表明有蛋白质或酚污染；$OD_{260}/OD_{280}>2.0$ 时表明可能有异硫氰酸残存。

若核酸样品不纯，则 OD_{260}/OD_{280} 值发生变化，此时无法用分光光度法对核酸进行定量，可使用琼脂糖凝胶电泳法或其他方法进行估算。

【注意事项】

1）注意紫外分光光度计的结构和使用方法与可见光分光光度计有所不同。紫外分光光度计应该放置在固定的台面上，避免强光的照射，防止潮湿和灰尘。比色皿要保持干燥清洁，使用时避免接触其透光面，外壁的液体需用绸布或拭镜纸擦干。仪器连续使用时间不要过长，超过 2h 应间休息半小时以上才能使用。开机时应将暗盒盖打开。仪器使用完毕后，应将所有开关、旋钮关闭或回零。

2）要分别测定波长 260nm 和 280nm 处的光密度值。

Ⅱ　琼脂糖凝胶电泳测量法

【实验目的】

掌握琼脂糖凝胶电泳法测量 DNA 浓度的方法。

【实验原理】

质粒 DNA 及微量 DNA 片段的浓度可与已知浓度的 DNA 同时进行电泳，根据结合溴化乙锭的荧光强度，估计其含量。

【实验试剂和器材】

1. 试剂

1）10×TBE 电泳缓冲液（pH 8.3）：0.89mol/L Tris-硼酸，0.02mol/L Na_2 EDTA，pH 8.3。称取 Tris-base 108g，Na_2 EDTA·$2H_2O$ 7.44g，硼酸 55g，加入 800mL 去离子水，充分搅拌溶解，定容至 1L，室温保存备用。临用前用去离子水稀释为 1×TBE 电泳缓冲液，为配制琼脂糖凝胶及其电泳时的应用缓冲液。

2）6×上样缓冲液：称取溴酚蓝（bromophenol blue）100mg，加双蒸水 5mL，在室温下过夜，待溶解后再称取蔗糖 25g，加去离子水溶解后移入溴酚蓝溶液中，摇匀后定容至 50mL，加入 NaOH 1 滴，调至蓝色。

3）5mg/mL EB：0.1g EB 加入 20mL 灭菌去离子水中，充分混匀，分装，4℃避光保存；配制琼脂糖凝胶时每 100mL 凝胶加 10μL EB。

4）双蒸水或去离子水、0.8%琼脂糖。

2. 器材

凝胶成像系统，电泳槽，电泳制胶系统（制胶板、制胶槽、梳齿），电泳仪。

【实验步骤】

1）将洗净、干燥的制胶板放入制胶槽中，水平放置在工作台上。

2) 选择合适的梳子，平稳插入制胶槽中，梳齿底部离玻璃平板的距离为 0.5～1.0mm。

3) 称取 1g 琼脂糖于锥形瓶中，加 100mL 0.5×TBE 电泳缓冲液（1%琼脂糖凝胶），微波炉加热至完全溶化，冷却至 50～60℃，加 10mg/mL EB 储存液约 5μL 至终浓度 0.5g/mL（注意：EB 为强诱变剂，操作时戴手套），轻轻摇匀。缓缓倒入架有梳子的电泳胶板中，避免产生气泡。

4) 静置冷却待凝胶完全凝固后，将凝胶连同制胶板放入电泳槽中，小心拔去梳子，保持加样孔完整。加样孔一端置负极，加入 0.5×TBE 电泳缓冲液使之淹没凝胶表面，即可开始上样。

5) 取 DNA 样品及 DNA 标准样品（DNA Marker）各 5μL，加入 6×上样缓冲液（loading buffer）1μL，于 EP 手套、塑料纸上或 0.5mL EP 管中混匀，用微量移液器依次加入加样孔中，记录样品点样顺序与点样量。

6) 打开电泳仪电源开关，调节电压至 1～5V/cm（不超过 5V/cm），一般 40V，使核酸样品向正极泳动。电泳 30～40min。

7) 关闭电源，取出凝胶，置于紫外透射仪/凝胶成像仪上观察 DNA 区带，成像并记录。

8) DNA 含量的估计：比较待测 DNA 的条带与已知 DNA 的各条带的灰度值，根据 DNA 标准样品的浓度估计待测 DNA 在凝胶中的含量，再估计出待测 DNA 浓度。

【注意事项】

1) 溴化乙锭（EB）为致癌剂，操作时应戴一次性手套，并及时更换。勿沾染于衣物、皮肤、眼睛、口鼻等。所有操作均只能在专门的电泳区域操作，尽量减少台面污染。沾有 EB 的用具使用完毕统一集中于回收容器中，经净化处理后方可丢弃。

2) EB 见光分解，应避光并 4℃保存。

3) 准备凝胶板时不要形成气泡，若有气泡产生，需在凝胶液未凝固之前及时去除；否则，需重新制胶。

4) 预先加入 EB 时可能使 DNA 的泳动速度下降 15%左右，而且对不同构型的 DNA 的影响程度不同。所以为取得较真实的电泳结果，可以在电泳结束后再用 0.5μg/mL 的 EB 溶液浸泡染色。若胶内或样品内已加 EB，染色步骤可省略；若凝胶放置一段时间后再观察，即使原来胶内或样品已加 EB，也建议增加此步。

5) 核酸电泳常用的指示剂有两种，溴酚蓝（bromophenol blue，Bb）呈蓝紫色；二甲苯腈（xylene cyanol，Xc）呈蓝色，它携带的电荷量比溴酚蓝少，在凝胶中的的迁移率比溴酚蓝慢。以 0.5×TBE 作为电泳缓冲液时，溴酚蓝在 0.5%～1.4%的琼脂糖凝胶中的迁移速率大约相当于 300bp 的线性 DNA 的泳动速度，而二甲苯腈蓝 FF 的迁移速率相当于 4kb 的双链线形 DNA 的泳动速度。

【思考题】

1. DNA 含量测定的常用方法有哪些？
2. 为什么可以使用紫外分光光度法测定 DNA 含量？为什么可以使用 EB 测定 DNA 含量？

（杨文理）

实验十九　PCR 扩增目的基因

【实验目的】

掌握 PCR 实验技术；掌握 PCR 技术的原理；了解 PCR 扩增引物设计的原理和方法。

【实验原理】

聚合酶链反应(polymerase chain reaction，PCR)是在体外模拟细胞内 DNA 复制过程的一种 DNA 快速扩增技术。自 1985 年美国科学家穆利斯(Kary Mullis)在 *Science* 上首次报道 PCR 技术后，很快在许多领域得到广泛应用，穆利斯也因此获得了 1993 年的诺贝尔化学奖。

PCR 是模拟细胞内的 DNA 复制过程，因此需要提供细胞内 DNA 复制所需的基本条件。PCR 反应体系包括：模板 DNA，特异引物，DNA 聚合酶(由于 PCR 是通过加热使双链 DNA 变性为单链 DNA 分别作为模板的，因此，采用的耐热 DNA 聚合酶)，dNTP(包括 dATP、dGTP、dCTP 和 dTTP 四种脱氧核糖核苷酸)，含 Mg^{2+}的缓冲液等。通过变性(denature)、退火(annealing)和延伸(elongation)三步可完成一次 PCR 循环，即完成一次 DNA 复制过程。每完成一个循环需 1～3min，1～2h 就能将目的基因片段扩增放大几百万倍，这样可使极其微量的 DNA 被检测到。

细胞内的 DNA 复制是将整个 DNA 进行复制，而 PCR 仅能复制一段特异的 DNA，这种特异性完全取决于引物的设计和实验条件的优化。其中实验条件的优化主要是确定退火温度，不同的引物可能有不同的退火温度，需要在预实验时采用温度梯度 PCR 的方法确定该引物的最佳退火温度，以保证 PCR 扩增产物的特异性。

PCR 技术应用非常广泛，采用不同的引物，可以扩增不同物种的不同 DNA 或 RNA，本实验以扩增参与糖酵解途径中的 3-磷酸甘油醛脱氢酶(glyceraldehydes-3-phosphate dehydrogenase，*GAPDH*)基因的片段为例，学习应用 PCR 技术扩增和检测目的基因的方法。

【实验试剂和器材】

1. 试剂

1)引物：GAPDH-3 F 5′-GCCACATCGCTCAGACACCAT-3′
　　　　GAPDH-3 R 5′-ACGCCTGCTTCACCACCTTCT-3′

将这两条引物序列送生物技术公司合成引物，收到公司合成的引物后分别用灭菌双蒸水配为 10μmol/L 引物溶液。

GAPDH 基因的 mRNA 序列：

GCCUCAAGACCUUGGGCUGGGACUGGCUGAGCCUGGCGGGAGGCGGGGUCCGAGUC
ACCGCCUGCCGCCGCGCCCCCGGUUUCUAUAAAUUGAGCCCGCAGCCUCCCGCUUCG
CUCUCUGCUCCUCCUGUUCGACAGUCAGCCGCAUCUUCUUUUGCGUCGCCAG@CCG
A**GCCACAUCGCUCAGACACC**AUGGGAAGGUGAAGGUCGGAGUCAACGG@AUUU
GGUCGUAUUGGGCGCCUGGUCACCAGGGCUGCUUUUAACUCUGGUAAAGUGGAUAU
UGUUGCCAUCAAUGACCCCUUCAUUGACCUCAACUACAUG@GUUUACAUGUUCCAA
UAUGAUUCCACCCAUGGCAAAUUCCAUGGCACCGUCAAGGCUGAGAACGGG**AAGCU**

UGUCAUCAAUGGAAAUCCCAUCACCAUCUUCCAGGA@GCGAGAUCCCUCCAAAAUC
AAGUGGGGCGAUGCUGGCGCUGAGUACGUCGUGGAGUCCACUGGCGUCUUCACCAC
CAUGGAGAAGGCUGGG@GCUCAUUUGCAGGGGGGAGCCAAAAGGGUCAUCAUCUC
UGCCCCCUCUGCUGAUGCCCCCAUGUUCGUCAUGGGUGUGAACCAUGAGAAGUAUG
ACAACAGCCUCAAGAUCAUCAG@CAAUGCCUCCUGCACCACCAACUGCUUAGCACC
CCUGGCCAAGGUCAUCCAUGACAACUUUGGUAUCGUGGAAGGACUCAUG@ACCACA
GUCCAUGCCAUCACUGCCACCCAGAAGACUGUGGAUGGCCCCUCCGGGAAACUGUG
GCGUGAUGGCCGCGGGGCUCUCCAGAACAUCAUCCCUGCCUCUACUGGCGCUGCCA
AGGCUGUGGGCAAGGUCAUCCCUGAGCUGAACGGGAAGCUCACUGGCAUGGCCUUC
CGUGUCCCCACUGCCAACGUGUCAGUGGUGGACCUGACCUGCCGUCUAGAAAAACC
UGCCAAAUAUGAUGACAUCA**AGAAGGUGGUGAAGCAGGCGU**CGGAGGGCCCCCUC
AAGGGCAUCCUGGGCUACACUGAGCACCAGGUGGUCUCCUCUGACUUCAACAGCGA
CACCCACUCCUCCACCUUUGACGCUGGGGCUGGCAUUGCCCUCAACGACCACUUUGU
CAAGCUCAUUUCCUG@GUAUGACAACGAAUUUGGCUACAGCAACAGGGUGGUGGA
CCUCAUGGCCCACAUGGCCUCCAAGGAGUAAGACCCCUGGACCACCAGCCCCAGCAA
GAGCACAAGAGGAAGAGAGAGACCCUCACUGCUGGGGAGUCCCUGCCACACUCAGU
CCCCCACCACACUGAAUCUCCCCUCCUCACAGUUGCCAUGUAGACCCCUUGAAGAGG
GGAGGGGCCUAGGGAGCCGCACCUUGUCAUGUACCAUCAAUAAAGUACCCUGUGCU
CAACCAGUUAAAAAAAAAAAAAAAAAAAAAA

注：双下划线序列为引物序列，两条引物扩增的产物 DNA 片段大小为 815bp；在 *GAPDH* 基因的 mRNA 序列中以波浪形下划线表示的 AAGCUU 序列在扩增的 PCR 产物 DNA 片段中即为 AAGCTT 双链互补序列，此 DNA 序列为 *Hin*d Ⅲ限制性内切核酸酶酶切位点，PCR 扩增产物 DNA 片段经 *Hin*d Ⅲ酶切后可产生为 215bp 和 600bp 大小的两条片段（见实验二十）；单下划线序列表示 *GAPDH* 基因编码序列的起始密码子和终止密码子；@表示如果是在人基因组中，*GAPDH* 基因在此处是一内含子。

2）10×TBE 电泳缓冲液（pH 8.3）：取 Tris 108g，$Na_2EDTA \cdot 2H_2O$ 7.44g，硼酸 55g 置于 1L 烧杯中，向烧杯中加入约 800mL 蒸馏水，充分搅拌溶解。用蒸馏水定容至 1L 后，室温保存。1×TBE 电泳缓冲液由 10×TBE 电泳缓冲液稀释而来（可稀释至 0.5×TBE 使用），用作配制琼脂糖凝胶和电泳缓冲液。

3）6×上样缓冲液：称取溴酚蓝（bromophenol blue）50mg，二甲苯腈蓝（xylene cyanol FF）50mg，EDTA 0.88g 置于 100mL 烧杯中，向烧杯中加入 40mL 蒸馏水，加热搅拌充分溶解；加入 36mL 甘油后，使用 2mol/L NaOH 调 pH 至 7.0；用蒸馏水定容至 100mL，室温保存。

4）10mg/mL EB 溶液：戴手套谨慎称取溴化乙锭 200mg 于棕色试剂瓶中，加 20mL 双蒸水，充分溶解后室温避光保存。EB 的工作浓度为 0.5μg/mL，也可用 10mg/mL EB 溶液配制 5μg/mL 的 EB 染色液。EB 是一种致癌物质，操作时必须小心。

5）DNA 分子质量标准：本实验 PCR 产物为 815bp DNA 片段，经 *Hin*d Ⅲ酶切为 215bp 和 600bp 两条 DNA 片段。根据此片段大小选用试剂公司相应 DNA 分子质量标准产品。

6）*Taq* DNA 聚合酶。

2. 器材

电泳仪和水平电泳槽，移液器和吸头，1.5mL Eppendorf 管(EP 管)和一次性手套，锥形瓶和 100mL 量筒，微波炉，凝胶成像系统，掌式离心机，基因扩增仪。

【实验步骤】

1) 每一小组准备两支 PCR 管，一支作为扩增目的基因管，一支作为阴性对照管，每管分别配制 20μL PCR 反应体系，包括 ddH_2O 14.4μL，10×*Taq* buffer 2μL，$MgCl_2$ 溶液 1.6μL，10mmol/L dNTP 0.4μL，10μmol/L 引物 GAPDH-3 F 和 GAPDH-3 R 各 0.4μL，*Taq* DNA 聚合酶 0.4μL，cDNA 模板 0.4μL；阴性对照管用水代替 cDNA 模板，其他试剂不变。为了方便学生加样，准备实验的教师在准备实验时可用 ddH_2O 调整浓度至每种试剂均加 2.5μL。保证所有试剂加入 PCR 管后，混匀，瞬时离心 10s。

2) 将离心后的 PCR 管小心放入基因扩增仪，设置基因扩增仪的 PCR 反应程序：94℃变性 3min，1 个循环；94℃变性 30s，60℃退火 30s，72℃延伸 45s，25 个循环；72℃再延伸 7min，12℃保持。程序设置完成后启动 PCR 运行程序。

3) 制备琼脂糖凝胶：见实验二十 DNA 琼脂糖凝胶电泳及限制性内切核酸酶酶谱分析。

4) 扩增反应结束后，取样品 8μL(剩余样品交给指导老师放至–20℃冰箱保存，作为实验二十的酶切样品)至另一干净的 0.5mL EP 管中，再加入 2μL 6×loading buffer，混匀，瞬时离心后全部加入琼脂糖凝胶样品孔内。

5) 电泳：接通电泳槽与电泳仪的电源(检查正、负极，DNA 片段从负极向正极移动)。调节电泳仪电压至 120V，电泳 20～30min 后停止电泳。

6) 观察结果：戴双层手套，取出托盘，将凝胶小心放置在凝胶成像系统的玻璃平板上。如果凝胶中未加 EB，将凝胶小心移入 5μg/mL EB 溶液染色 2～3min，取出后清水漂洗一次，再将凝胶小心放置在凝胶成像系统的玻璃平板上。通过凝胶成像系统的小窗口可直接观察在凝胶中有 DNA 的地方显出橘红色荧光条带，最后操作凝胶成像系统采集图像后保存至电脑备用。

【注意事项】

1) EB 是强致癌物，操作过程中一定要小心，不能让污染区以外的地方接触 EB，保护自身和他人安全。

2) 微量实验，注意取量准确。

3) 移液器使用完毕后调回最大量程。

4) PCR 技术的检测灵敏度很高，尽量避免污染导致假阳性。

【思考题】

1. PCR 扩增目的基因 DNA 有何用处？
2. PCR 特异的扩增目的 DNA 是如何实现的？
3. 简述 PCR 技术的原理。

(曾凡才)

实验二十　DNA 琼脂糖凝胶电泳及限制性内切核酸酶酶谱分析

【实验目的】

掌握 DNA 限制性内切核酸酶的作用特点；掌握 DNA 限制性内切核酸酶酶谱分析的基本原理及实验操作技术；了解限制性内切核酸酶酶谱分析的运用。

【实验原理】

限制性内切核酸酶(restriction endonuclease，RE)，简称限制性内切酶或限制酶，是一类内切核酸酶，能识别双链 DNA 分子内的特定序列位点并水解磷酸二酯键。RE 绝大多数来源于细菌，是细菌对外源 DNA 入侵的天然保护，这对细菌遗传性状的稳定遗传具有重要意义。RE 可分为三种类型：Ⅰ、Ⅱ和Ⅲ型，Ⅰ型酶的显著特点是识别位点和切割部位不一致，没有固定的切割位点；Ⅲ型酶与Ⅰ型酶特性类似，切割位点在识别位点之外，但是切割位点是特异的。Ⅱ型酶是在特异的识别位点内进行精确切割，是最常用的 RE，本实验所用 *Hin*d Ⅲ即属于Ⅱ型酶。Ⅱ型酶的识别序列通常为 6 个或 4 个碱基对序列(少部分为 8 个或更多碱基对序列)。例如，*Hin*d Ⅲ的识别位点和切割位点为 A↓AGCTT，*Eco*RⅠ的识别位点和切割位点为 G↓AATTC，均为 6 个碱基对序列。大多数 RE 的识别序列为回文结构(palindrome)。回文结构，又称为反向重复序列，是指将 DNA 分子的两条反向平行核苷酸链，如果均以 5′→3′的方向排列两条核苷酸链，则序列完全相同。

RE 的最大特点是识别 DNA 特异序列并进行切割。因此，它是基因工程中剪切 DNA 分子的常用工具酶，被誉为分子生物学家的手术刀。临床上某些遗传病是由于基因的缺失、插入或突变所致，可造成 RE 酶切位点的改变，故当用一定的 RE 切割时，其切开的片段(分子质量)大小与正常人产生差异，通过琼脂糖凝胶电泳分离，可产生不同的电泳图谱，即 DNA 限制性图谱发生改变，据此可达到基因诊断的目的。

【实验试剂和器材】

1. 试剂

1)酶切样品 DNA：含有 *Hin*d Ⅲ酶切位点的 DNA 均可作为 *Hin*d Ⅲ限制性内切核酸酶的底物，本实验所用 DNA 样品来自于实验十九的 PCR 产物，该产物的 DNA 片段中含有一个 *Hin*d Ⅲ的酶切识别位点。

2)限制性内切核酸酶 *Hin*d Ⅲ及其缓冲液：购买商品化的限制性内切核酸酶均配有相应的缓冲液，不同公司内切酶的浓度有差异，根据配送的使用说明书确定加入内切酶的体积。

3)10×TBE 电泳缓冲液(pH 8.3)：取 Tris 108g，$Na_2EDTA \cdot 2H_2O$ 7.44g，硼酸 55g 置于 1L 烧杯中，向烧杯中加入约 800mL 蒸馏水，充分搅拌溶解。用蒸馏水定容至 1L 后，室温保存。1×TBE 电泳缓冲液由 10×TBE 电泳缓冲液稀释而来(可稀释至 0.5×TBE)，用作配制琼脂糖凝胶和电泳缓冲液。

4)6×上样缓冲液：称取溴酚蓝(bromophenol blue)50mg，二甲苯腈蓝 FF(xylene cyanol FF)50mg，EDTA 0.88g 置于 100mL 烧杯中，向烧杯中加入 40mL 蒸馏水，加热搅拌充分溶解；加入 36mL 甘油(Glycerol)后，使用 2mol/L NaOH 调 pH 至 7.0；用蒸馏水定容至 100mL，室温保存。

5)10mg/mL EB 溶液：戴手套谨慎称取溴化乙锭(ethidium bromide，EB)200mg 于棕色试

剂瓶中，加20mL双蒸水，充分溶解后室温避光保存。EB的工作浓度为0.5μg/mL，也可用10mg/mL EB溶液配制5μg/mL的EB染色液。EB是一种致癌物质，操作必须小心。

6）DNA分子质量标准：本实验PCR产物为815bp DNA片段，经*Hin*d Ⅲ酶切为215bp和600bp两条DNA片段。根据此片段大小选用试剂公司相应DNA分子质量标准产品。

7）未酶切DNA对照样品：取10μL实验十九的PCR产物，加入6×上样缓冲液2μL，混匀，瞬时离心备用。

2. 器材

电泳仪和水平电泳槽，移液器和吸头，1.5mL Eppendorf管（EP管）和一次性手套，锥形瓶和100mL量筒，微波炉或电炉，凝胶成像系统，掌式离心机。

【实验步骤】

1. 样品DNA酶切

加入10×酶切缓冲液2μL，实验十九的PCR产物10μL（也可用基因组DNA或质粒DNA等含有*Hin*d Ⅲ酶切位点的DNA样品代替），*Hin*d Ⅲ 10～15U加至1.5mL EP管中，加双蒸水补充体积至20μL，加盖，混匀后瞬时离心，37℃水浴反应约1h。

2. 制备琼脂糖凝胶

1）将制胶器放置于一水平台面上，取一洁净的凝胶托盘放入制胶器内，并插好所需齿数和厚度的样品梳子。

2）按照被分离DNA的大小，决定凝胶中琼脂糖的百分含量（表3-23）。

表3-23 琼脂糖凝胶浓度与分辨DNA大小范围的关系

凝胶中的琼脂糖含量/%（*m*/*V*）	线性DNA分子的有效分离范围/kb
0.3	5～60
0.6	1～20
0.7	0.8～10.0
0.9	0.5～7.0
1.2	0.4～6.0
1.5	0.2～4.0
2.0	0.1～3.0

称取1.5g琼脂糖倒入锥形瓶中，加入1×TBE缓冲液100mL，置微波炉或水浴加热至完全溶化，注意微波炉2～3min即可使琼脂糖溶解，中途可取出混匀两次，观察到琼脂糖溶液透明无颗粒即停止加热，时间太长会使水分蒸发过多而改变凝胶浓度。

3）静置冷却或用自来水冲洗锥形瓶外壁快速冷却。溶液冷却至60℃左右时加入5μL EB染色液（可电泳后用5μg/mL EB溶液染色2～3min），混匀后缓慢倒入托盘，凝胶厚度一般为0.3～0.5cm，检查有无气泡，特别是梳子下，如有气泡可用牙签挑破。

4）待胶冷却凝固后，小心拔出梳子，将带凝胶的托盘放入电泳槽内，注意凝胶点样端靠负极放置。

5）加入1×TBE缓冲液至电泳槽，缓冲液刚好淹没凝胶表面即可。

3. 加样

取 6×上样缓冲液 4μL 加入酶切后的样品中，混匀后瞬时离心，用 10μL 取液器分两次加入同一点样孔。在凝胶一侧选择两个空的点样孔分别加入 10μL 未切 DNA 对照样品和 6μL DNA 分子质量标准(记录点样顺序及点样量)。

4. 电泳

接通电泳槽与电泳仪的电源(检查正、负极，DNA 片段从负极向正极移动)。调节电泳仪电压至 120V，电泳 20～30min 后停止电泳。

5. 观察结果

戴双层手套，取出托盘，将凝胶小心放置在凝胶成像系统的玻璃平板上。如果凝胶中未加 EB，将凝胶小心移入 5μg/mL EB 溶液染色 2～3min，取出后清水漂洗一次，再将凝胶小心放置在凝胶成像系统的玻璃平板上。通过凝胶成像系统的小窗口可直接观察在凝胶中有 DNA 的地方显出橘红色荧光条带，最后操作凝胶成像系统采集图像后保存至电脑备用。

【注意事项】

1)为合理安排时间，可在指导教师讲课之前先加样进行酶切反应和制备琼脂糖凝胶。

2)点样一定要小心，不能用吸头弄坏样品孔，否则会出现大量 DNA 样品停滞在孔内，也不能将样品加在孔外。因此，加样时除一只手操作移液器外，另一只手还应扶着移液器杆，以增加稳定性。

3)加热凝胶时要小心，避免烫伤，可戴微波炉手套将加热后的锥形瓶从微波炉中取出。

4)EB 是 DNA 的诱变剂，也是极强的致癌物，配制和使用过程中要小心，操作时一定要戴手套，用过的手套要及时将其翻过来，让污染有 EB 的面朝里，有 EB 的废液和器皿要分别处理好。

【思考题】

1. 结果观察为什么一定要在凝胶成像系统的紫外分析仪下观察?
2. 琼脂糖凝胶中为什么要加溴化乙锭?

(曾凡才)

第二节　融合性实验项目

一、免疫生化技术

实验二十一　凝 集 反 应

【实验目的】

掌握实验原理，熟悉凝集反应方法步骤及操作过程，掌握结果判断及实际应用。

【实验原理】

当细菌或红细胞等颗粒性抗原与相应抗体混合后，在适量浓度电解质环境中，颗粒性抗原相互聚集，形成肉眼可见的凝集团块，称为凝集反应。凝集反应是一类抗原抗体反应，在一定电解质条件下发生，颗粒性抗原称为凝集原(agglutinogen)，相应的抗体称为凝集素(agglutinin)，包括直接凝集反应和间接凝集反应。由于凝集反应方法简便，灵敏度高，因此在临床医学检验中被广泛应用。利用凝集反应可以鉴定未知的抗原，阳性反应强度一般用“+”的数量表示。在一定条件下可以做半定量测定。

Ⅰ 直接凝集反应(玻片法)

直接凝集反应是颗粒性抗原与相对应抗体在有电解质存在的情况下发生的凝集反应，以出现肉眼可见的凝集现象为特征。发生直接凝集反应的抗原一般较大，如细菌或红细胞等。

Ⅰ-1 细菌鉴定

【实验试剂和器材】

1)志贺氏菌多价诊断血清，沙门氏菌多价诊断血清。两种血清都做 1∶20 稀释。

2)待测菌培养于平皿或斜面，24h 培养。

3)生理盐水、载玻片、接种环。

【实验步骤】

1)取一张洁净的载玻片，用笔划分成 3 格，编号。

2)用灭菌接种环取志贺氏菌多价诊断血清 3～4 环放于第 1 格；在酒精灯上将接种环灼烧灭菌并冷却后再取 3～4 环沙门氏菌多价诊断血清放在第 2 格；同法灭菌取 3～4 环生理盐水放于第 3 格。

3)接种环灭菌后取待测菌，分别与血清和生理盐水混合。每次取菌与一种材料混合后都需要在火焰上将接种环灼烧灭菌，再进行取菌，否则会造成血清之间的污染而使反应的特异性和正确性受到影响。

4)轻摇载玻片，使各样品混合，几分钟后，在光线斜射下观察结果。加有细菌的实验组与加生理盐水的对照组应有明显区别，后者没有任何反应迹象。

【实验结果】

阳性实验组出现白色块状凝集物，阴性为无任何凝集现象出现。出现凝集的实验组，其抗原菌是与诊断血清抗体相应的细菌。

【注意事项】

1)本实验也可以在试管中进行，将免疫血清做 1∶10 系列稀释，再与细菌进行混合。设生理盐水为对照组。混合后在 37℃培养箱过夜。第 2 天观察结果。

2)用接种环取一种试剂前后均需进行灼烧，不可有杂菌污染及前一试剂残留，用接种环取细菌时，也应先灼烧灭菌，待冷却后，方可挑取细菌，用接种环加细菌于血清中，应灼烧接种环，方可再取细菌，加入另一种血清中。

Ⅰ-2　血型鉴定

【实验原理】

Karl Landsteiner 在 1900 年发现了 ABO 血型并获得 1930 年诺贝尔生理学或医学奖，红细胞表面血型抗原与相应抗体直接反应，建立了经典的红细胞凝集实验。大多数人都知道 ABO 血型系统（ABO blood group system）和 Rh 血型系统（Rhesus blood group system）。血型标志物是由遗传决定的，如红细胞或其他血细胞与组织细胞表面的磷脂，糖脂和糖蛋白等生物大分子等，具有抗原性，在体内能形成血型抗原的相应抗体。ABO 血型包括 A 型、B 型、AB 型和 O 型，每个人在其血清中不含有其血型抗原相对应的抗体，即红细胞表面是 A 凝集原的人，其血清中含有 B 凝集原的抗体（B 凝集素），反之亦然，B 型血人血清中含有 A 凝集素；O 型血人血清含有 A 凝集素和 B 凝集素；AB 血型人血清中不含有这两种凝集原相应的凝集素。但血型相同的人并不意味着具有相同基因型（表 3-24）。

表 3-24　ABO 血型系统

血型	基因型	血清抗体
A	AA 或 AO	抗-B
B	BB 或 BO	抗-A
AB	AB	无
O	OO	抗-A 和抗-B

此外，血型凝集反应主要由 IgM 型免疫球蛋白引起，IgM 分子将抗体恒定区结合形成同型五聚体，具有 10 个抗原结合位点，IgG 分子通常只有两个抗原结合位点，所以，IgM 分子比 IgG 分子具有更好凝集效应。

【实验试剂和器材】

抗-A 血清、抗-B 血清、碘伏、乙醇、载玻片、采血针、棉签、牙签等。

【实验方法】

1）取一张干净的载玻片，用笔做记号，分为 2 格，编号为第 1 格和第 2 格。

2）用碘伏将左手无名指消毒，用采血针扎一下，将血滴入载玻片第 1 格和第 2 格的中心位置。

3）在第 1 格和第 2 格分别滴入抗-A 血清和抗-B 血清各 1 滴。

4）在血清中，用牙签分别轻轻混匀一下，30s 后观察结果。

【实验结果】

有凝集物出现者为阳性，用“+”号表示；无凝集物出现者为阴性，用“–”号表示。血型判定见表 3-25。

表 3-25　血型鉴定结果判断

抗-A	抗-B	血型
+	−	A
−	+	B
+	+	AB
−	−	O

【注意事项】

实验中，所有血液样品必须不含有传染源(如 HIV、肝炎等)，操作中必须戴手套。用碘伏与乙醇认真消毒采血部位，勿压采血部位，以防红细胞挤压破裂，实验结果应在 1～3min 内观察。

【思考题】

简述输血反应的发生机制及后果。

Ⅱ　凝集反应(试管法)

【实验原理】

凝集反应在微生物学上也称为肥达试验，最早由肥达(Widal)应用于临床，是用已知抗原检测血清中抗体的定量实验，可测定出血清中抗体的效价。即用已知的伤寒沙门氏菌 O、H 抗原或甲、乙型副伤寒杆菌 H 抗原，与患者血清做定量凝集实验，以测定患者血清中有无相应抗体及抗体含量的多少。通常以产生明显凝集现象的最高稀释度作为血清中抗体的效价(titer)，也称为滴度。根据抗体含量多少及增长情况，结合临床症状，可辅助诊断伤寒及副伤寒。

【实验试剂和器材】

诊断菌液：伤寒沙门氏菌 O 及 H 菌液；1∶10 稀释伤寒沙门氏菌免疫血清。

生理盐水、小试管、试管架、吸管、移液器、记号笔等。

【实验步骤】

1)取洁净小试管 8 支，在试管架上排成一行，依次编号。

2)用 100～1000μL 刻度移液枪吸取生理盐水，每管加入 0.5mL 生理盐水。

3)用 100～1000μL 刻度移液枪吸取 1∶10 稀释伤寒沙门氏菌免疫血清 0.5mL，加入第 1 支试管，然后连续吸吹 3 次，使血清与生理盐水充分混匀后，吸出 0.5mL 加入第 2 管，同法混匀后又吸出 0.5mL 加入第 3 管，如此依次对倍稀释到第 7 管，最后从第 7 管吸出 0.5mL 弃去，第 8 管为生理盐水对照管(表 3-26)。

4)用 100～1000μL 刻度移液器吸取伤寒沙门氏菌诊断菌液分别加入上述试管中，每管 0.5mL；振荡试管架，使管内菌液与对倍稀释免疫血清充分混匀，将试管置室温(或 37℃)恒温箱中过夜，第 2 天观察结果。

表 3-26　试管凝集实验加样程序表

	1	2	3	4	5	6	7	8
生理盐水	0.5	0.5	0.5	0.5	0.5	0.5	0.5	0.5
1∶10 稀释伤寒沙门氏菌免疫血清	0.5 →	0.5 →	0.5 →	0.5 →	0.5 →	0.5 →	0.5 →	弃去
伤寒沙门氏菌菌液	0.5	0.5	0.5	0.5	0.5	0.5	0.5	0.5
血清稀释度	1∶40	1∶80	1∶160	1∶320	1∶640	1∶1280	1∶2560	对照
室温（或 37℃）过夜								

【实验结果】

先勿振动试管，首先观察生理盐水对照管，正确结果是管底沉淀物呈圆形，边缘整齐，轻轻振荡，细菌分散后呈均匀混浊，即未出现凝集现象，若出现了非特异性凝集现象，则本次实验无效。

观察实验管应从第 1 管开始，沙门氏菌 H 及 O 菌液凝集物呈疏松棉絮状，沉于管底，轻轻摇动试管，絮状物易离散和升起，根据凝集反应的程度，分别以下列记号表示。

++++：管内液体清澈，细菌完全凝集于管底，轻摇有大片凝集物。

+++：管内液体轻度混浊，细菌大部分凝集于管底，絮状凝集物较小。

++：管内液体中度混浊，部分细菌凝集于管底，凝集明显，呈颗粒状。

+：管内液体很浑浊，仅有少量细菌凝集。

–：管内液体与对照管相同，不凝集。

以产生明显凝集（++）的血清最高稀释度为被检血清的凝集效价。

【注意事项】

1）观察结果时，先看生理盐水对照管，可见管底有圆点状细菌沉积，边缘整齐，轻摇则分散为浑浊的菌液。

2）注意两种凝集现象的区别，O 菌液凝集物呈紧密颗粒状，不易摇起；H 菌液的凝集物呈疏松棉絮状，轻摇即起。

【思考题】

1. 什么是效价？为什么效价可表示血清中抗体的含量？
2. 肥达试验中要用哪几种抗原？为什么？
3. 怎样分析肥达试验结果？

Ⅲ　间接凝集反应

【实验原理】

将可溶性抗原（或抗体）先吸附于适当大小的与免疫特异性无关的颗粒性载体的表面，形成人工的免疫微球（或致敏载体），然后与相应抗体（或抗原）作用，在适宜电解质存在的条件下，出现特异性凝集现象，称为间接凝集反应（indirect agglutination）或被动凝集反应（passive agglutination）。由于载体微球增大了可溶性抗原的反应面积，微球上少量抗原存在就足以出现肉眼可见的凝集反应，因此，这种凝集反应的敏感性比沉淀反应高很多，被广泛应用于临床检验。如先使可溶性抗原与抗体充分结合，再加入有关的免疫微球。因抗体已被抗原结合，不再出现免疫微球的凝集现象。这一实验称为间接凝集抑制反应(indirect agglutination inhibition test)。

绒毛膜促性腺激素(HCG)为可溶性抗原，在妊娠尿中含量显著增高。如尿中有此抗原存在与相应抗体(抗-HCG)结合后，加入吸附 HCG 的免疫微球时，不出现凝集现象，呈均匀乳液，为妊娠实验阳性。如尿中无 HCG 存在，没有抗原与抗体结合，再加入相应的免疫微球时，即出现肉眼可见的凝集现象(即凝集未被抑制)，为妊娠实验阴性。

【实验试剂和器材】

HCG 致敏乳胶颗粒、HCG 免疫血清、待检尿液、正常尿液、生理盐水、载玻片、毛细吸管、牙签等。

【实验步骤】

1)取干净载玻片 1 张，将其放在黑色背景桌面上。

2)用毛细吸管取生理盐水或正常尿液 1 滴，加于载玻片右端，作为对照；再取两份待测尿液各 1 滴，加于载玻片左端及中间。

3)各加 1 滴抗 HCG 免疫血清(妊娠诊断血清)，缓缓摇动载玻片 30s～1min，分别混合均匀。

4)各加 1 滴 HCG 致敏的乳胶，分别用牙签搅匀。

5)将载玻片缓慢摇动 3～5min，在黑色背景下观察结果。

【实验结果】

生理盐水或正常尿液对照出现凝集颗粒。待检尿液无凝集现象而呈乳状液体者，为阳性；若待检尿液出现凝集现象，则为阴性。

实验二十二 沉 淀 反 应

【实验目的】

掌握抗原抗体反应的特异性和沉淀反应的原理，熟悉单向琼脂扩散、双向琼脂扩散、对流免疫电泳和免疫浊度实验的操作方法和结果分析。

【实验原理】

沉淀是指可溶物的析出和下落，所以，沉淀类似于凝集，与凝集反应的颗粒性抗原不同，沉淀反应的抗原都具有可溶性。可溶性抗原(如血清、细菌浸出液、毒素等)和相应抗体发生结合反应，在比例合适、有电解质存在的环境中，经过一定时间，形成肉眼可见的沉淀物，称为沉淀反应(precipitation reaction)。抗原-抗体免疫复合物相互交联，才能出现免疫沉淀。经典的免疫沉淀反应必须满足如下条件：①抗原至少有 3 个抗原表位；②抗血清至少有 3 个相应抗体决定簇；③抗体决定簇和抗原表位在数量上相等。所以单克隆抗体和半抗原是不能发生免疫沉淀反应的，即使形成了单个可溶的抗原-抗体免疫复合物，也不能相互交联形成肉眼可见的沉淀物，所以，沉淀反应在固相琼脂糖凝胶中只发生在等价带(equivalence zone)位置。沉淀反应有相对古老的历史和很多种类，包括单向琼脂扩散、双向琼脂扩散、对流免疫电泳、火箭免疫电泳等。目前，经典的免疫沉淀方法正慢慢从实验室消失，作为一类实验室常规分析技术，为 Western blot 所取代。即使经典的定量免疫沉淀实验，也被更为精确的酶联免疫吸附实验(ELISA)和放射免疫实验(RIA)所取代。经典的免疫沉淀反应具有操作简单，不需要过多器材等特征，也不需要熟练实验操作技巧就能够完成。

Ⅰ　双向琼脂扩散实验

【实验原理】

将可溶性抗原与相应抗体加入琼脂凝胶板的相应孔内，让二者在琼脂凝胶中自由扩散。当二者相遇时发生特异性结合反应，在比例合适处形成肉眼可见的白色沉淀线。若同时含有多种抗原抗体系统，根据抗原与抗体的性质、纯度和比例的不同，沉淀线的形状、位置和数量不同。

【实验试剂和器材】

1)琼脂粉，用生理盐水配制成 1%浓度的溶液。

2)实验样品为待测血清，以肝癌患者阳性血清为对照，甲胎蛋白(AFP)诊断血清。

3)载玻片、打孔器、毛细滴管、大口吸管、微量加样器、湿盒等。

【实验步骤】

1)将配制好的琼脂液加热熔化，置室温自然冷却到 60℃左右。

2)取一张洁净的载玻片，置水平实验桌台面上，将熔化的琼脂液用大口吸管吸出，小心地加在载玻片上，4.0～4.5mL，让其铺满载玻片，应均匀平整，无气泡产生，置室温自然凝固。

3)将预制的打孔模板贴于载玻片下，用直径 3mm 打孔器在凝固的琼脂板上打孔，四周打 6 个孔，为抗原孔，中间位置打 1 个孔，为抗体孔，周围孔与中心孔距离为 4～5mm，四周孔等距排列，呈梅花形。

4)用微量加样器向中心孔内加 AFP 诊断血清，四周孔内分别加入待测血清和肝癌患者阳性血清。加样时，应将孔加满，但不应溢出至琼脂表面，或者按照实验要求加入一定体积。

5)将琼脂板放入预先准备好的湿盒，置 37℃孵箱，24h 后观察结果。

【实验结果】

1)在阳性对照孔与中心孔之间出现清晰的乳白色沉淀线。

2)实验组如果与中心孔之间也出现阳性对照孔类似的白色沉淀线，并且这个沉淀线与阳性对照孔的沉淀线相连，则判断待测血清为阳性。如果有沉淀线但沉淀线与阳性对照的沉淀线交叉，说明这一待测血清的抗原性与阳性对照有所不同，但与抗体有对应关系，是另一抗原抗体反应。这种情况不判断为阳性。没有沉淀线出现判断为阴性。实验结果如图 3-6 所示。

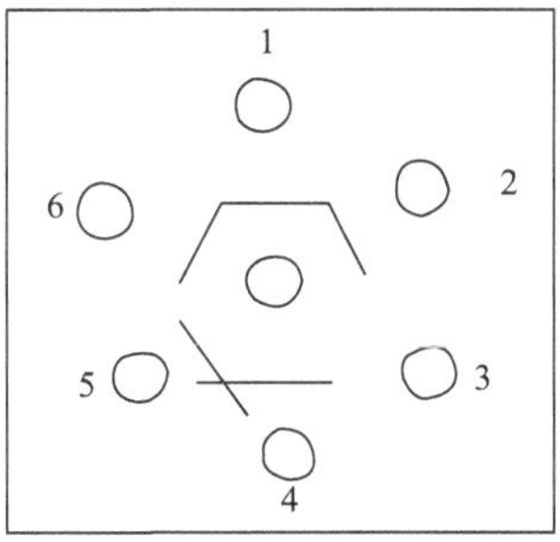

图 3-6 双向免疫扩散实验结果示意图

抗原特异性与沉淀线形状的关系：在相邻两个完全相同的抗原与抗体反应时，则可出现两条单沉淀线的融合；反之，如相邻抗原完全不同时，则出现沉淀线的交叉；两种抗原部分相同时，则出现沉淀线的部分融合。

【注意事项】

双向扩散沉淀实验是抗原抗体都同时扩散，相遇时发生的反应，如果将抗体(免疫血清)在灌琼脂时加在琼脂液中混匀，再灌到载玻片上，而将抗原加在孔内，则沉淀线将围绕孔形成沉淀环。环的直径与抗体含量有近似正比的关系。通过测量直径和抗体稀释倍数，可以绘制出标准曲线。

Ⅱ 对流免疫电泳

【实验目的】

掌握对流免疫电泳的实验操作步骤和实验原理，熟悉结果分析，了解临床实际应用及意义，熟悉各类沉淀反应的特点。

【实验原理】

对流免疫电泳实质上是将定向加速的电泳技术与免疫沉淀技术相结合而设计的一项实验。带电的胶体颗粒可在电场中移动，其移动方向与胶体颗粒所带电荷有关。抗原在 pH 8.6 的缓冲液中带负电荷，将抗原加于琼脂板阴极端的小孔中，由阴极向阳极移动；抗体为球蛋白，因电渗作用而流向阴极。当抗原抗体在两孔间相遇时，在两者比例适当处形成白色沉淀线。此种在双向琼脂扩散基础上加电泳的方法，称为对流免疫电泳(counter immune electrophoresis)。实验中经常用 1%～2%琼脂凝胶作为免疫电泳和免疫沉淀的介质，pH 6～9 硼酸盐缓冲液作为缓冲系统，其离子强度不能太高，以避免产生热量而导致凝胶融化和抗原抗体等蛋白质热变性，抗原性发生变化。

电渗作用是指在电场中缓冲溶液相对于固相载体的移动。琼脂是一种酸性物质，在碱性缓冲液中进行电泳，带负电荷，而与琼脂相接触的水溶液就带正电荷，在电场力作用下，水溶液便向负极移动。所以，抗体分子就随带正电荷的液体向负极迁移。而一般的蛋白质(如血清抗原)也受电渗作用的影响，使泳动速度减慢，但它的电泳迁移率远远大于电渗作用，抗原抗体就相向对流迁移，在两者相遇且比例合适时便形成肉眼可见的沉淀线。对流免疫电泳是一种简便而快速的方法，能在短时间内观察结果，用于快速诊断，灵敏度比双向扩散高 10～15 倍。

对流免疫电泳的特点：由于抗原、抗体在电场中相对移动，限制了抗原、抗体多方向自由扩散的倾向，并能增加抗原、抗体的局部浓度及加快它们相遇的速度，从而提高了灵敏度并缩短了反应时间。

【实验试剂和器材】

1. 试剂

1) 待检血清，AFP 阳性对照血清，生理盐水(NS)。

2) pH 8.6 0.05mol/L 巴比妥缓冲液：称取巴比妥 1.84g，巴比妥钠 10.3g，先以 200mL ddH_2O 加热使巴比妥溶解，再加入巴比妥钠，再加 ddH_2O 至 1000mL。

3) 1%琼脂溶液：取上述巴比妥缓冲液 50mL，加 ddH_2O 50mL，加 1.0g 精制琼脂粉，加热完全融化即为 1%琼脂溶液。

2. 器材

对流免疫电泳槽，电泳仪，孔型模板，打孔器，载玻片，毛细吸管，大口吸管，微量加样器，吸球，滤纸或纱布条等。

【实验步骤】

1) 制备琼脂板：取洁净载玻片 1 张，放于实验桌水平台面上，将已经熔化的琼脂溶液用大口吸管吸取 4.0～4.5mL，加到洁净载玻片上，让其自然铺成光洁平整的琼脂板。

2) 打孔：将孔型模板贴于附有琼脂的载玻片下面，用直径 3mm 打孔器打孔，孔距为 4mm，行间距为 4mm，可设置两组实验孔进行实验。

3) 加样：在抗体孔内用微量加样器加入 AFP 诊断血清，在抗原孔内分别加入待检血清及 AFP 阳性血清。每个样品需分别使用 1 个加样器枪头，注意加样时要加满，防止样品溢出孔外，并做好抗原孔和抗体孔标记，并设置生理盐水(NS)对照孔。

4) 电泳：将加样完毕的琼脂板置电泳槽支架上，抗原孔置阴极端，抗体孔置阳极端，电泳槽内加 0.05mol/L pH 8.6 的巴比妥缓冲液，液面至槽高 2/3 处，琼脂板两端用纱布搭桥，使琼脂板两端与电泳缓冲液相连。接通电源，将电场强度调节到 4～6V/cm 板宽，电流为 3mA/cm，电泳 45～90min 后，切断电源，观察结果。

【实验结果】

电泳完毕，关闭电源，取出琼脂板，观察抗原、抗体孔间有无白色沉淀线。阳性对照孔与抗体间应出现清晰沉淀线。如待检血清与抗体孔间出现沉淀线，为阳性；不出现沉淀线，为阴性。若沉淀线不清晰，可在 37℃放置数小时，以增强线条清晰度，如图 3-7 所示。

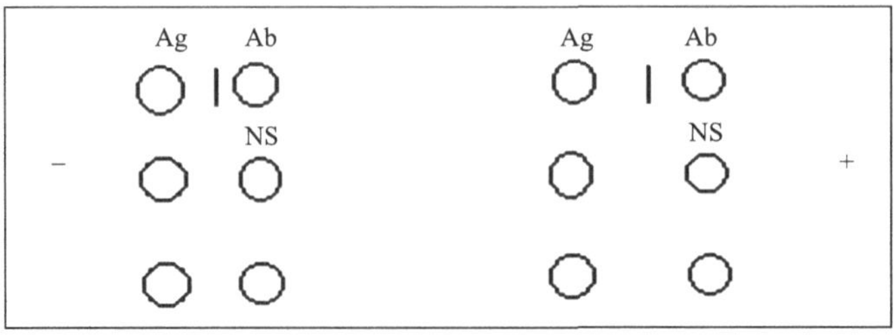

图 3-7 对流免疫电泳结果示意图

另外，阳性结果的沉淀线位置与抗原和抗体分子的电荷情况有关，也与抗原和抗体的浓度比例有一定关系；对流免疫电泳实际上是电场作用下的琼脂双扩散实验，操作简便，观察结果快，灵敏度比琼脂双扩散法高 8～16 倍。制作琼脂板时必须选择高电渗作用的普通琼脂，还要选择高特异性、高亲和力的抗体，否则结果难以解释；该方法可用于抗原的半定量测定或根据沉淀线的位置、形状作抗原和抗体相对浓度的分析。但分辨率较差，当有多种抗原抗体系统存在时，形成的沉淀线常重叠，难以分辨清楚，所以用作此目的时，反倒不如琼脂双扩散实验。

【注意事项】

1）浇制琼脂板的注意事项同琼脂双扩散实验。

2）搭桥时应注意与凝胶接触紧密，否则会使电流不均匀，致使沉淀线歪斜、不均匀。

3）电泳时抗原、抗体电极方向不可接反。

4）电泳时间和电流强度及孔间距有关，电泳时电流不可太大，以免蛋白质变性，孔间距如果较大应适当延长电泳时间。

5）电泳完毕，先断电源（不仅关闭电源按钮，一定要断开电泳槽和电泳仪之间的连接线，以防积蓄电压触电），再取出电泳板。

6）抗体或抗原要根据所标效价做适当稀释，多做几个稀释度，选择最适的抗原抗体比例关系。

Ⅲ 免疫浊度实验

【实验目的】

掌握免疫浊度测定的原理，熟悉其操作方法，了解其意义及应用。

【实验原理】

免疫浊度实验是一类将当前光学仪器与抗原抗体发生沉淀反应进行自动化液相分析的实验，即抗原和抗体在液相中反应，所形成抗原-抗体免疫复合物在液相中出现浊度，免疫复合物的量与浊度呈正相关。这种浊度可以反射、散射和吸收入射光线，使入射光强度减弱。因此可通过测定透射光强度变化（以 OD 值表示）或散射光强度变化来检测抗原抗体反应。本实验以常用透射比浊法检测人血清 IgG 为例，在反应系统中保持抗 IgG 抗体过量时，所形成的免疫复合物与血清 IgG 量呈正相关，而形成的浊度大小与入射光的强度变化呈正相关，因此测定溶液 OD 值可反映液相中的抗原量，通过参照标准曲线或标准品数值进行计算，即可得到待检血清中 IgG 含量。

【实验试剂和器材】

1. 试剂

1）待检人血清（样品 1，样品 2，样品 3 等），标准血清（混合正常人新鲜血清），人 IgG 标准品（或冻干人血清 IgG 参考标准）。

2）羊抗人 IgG 抗血清，生理盐水，ddH_2O，PEG 溶液（PEG 6000～8000 4.0g，NaF 1.0g，

$Na_2HPO_4 \cdot 12H_2O$ 10.15g，$NaH_2PO_4 \cdot 2H_2O$ 1.0g，NaN_3 0.1g，加 ddH_2O 至 100mL）过滤后，室温保存备用。

2. 器材

分光光度计（721 型或 731 型等），水浴箱，微量移液器，刻度吸管，试管等。

【实验步骤】

1）标准管准备：用生理盐水稀释人 IgG 标准品，使其浓度分别为 0，1μg/mL，2μg/mL，4μg/mL，8μg/mL，16μg/mL（浓度可根据不同制剂略有变动）。取上述 IgG 标准液各 10μL，分别加于 96 孔板中，依次标号，有生理盐水的孔为对照孔，作为空白对照。

2）血清管准备：将待检血清和标准血清均做 1∶10 稀释（0.1mL 血清+0.9mL 生理盐水），各取 10μL 分加于预先标记的微孔板孔内。

3）抗体准备：用 PEG 溶液稀释羊抗人 IgG 抗血清，注意保持适宜的抗体浓度。

4）抗原抗体反应：向各标准孔和血清孔中分别加入稀释羊抗人 IgG 抗血清，混匀后置 37℃水浴 30min。

5）测定：用分光光度计或酶标仪进行测定，使用 340nm 波长，用生理盐水校正零点，逐次测定各标准孔和血清孔，准确读取和记录每孔 OD 值。

【实验结果】

1）以 5 个浓度 IgG 标准品的 OD 值为纵坐标，以其分别的 IgG 含量为横坐标，绘制出标准曲线。各血清管的 IgG 含量可从标准曲线上查得。标准血清的 IgG 含量应该处于正常参考值的范围以内，否则应考虑实验结果的准确性。

2）也可用分段直线计算法得到结果，举例如表 3-27 所示。

表 3-27　分段直线计算免疫比浊数据

序号	1	2	3	4	5
标准管 IgG/（μg/mL）	1.0	2.0	4.0	8.0	16.0
标准管 OD 值	0.05	0.11	0.21	0.38	0.75
血清管 OD 值		0.12			

血清管 OD 值位于标准管 1 和标准管 3 之间，计算如下：

$$(4.0-2.0)/(0.21-0.11)\times(0.12-0.11)+2.0=2.2\ (\mu g/mL)$$

3）正常血清 IgG 参考值为 8.0～16.0μg/mL，血清 IgG 降低主要见于先天性低 IgG 血症，也可见于获得性低免疫球蛋白血症，常低于 5.0μg/mL；血清 IgG 升高主要见于各种感染性疾病、肝脏疾病（慢性活动型肝炎、原发行胆汁肝硬化等）和自身免疫病等。

【注意事项】

1）本实验要求羊抗人 IgG 抗血清有高效价和高特异性，需测定最适宜抗体浓度。

2）PEG 分子质量不同，性质也有所区别，PEG 溶液浓度不同所沉淀的免疫复合物也不同，浓度越大沉淀的免疫复合物越小，20μg/mL 浓度只能沉淀较大复合物，40μg/mL 浓度可沉淀较小复合物，但浓度>50μg/mL，PEG 选择性沉淀免疫复合物的特性消失。采用 96 孔微孔板，可以增加检测灵敏度，配制较为低浓度的 IgG 标准品溶液。

实验二十三　免疫扩散和免疫电泳

【实验原理】

反应原理与实验二十二沉淀反应实验相同。

【实验试剂和器材】

1. 试剂

1）福氏（Freund）不完全佐剂：羊毛脂：液体石蜡=1∶4 或 1∶2（*m*/ *m*）；

2）福氏完全佐剂：在不完全佐剂中，加入一定量的死卡介苗，即为福氏完全佐剂。比例为死卡介苗：羊毛脂：液体石蜡=30mg∶1g∶4g。死卡介苗的用量一般为 30mg/只兔或 4mg/mL 注射剂。配制时，先将羊毛脂和液体石蜡混合灭菌。使用时先将佐剂置研钵内，再将死卡介苗、抗原溶液逐滴加入佐剂，顺同一方向研磨成乳剂。临用前在无菌条件下配制。活卡介苗置 56℃，30min，可灭活。

3）1.0%～1.5%离子琼脂或琼脂糖：称取 1.0～1.5g 的琼脂（或琼脂糖），用离子强度为 0.03mol/L 巴比妥缓冲液（pH 8.3）配制。可先加入适量溶液加热熔化后补水至 100mL，再使其充分熔化。

4）离子强度 0.06mol/L 巴比妥缓冲液（pH 8.6）：称取 10.3g 巴比妥钠，1.84g 巴比妥酸溶于水，稀释至 1000mL。配制离子琼脂时可将其稀释 1 倍使用。

5）0.05%氨基黑 10B 染色液：称取 0.5g 氨基黑 10B，溶于 500mL 1mol/L 乙酸及 500mL 0.1mol/L 乙酸钠溶液中。

6）正常人混合血清（A 型，B 型，O 型血清等体积混合）或甲脂蛋白（1～5mg/mL），兔抗人 A，B，O 混合血清（或兔抗甲胎蛋白血清）。

7）0.9%生理盐溶液，5%乙酸，10%甘油等。

2. 器材

注射器，研钵，解剖用具，兔板，玻璃板（7.5cm×2.5cm，7.5cm×8.0cm），量筒，3mm 直径打孔器，注射器，试管，试管架，小滴管，电泳仪，厚滤纸，大表面皿等；健康家兔 2～3 只，年龄 6 个月以上，体重 2kg 左右。

Ⅰ　双向免疫扩散法

【实验原理】

抗体是具有免疫功能的球蛋白（immunoglobulin，Ig），存在于血清中及体液、组织及一些分泌物中。当给动物注射外源性生物大分子时，大分子物质刺激浆细胞，就会产生抗体。血清蛋白质电泳时抗体通常出现在血清蛋白的γ-球蛋白区，或α或β区。抗体具有特异性，即某种抗体只能与其相应的抗原特异性结合。具有抗体活性的免疫球蛋白由二条重链(H 链)和二条轻链(L 链)组成，各链间以二硫键相连接，同一链上也有二硫键相连。重链有 5 种，分别是 γ，μ，α，δ 及 ε。每一种免疫球蛋白(IgG，IgH，IgE，LgD 和 IgA)分子只具有一种特殊的重链。轻链只有 κ (kappa) 和 λ (lambda) 两种。

抗原与其相应的抗体具有分子表面结合的特性，而种这结合是有条件的，只有在分子比例合适，并且有电解质存在(如 NaCl、磷酸盐、巴比妥盐)的情况下，才可以观察到沉淀反应。由于抗原是多价的，可结合多个抗体分子，而抗体是二价的，只能结合两个抗原分子，因此抗原与抗体结合有不同的数量关系。在抗原与抗体呈合适分子比结合时，能够形成大的抗原抗体免疫复合物，出现明显的沉淀反应，称为**等价带**。在等价带的两侧是抗原或抗体过剩的情况，未结合的抗原或抗体游离于上清液中不能形成大块复合物，常不出现沉淀反应或沉淀量极少，前者称为抗原过剩、后者称为抗体过剩。此时若在等价带的反应液中加入过量的抗原或抗体，将会造成抗原过剩或抗体过剩而使沉淀复合物有部分溶解。因此在做免疫扩散或免疫电泳实验时，必须掌握合适比例，才能获得满意结果。

免疫沉淀反应若在琼脂(糖)内发生可出现沉淀线、沉淀弧或沉淀峰，根据沉淀是否出现及沉淀量的多少可定性或定量检测出样品中抗原和抗体的存在与含量。本实验以人 A，B，O 混合血清作为抗原，免疫动物(兔子)产生抗血清，当适量抗原、抗体在琼脂(糖)中扩散，两者相遇时，则形成抗原-抗体复合物的白色沉淀线。不同抗原分子与相应的抗体分子的扩散速度不同，当二者间比例适当时，出现数目不同的沉淀线，根据沉淀线的出现可定性抗原，诊断疾病或测定抗体的效价。

【实验试剂和器材】

如上述。

【实验步骤】

1. 制备抗血清

选择年龄在 6 个月以上，体重 2～6kg 健康家兔 2～3 只，编号、标记。

2. 血清(抗原)乳剂的制备

1) 正常人 A，B，O 血清乳剂的制备：取 1mL 正常人 A，B，O 混合血清，加等体积完全佐剂，按照配制佐剂的研磨法，在无菌条件下，制成乳白色黏稠的油包水乳剂。

2) 甲胎蛋白乳剂的制备：取粗甲胎蛋白制品(1～5mg/mL) 1mL 与等体积完全佐剂用上述方法使其充分乳化。

制成的乳剂是否为油包水乳剂直接影响到免疫的效果，须进行鉴定。方法：将制得的佐剂抗原乳剂滴于冷水表面，滴一滴应保持完整而不分散，否则，须重新制备。

3. 动物免疫方法

在选择好的兔子四足掌处，采取皮内注射方法各注射 0.5mL 抗原-福氏完全佐剂乳剂。首次注射后每隔 7～10d 于两肩后侧及两髋附近皮下多点注射抗原-不完全佐剂乳剂，总量 2mL，共2～3次。待测出抗体效价后，再进行一次加强免疫，方法是从耳缘静脉注射抗原0.5mL，一周后放血。

4. 取血

1)如果需检测抗体效价或保留免疫动物，可由耳缘静脉取血或心脏取血。取血方法：先将耳缘静脉附近的毛剪去，用无菌棉球擦净皮肤，然后用二甲苯涂擦血管处，或用台灯照射加温等办法使血管扩张，识别耳静脉后用注射器针头插入静脉取血。如取血量大时，于取血后由静脉缓缓注入等量5%葡萄糖溶液以补足失血量。

2)如需要放血，可采用颈动脉放血法：将兔腹部向上，固定在兔板上，颈部伸直固定，用少量乙醚麻醉，剃去颈部的毛，用70%乙醇消毒，然后纵向切开颈部，用止血钳将皮分开夹住，用刀柄剥离皮下组织、肌层，可见到搏动的颈动脉。小心将颈动脉和迷走神经剥离，长度约5cm，选择血管中段，将颈动脉远心端用丝线结扎，近心端用动脉止血夹夹住，在截断血流的这一段颈动脉上剪一V形缺口，取直径为1.6mm长约25cm的一段干燥的塑料管，将已剪成斜口的一端插入颈动脉中，并用丝线缚紧，以防小管脱漏。另一端放入200mL锥形瓶(或离心管)内，然后松开动脉止血夹，血即流入锥形瓶内，动物会因放血而死亡。

5. 抗血清的收集

待收集于锥形瓶或离心管内的血液凝固后，用干净平头玻璃棒沿瓶壁或管壁剥离血块，置室温下2～3h后，置4℃过夜。血凝块收缩后，血清析出，离心使血清完全析出。用滴管吸出血清，分装小瓶，存低温冰箱备用。

6. 铺琼脂板

取4mL熔化的琼脂趁热(约50℃)倒在载玻片上(7.5cm×2.5cm)，待冷却凝固后打孔，孔直径为3mm。周围孔与中央孔之间的距离为5mm左右。用注射器针头将孔内的琼脂挑出，在酒精灯上烘烤背面，使琼脂与玻璃板贴紧。

7. 稀释抗原

采用二倍稀释法：取数支试管，分别加入1份生理盐水，于第一管中加抗原液1份，混匀后取出1份，加入第二管中，依次进行至最后一管，各管的稀释度依次为1∶2、1∶4、1∶8、1∶16等。

8. 加样

将稀释的抗原液依次加入外周孔内，分别为：原浓度、1∶2、1∶4、1∶8、1∶16、1∶32……向中心孔加入抗血清。抗原、抗体的加量以持平琼脂板表面为宜。加样后置于湿盒内，在37℃或室温下扩散24～48h。

【实验结果】

1. 观察沉淀线

出现沉淀线，且抗原稀释倍数最高的一孔的稀释度为被测抗血清的效价。为提高沉淀线的可见度，需要染色，然后再确定效价。

2. 染色及保存

1) 漂洗琼脂板：将琼脂板置 0.9%生理盐水中浸泡 2d，以除去未反应的抗原、抗体等。其间更换生理盐水 3～4 次。再用双蒸水浸泡 1d，换双蒸水两次。

2) 干燥：取出琼脂板，用滤纸覆盖其上，置空气中自然干燥(也可吹干或 37℃烘干)。

3) 染色：将琼脂板浸入染色液中染色 30min。

4) 脱色：染色完毕后，将琼脂板放在 5%乙酸中漂洗以去掉多余染料，至胶板背景无色为止。

5) 长期保存：染色后的凝胶，经脱色后浸泡于 10%甘油中 3～4h，不时摇动，凝胶与载玻片分开。用一块较凝胶板大的玻璃纸小心将凝胶托起，置于另一块与玻璃纸大小相似的载玻片上，再用另一块经水浸湿的玻璃纸覆盖在凝胶上面，使琼脂胶板夹在两张玻璃纸之间，室温下晾干。此法制备的琼脂板可长期保存。

Ⅱ　单向定量免疫电泳(火箭电泳)

【实验原理】

一定量的抗原在电场作用下，在含有适量抗体的琼脂糖凝胶中移动时，前面的抗原与琼脂糖中的抗体相遇时形成抗原-抗体复合物沉淀，后面的抗原再与沉淀相遇时，由于抗原过剩，沉淀溶解，并一同向前泳动，再度与未结合的抗体相遇时，又产生新的抗原-抗体复合物沉淀，如此不断地沉淀-溶解-再沉淀，最后达到全部抗原与抗体结合，在电场中不再移动而形成锥(峰)形沉淀线，形似火箭，称为火箭免疫电泳(rocket immune electrophoresis)。在一定范围内，抗原含量越高则所形成的火箭峰越长、面积也越大。在这个电泳体系中，火箭峰的面积与抗原浓度有关，其关系式如下：

$$\text{抗原 - 抗体沉淀峰面积} = K \times \frac{\text{抗原的浓度}}{\text{抗体的浓度}}$$

式中，K 为标准量免疫电泳中测得的系数。抗体浓度为恒定的已知数，通过在标准免疫电泳中测得未知样品的沉淀峰面积与已知浓度的标准抗原形成的沉淀峰面积作比较，可算出待测抗原的精确浓度。

为使实验数据较为理想，定量免疫电泳应具备下列基本条件。

1) 抗原与相应抗体的比例应合适，才能形成完整、清晰的沉淀峰。为提高定量精确度，应使用单价抗血清，在一定浓度范围内，形成的沉淀峰高(面积)与所加的样品浓度成正比。并且峰高在 5～60mm 定量比较准确，0.5～2.0μg 抗原量能被精确测定出来，测量精确度一般在 95%以上。

2) 一般说来，只有那些向阳极移动速度较快的抗原能用免疫电泳进行定量。在电泳时要采用低离子强度，碱性(pH 8.6)缓冲体系，使蛋白质(抗原)颗粒带负电，在电场作用下向正极移动。否则无法准确定量。为了使蛋白质能进行单向定量免疫电泳，可对蛋白质进行甲酰化、乙酰化或氨甲酰化处理，使蛋白质颗粒带更多的负电荷，在上述 pH 8.6 的条件下即可向阳极移动。酰化反应常用 0.36%甲醛将蛋白质样品稀释到所要求的浓度，室温反应 20～30min。

由于反应抑制了蛋白质碱性基团(氨基)的解离而形成了某种酸,因此在pH 8.6的碱性条件下,就增加了蛋白质解离时的负电荷，加大了其向阳极移动的趋势。

3)定量免疫电泳的基本要求是在电泳时抗体不移动，要达到这个目的，电泳应在碱性条件下进行，最常用的是 pH 8.6 的缓冲体系，此条件下所有蛋白质都带负电，向阳极移动，作为抗体免疫球蛋白之一的 γ-球蛋白只带较弱的负电荷，实验中采用琼脂糖凝胶介质的电渗作用足以抵消它向阳极的移动能力。一般的琼脂不宜作为定量免疫电泳的支持介质，原因是其电渗作用力太大，超过了抗体向阳极移动的力，导致抗体移动。

4)蛋白质浓度低于 0.3μg/mL 时很难用此法测出。若抗体用同位素标记，其灵敏度可提高40～60 倍。单向定量免疫电泳在临床上常用于检测患者血清甲胎蛋白的含量，为肝癌诊断提供依据。

【实验试剂和器材】

1)待检人血清，阳性血清，抗 AFP 抗体。

2)pH 8.6 的 0.05mol/L 巴比妥缓冲液，精制琼脂粉或琼脂糖等。

3)电泳槽，电泳仪，打孔器，水浴箱，玻璃板，吸管，锥形瓶和微量加样器。

【实验步骤】

1. 制备抗体琼脂糖平板

1)将融化的 1.5%琼脂糖置于 56℃恒温水浴中预温，待温度平衡(琼脂胶温度为 56℃)后，加入适量抗 AFP 抗体(比例为 1∶30)，用玻璃棒小心搅匀，注意不要产生气泡。

2)将准备好的抗 AFP 抗体琼脂糖倒在玻璃板上，制成抗体琼脂糖平板，待凝固后，距玻璃板端约 5mm 处打孔，孔径 3mm，孔间距 6～8mm，根据实验需要确定打孔的数目并用注射器针头挑出孔内的琼脂，见图 3-8。

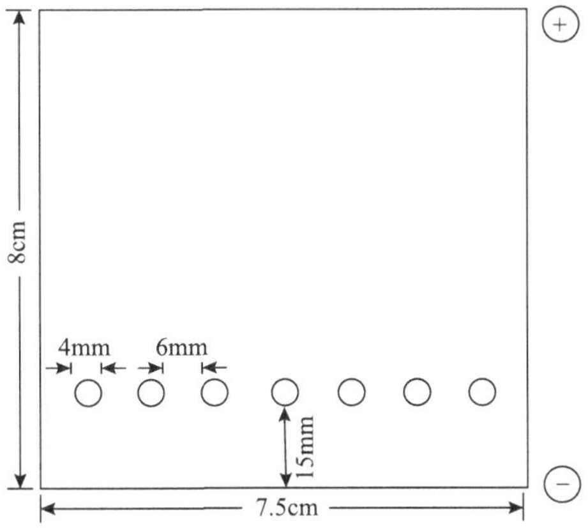

图 3-8　火箭免疫电泳抗原孔位置图

2. 加样

在孔内加入不同稀释度的待检人血清抗原至与凝胶板相平。定量测定时，需用微量注射器定量准确加入样品。向另一板的孔中加入系列已知浓度的阳性血清或其他抗原，用来绘制标准曲线。

3. 电泳

在琼脂凝胶板正、负电极端与电极槽缓冲液之间搭好滤纸桥。抗原孔端接负极。接通电源，电压 10V/cm，每块琼脂板电流为 40mA，电泳时间 1～5h，泳动距离 2～5cm。电泳中注意观察锥形沉淀弧的形成，一般 1～2h 即可观察到火箭峰出现，电泳结束后关闭电源，取下琼脂糖凝胶板。

4. 染色及固定

如沉淀峰清晰可见，可直接判断结果，否则将琼脂板浸入 10μg/mL 鞣酸生理盐水中 10min，可使沉淀峰更明显。如欲永久保留，可将琼脂板进行染色干燥处理(同双向扩散实验)。如作定量测定，可将另外已知不同浓度的抗原在同样条件下进行火箭电泳，根据火箭峰到孔中心的长度和抗原浓度作标准曲线。将未知抗原浓度样品的火箭峰长度与之比较，计算出抗原含量。

【实验结果】

1) 如图 3-9 所示，测量已知抗原阳性血清的火箭峰高度，以此为横坐标，以对应浓度为纵坐标作图，绘制出标准曲线。待测人血清样品的定量可根据峰高从标准曲线上查出。

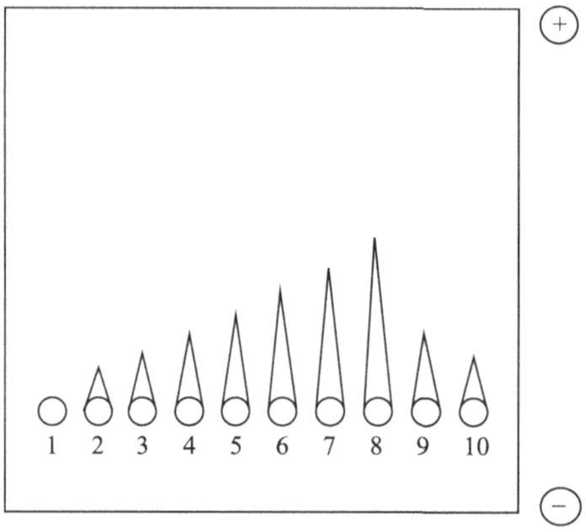

图 3-9 火箭免疫电泳结果

1. 阴性对照孔；2～8. 标准抗原；9，10. 待测样品

2) 火箭峰高度与孔内抗原浓度呈正相关，与琼脂凝胶中抗体浓度呈负相关，但抗原浓度过高，会在琼脂板上看不到峰顶；如抗体浓度过高，则沉淀峰太低，实验灵敏度会降低。

3) 沉淀峰呈尖角状，表示无游离抗原，泳动已到终点；前端呈钝圆形或云雾状则表示还未到电泳终点，应继续电泳。

4) 与前述几个免疫电泳方法相比，火箭免疫电泳操作简便省时，结果重复性好，检测灵敏度可达 0.3μg/mL。

【注意事项】

1) 向琼脂孔内加入抗体时要严格掌握琼脂凝胶液的温度，要预先试验抗原与抗体的浓度。

2) 应选择电渗作用最小的精制琼脂粉或优质琼脂糖来制备凝胶，不用普通琼脂。

3) 打孔完毕，可先将琼脂板放在电泳槽上，低电流通电后再加样，加样后立即加大电流，这样可防止抗原液向孔四周扩散，使火箭峰形状更好，灵敏度增加。这一做法适用于所有打孔加样的凝胶电泳，即使用低电压、低离子强度、电泳时间长些，效果会更好。

实验二十四 酶联免疫吸附实验

【实验目的】

掌握酶联免疫吸附实验的基本原理和临床意义，了解其实验操作技术。

【实验原理】

酶联免疫吸附实验(enzyme-linked immunosorbert assay，ELISA)是将抗体(抗原)包被在固相表面后，按不同步骤加入待测抗原(抗体)和酶标抗体(抗原)，充分反应后用洗涤的方法，使固相上形成的抗原-抗体复合物与其他物质分离，洗去游离的酶标抗体(抗原)，最后加入底物，底物被酶催化变为有色产物，产物的量与标本中受检物质的量直接相关，从而对标本中的抗原(抗体)进行定性或定量的实验。由于酶的催化频率很高，可产生放大反应的效果，从而使测定方法达到很高的灵敏度。现已经成为临床医学的常规检测技术，用于检测抗体、抗原或半抗原。

酶结合物或酶标抗体(抗原)是酶与抗体或抗原、半抗原在交联剂作用下联结的产物，它是 ELISA 成败的关键试剂。ELISA 不仅具有抗体抗原特异的免疫学反应，还具有酶促反应，因而显示出生物放大作用。制备酶结合物必须符合高纯度、高活性、单价性三个条件。其中的酶应具有性能稳定、经济易得、单独使用时对底物不产生颜色反应、只有终产物显色及便于检测等特点。常用的酶有碱性磷酸酯酶、辣根过氧化物酶(horseradish peroxidase，HRP)、葡萄糖氧化酶、半乳糖苷酶等。它们均可催化相应的无色底物，产生有色产物，并有特定的光吸收峰，终止酶促反应后，底物不再改变。酶联免疫技术中常用的酶及其底物见表 3-28。

表 3-28 酶联免疫技术中常用的酶及其底物

酶	底物	显色反应	测定波长/nm	酶检测限/(mol/L)	酶结合物检测限/(ng/mL)
辣根过氧化物酶(HRP)	邻苯二胺(OPD)	橘红色	492*，460**	10^{-14}	2.0
	3,3′,5,5′-四甲替联苯胺(TMB)	黄色	450	2×10^{-15}	0.3
	5-氨基水杨酸(5-AS)	棕色	449	10^{-15}	0.3
	邻联苯甲胺(OT)	蓝色	425	10^{-14}	0.3
	2,2′-连氮基-2(3-乙基-并噻唑啉磺酸-6)铵盐(ABTS)	蓝绿色	642	10^{-13}	16.0
碱性磷酸酯酶	4-硝基酚磷酸盐(NPP)	黄色	400	2×10^{-13}	43.0
	萘酚-AS-Mx 磷酸盐+重氮盐	红色	500	10^{-15}	0.5
葡萄糖氧化酶	ABTS+HRP+葡萄糖	黄色	405，420	—	—
	葡萄糖+甲硫酚嗪+噻唑蓝	深蓝色	—	—	—
β-半乳糖苷酶	4-甲基伞酮基-半乳糖苷(4MuG)	荧光	360，450	5×10^{-16}	1.0
	硝基酚半乳糖苷(ONPG)	黄色	420	2×10^{-13}	350.0

*终止剂为 2mol/L H_2SO_4；** 终止剂为 2mol/L 柠檬酸，不同的底物有不同的终止剂。

HRP是制备酶结合物最常用的酶，它广泛存在于动植物组织中，以辣根中含量最高。HRP是一种糖蛋白，其表面有8条碳水化合物链，构成HRP外壳，约占HRP质量18%。不同来源HRP分子质量不完全相同，一般在4×10^4Da左右，但其催化活性完全相同，可催化下列反应：

$$\text{HRP} + H_2O_2 \longrightarrow \text{复合物}$$

$$\text{复合物} + AH_2 \longrightarrow \text{过氧化物酶} + H_2O + A$$

式中，AH_2为无色底物，供氢体；A为有色产物。

每个HRP分子中均含有一个氯化血红素Ⅸ(protohemin Ⅸ)作为辅基，它最大吸收峰在430nm处，酶蛋白最大吸收峰为275nm。因此，HRP的纯度可用RZ(Reinheits Zahl，德语)或PN(purity number)表示：

$$RZ = A_{430}/A_{275}$$

RZ值很低，如RZ值为0.6，则HRP为粗制品，RZ值≥3，则说明HRP纯度高，可用于制备酶标记物。

制备酶标记物除需酶外，还需高纯度的抗体，如IgG、IgG的Fab′部分、IgM，以及各种高纯度抗原，如蛋白质、酶、核酸、固醇类或药物分子等。酶与抗体(抗原)交联多采用双功能试剂，如戊二醛、过碘酸等。其中，过碘酸法产量高，但较昂贵，结合物穿透细胞膜能力差，故不常用。戊二醛法为常用方法，根据抗体加入顺序不同，分为一步法和两步法。一步法是将酶、抗体、戊二醛同时混合反应，未结合的戊二醛用透析或沉淀法除去，多余的抗体、酶则用Sephadex G-200或Ultrogel ACA-44除去，得到较纯的酶结合物，但此法产率低，仅为6%～7%。两步法产量较高，可达10%～15%，即先用戊二醛先激活酶，再除去游离的戊二醛，然后再与抗体交联。

酶标记抗体(抗原)可根据需要自行制备，也可用市售的各种酶结合物，如HRP-人IgG，HRP-羊抗兔IgG等，它们在室温下可保存18个月，而HRP活性基本不变，应用时根据说明书稀释即可。对保存过久或新制备的酶标记物，则需用棋盘法确定最适稀释度，并与参考酶标抗体(抗原)进行比较。确定抗体的稀释度时，将固定的抗原(1～100μg/mL)包被，再将结合物用倍比稀释法(1∶100，1∶200，1∶400等)稀释，当其与底物显色后测定吸光度A=1.0的酶结合稀释倍数为最适稀释倍数，此时空白对照的吸光度A应小于0.1。

ELISA按非均相酶免疫测定法可分为10种类型，常用的有以下4种。

1)直接型：此法一般多用于检测抗原。先将待测抗原包被在固相载体(聚苯乙烯微量反应板凹孔)表面，然后加入酶标抗体，最后加入底物，产生有色产物。终止反应后，测反应液的光吸收值(A)或目测反应液颜色，计算抗原量。用此法测定时，由于各种抗原分子质量悬殊较大，吸附能力不同，应用时受到一定限制。

2)间接型：此法常用来定量测定体液中的抗体。先将过量抗原包被于固相载体表面，然后加待测抗体作为第一抗体与抗原结合，在加入酶标第二抗体，再加入底物，生成有色产物，终止反应，通过测反应液的光吸收值(A)或目测反应液颜色，计算第一抗体的量。酶标第二抗体是将第一抗体免疫另一种动物，经过纯化抗体后再与酶交联而成。此法的优点是只需制备一种酶标抗体，便可用于多种抗原-抗体系统中抗体的检测。

3）双抗体夹心型：此法主要用于检测抗原。先将过量抗体包被于固相载体表面，加入待测抗原后，再加入酶标抗体，最后加入底物，生成有色产物，终止反应，测定反应液的光吸收值（A）或目测反应液的颜色，计算待测抗原量。此法要求待测抗原必须具有两个结合位点，故不能用此法检测半抗原。

4）固相抗体竞争型：用此法检测抗原时先要将过量特异性抗体包被于聚苯乙烯微量反应板的两个孔表面，洗涤后在1号孔中加入一定量酶标记抗原，在2号孔中加入一定量酶标记抗原及待测抗原混合液，两孔中的抗原均竞争性地与固相抗体结合，由于固相抗体结合位点有限，因此当待测抗原多时，酶标抗原与固相抗体结合量少，酶含量低则底物显色浅。因此，显色后用1号孔的光吸收值减去2号孔的光吸收值，即可计算未知抗原的量。在实验中，还可利用待测抗原含量高与底物显色浅的反比关系制备标准曲线。其做法是将未标记的一定量标准抗原进行一系列稀释，分别再与相同量的酶标记抗原混合，然后加至固相载体中，最后加底物显色，测定光吸收（A）。以未标记标准抗原浓度为横坐标，结合的酶活性为纵坐标绘制标准曲线，用于待测抗原定量。

本实验采用聚苯乙烯微量反应板为固相载体，包被抗原，以间接型ELISA方法，测定抗体量（效价）。

【实验试剂和器材】

1）免疫：选择一种蛋白质，如甲胎球蛋白、人血清清蛋白、甲型肝炎病毒等免疫动物，制备抗血清或单克隆抗体。

2）待测抗体：收集动物免疫后的血清，细胞融合组织培养液或含单克隆抗体的小鼠腹水等。

3）设置阴性对照血清。

4）包被液（0.05mol/L pH 9.6碳酸盐缓冲液）：称取Na_2CO_3 0.159g，$NaHCO_3$ 0.294g，加ddH_2O溶解后定容至100mL。

5）洗涤及稀释液[0.01mol/L pH 7.4磷酸盐-NaCl缓冲液（PBS）内含0.05% Tween20]：称取NaCl 8.0g，KH_2PO_4 0.2g，$Na_2HPO_4 \cdot 12H_2O$ 2.9g，KCl 0.2g，Tween20 0.5mL，加ddH_2O溶解定容至1000mL。

6）封闭溶液：取稀释液配制成1%～2%的牛血清清蛋白（BSA）溶液。此液在临用前根据用量配制。因BSA较贵，也可用0.5%～1.0%明胶（gelatin）代替。

7）酶标记抗体：根据实验对象选择酶标记抗体或酶标记抗抗体（二抗）。市售有HRP-兔抗人IgG、HRP-兔抗鼠IgG、HRP-羊抗鼠IgG等，用时按说明书要求进行稀释。

8）底物液：采用3,3′,5,5′-四甲替联苯胺（TMB）（此化学品不致癌）配制储存液及应用液。

9）0.1mol/L磷酸盐缓冲液（PB，pH 6.0）：称取$Na_2HPO_4 \cdot 2H_2O$ 1.09g，$NaH_2PO_4 \cdot H_2O$ 6.05g用ddH_2O溶解后定容至500mL，4℃储存备用。

10）TMB储存液：称取TMB 60mg溶于10mL二甲基亚砜（dimethyl sulfoxide，DMSO）中，4℃冰箱内储存备用。

11）TMB应用液：取0.1mol/L PB液（pH 6.0）10mL，TMB储存液100μL，30% H_2O_2 15μL混匀，临时配制使用。

12）终止液：2mol/LH_2SO_4。

13）聚苯乙烯微量反应板（40 孔或 96 孔）、可调式微量吸液器（200μL）、封口膜、小烧杯、试管、37℃恒温箱、酶联免疫测定仪（微量分光光度计）、滤纸等。

【实验步骤】

1. 包被特异性抗原

固体抗原（如蛋白质）用包被液稀释至 20μg/mL，向微量反应板每孔加 100μL，反应板加盖后，置 4℃过夜。次日倾去孔内液体，用滴管取洗涤液在每孔中加 3～4 滴，静置 3min 后倾去，重复 3 次。将反应板扣放在滤纸上，以尽量完全除去液体。

2. 封闭

每孔中加入 200μL 封闭液，加盖或用封口膜封板，置 37℃恒温箱 60min，倾去孔内液体，按步验 1 洗涤 3 次。

3. 加样

加待测血清（内含抗体）、阴性血清（无抗体）及稀释液（PBS/Tween）。待测血清按倍比法用稀释液稀释（1∶100、1∶200 等），阴性血清也稀释成 1∶100。取不同稀释度的待测血清，阴性血清及稀释液（PBS/Tween）各 100μL 加至相应的孔中，加盖或封板后，置 37℃恒温箱 1～2h，使抗体与固相抗原进行特异性结合，反复洗涤 3～4 次。

4. 加酶标抗体

按说明书要求用稀释液稀释 HRP-抗体（抗抗体），每孔加 100μL，封板后，置 37℃温育 1h，按上法至少洗涤 5 次，最后用蒸馏水洗涤 2 次，扣在滤纸上尽量吸干水分。

5. 显色

每孔加入 TMB 应用液 100μL，反应板置室温暗处 5～30min。当显示蓝色时及时终止反应。

6. 终止反应

每孔加入 2mol/L H_2SO_4 终止液 50μL，反应孔由蓝变黄，稳定 3～5min 即可进行比色测定。

7. 检测

用酶标仪，以 PBS/Tween 孔为对照，在波长为 450nm 处测定各孔光吸收值（A_{450}）计算阳性血清与阴性血清 A_{450} 值之比（positive/negative，P/N）当 $P/N \geqslant 2.1$ 时为阳性；$1.5 \leqslant P/N < 2.1$，视为可疑；$P/N < 1.5$，抗体为阴性。用目测法比较阴性对照深色的最高稀释度作为抗体效价。

【实验结果】

根据特定 ELISA 试剂盒的检测方法计算和确定实验结果。

【注意事项】

1）ELISA 实验前血清样品尽量做到 37℃灭活 30 min。

2)在 ELISA 的整个操作过程中，洗涤是不可缺少的重要步骤，每加一层反应结束后均要洗涤固相载体反应板，目的在于防止重叠引起非特异性吸附。洗涤过程中的助溶剂 Tween20 具有降低非特异吸附的作用。洗涤时尽可能除去未结合的抗原及杂质，用力甩干。

3)加入底物液后应该室温避光，结果判断须在 10min 内完成。

4)ELISA 的比色测定由酶标仪进行。此处强调以下几点：①酶标仪不应安置在阳光或强光照射下，室温宜在 15～30℃，使用前先预热仪器 15～30min，测读结果更稳定，各种酶标仪性能不同，使用前应详细阅读说明书；②比色前应先用洁净的吸水纸拭干板底附着的液体，然后将板正确放入比色架中，以免锈蚀酶标仪比色架；③比色测定时，一定要注意酶标仪的波长是否已调至合适或所用滤光片是否正确。

实验二十五　免疫胶体金实验

【实验目的】

掌握免疫胶体金制备技术和原理，熟悉实验操作和免疫胶体金检测的意义。

【实验原理】

免疫胶体金技术(immune colloidal gold technique) 是以胶体金作为示踪标志物应用于抗原抗体的一种新型免疫标记技术，英文缩写为 GICT。胶体金是由氯金酸($HAuCl_4$)在还原剂如白磷、抗坏血酸(维生素 C)、柠檬酸钠、鞣酸等作用下，可聚合成一定大小的金颗粒，形成带负电的疏水胶溶液，由于静电作用而成为稳定的胶体状态，故称为胶体金(colloidal gold)。免疫胶体金技术是四大免疫标记技术之一，是继荧光素、放射性同位素和酶后，在免疫标记技术中常用的非放射性示踪剂。1971 年，Faulk 和 Taytor 将胶体金引入免疫化学，在生物医学领域广泛应用。目前在医学检验中的应用主要是胶体金快速免疫层析法(colloidal gold enhanced immunochromatography assay) 和快速斑点免疫金渗滤法(dot-immunogold filtration assay，DIGFA)，检测 HBsAg、hCG 和抗双链 DNA 抗体等，具有简单、快速、准确和无污染等优点。

1. 免疫胶体金技术的基本原理

胶体金标记实质上是蛋白质等高分子被吸附到胶体金颗粒表面的包被过程，吸附机制可能是胶体金颗粒表面的负电荷，与蛋白质的正电荷基团因静电吸附而形成牢固结合。胶体金颗粒的粗糙也是有利于形成吸附的重要条件。由于这种标记过程主要是物理吸附，因此对蛋白质分子的生物学活性没有明显影响。

用还原法可以方便地从氯金酸制备各种不同粒径，也就是不同颜色的胶体金颗粒，这种球形颗粒对蛋白质具有很强的吸附能力，可以与葡萄球菌蛋白 A、免疫球蛋白、毒素、糖蛋白、酶、抗生素、激素、牛血清清蛋白、多肽等非共价结合，在金标蛋白结合处，金颗粒具有高电子密度的特性，在显微镜下可见黑褐色颗粒，当这些标记物在相应配体处大量聚集时，肉眼可见红色或粉红色斑点，可用于定性或半定量的快速免疫检测，从而在基础研究和临床检验中，成为非常有用的工具。

不同大小的胶体金具有不同颜色：2～5nm 胶体金颗粒为橙黄色；10～20nm 胶体金颗粒为酒红色；30～80nm 胶体金颗粒为紫红色。对于电镜，胶体金颗粒具有很高的电子密度，较其他颗粒易于辨认，对电镜包埋剂的非特异性吸附也很低，是良好标记物；对于光镜研究，较大胶体金颗粒呈紫红色，可以轻易地被观测到。利用胶体金成色特性进行免疫标记是检测抗原抗体免疫反应的一种有效手段。

2. 胶体金的制备方法

胶体金的制备一般采用还原法，常用的还原剂有柠檬酸钠、鞣酸、抗坏血酸、白磷、硼氢化钠等，最常用的制备方法如下。

(1) 玻璃容器清洗　所有玻璃容器应绝对清洁，极少量污染也会干扰胶体金颗粒的形成。在玻璃容器使用前，须经过酸洗和硅化。硅化处理是将玻璃容器浸泡在 5%二氯二甲硅烷的氯仿溶液中 1min，室温干燥后蒸馏水冲洗，再干燥备用。

(2) 试剂、水质和环境　氯金酸极易吸潮，对金属有强烈腐蚀性，不能用金属钥匙，也不可接触天平称盘。将氯金酸在中性 pH 溶液中配制成 1% $HAuCl_4$ 水溶液，4℃可保存数月。所有试剂需使用双蒸水或超纯水。实验室要尽量清洁，少量尘粒即会影响实验结果的重复性。为保持溶液 pH 不发生改变，一般用柠檬酸-磷酸盐(pH 3.0～3.5)、Tris-HCl(pH 5.8～8.3)和硼酸-氢氧化钠(pH 8.5～10.3)等缓冲容量大的系统。

(3) 柠檬酸三钠还原法制备金溶胶　取 0.01% $HAuCl_4$ 水溶液 100mL，加热煮沸，准确加入 1%柠檬酸三钠水溶液 0.7mL，金黄色氯金酸水溶液在 2min 内变为紫红色，继续煮沸 15min，冷却至 4℃并以蒸馏水恢复到原体积，如此制备的金溶胶最高吸收峰在 535nm，E_{535}=1.12。金溶胶颗粒的直径和制备时加入的柠檬酸三钠量是密切相关的，保持其他条件不变，仅改变加入的柠檬酸三钠量，可制得不同颜色的金溶胶，如表 3-29 所示。

表 3-29　100mL 氯金酸中柠檬酸三钠加入量对金溶胶粒径的影响

1%柠檬酸三钠/mL	0.30	0.45	0.70	1.00	1.50	2.00
金溶胶颜色	蓝灰	紫灰	紫红	红	橙红	橙
吸收峰/nm	220	240	535	525	522	518
粒径/nm	147	97.5	71.5	41	24.5	15

(4) 柠檬酸三钠-鞣酸混合还原剂制备金溶胶　取 4mL 1%柠檬酸三钠($Na_3C_3H_5O_7 \cdot 2H_2O$)，加入 0～5mL 1%鞣酸，0～5mL 25mmol/L K_2CO_3(体积与鞣酸加入量相等)，以双蒸水补至溶液最终体积为 20mL，加热至 60℃。取 1mL 1%的 $HAuCl_4$，加于 79mL 双蒸水中，水浴加热至 60℃，然后迅速将上述柠檬酸三钠-鞣酸溶液加入，于 60℃保持一定时间(0.5～1.0h)，待溶液颜色变成深红色，将溶液加热至沸腾，保持沸腾 5min。改变鞣酸加入量即可制备不同粒径的金溶胶。

3. 免疫胶体金制备

(1) 蛋白质的处理　蛋白质溶液应绝对澄清，无细小颗粒，否则要用滤膜过滤或超速离心除去。蛋白质溶液中盐类成分会影响金溶胶对蛋白质的吸附，引起溶胶聚集沉淀，故制备金溶胶前的蛋白质溶液要用低离子强度的水溶液透析，且应避免磷酸根和硼酸根离子存在，这两类离子均可吸附在颗粒表面而减弱胶体金对蛋白质的吸附。

(2) 蛋白质最适用量选择　将待标记的蛋白质储存液做系列稀释，分别取 0.1mL（含蛋白质 5～40μg）加于 1mL 胶体金溶液中，最后一管不加作为对照管，并加入 0.1mL 的 10% NaCl 溶液，混匀后静置 2h，不稳定金溶胶将发生聚沉，能使胶体金稳定的最适蛋白质量再加 10% 即为最佳免疫金标记蛋白质量。

(3) 胶体金溶液的前处理　胶体金对蛋白质的吸附主要取决于 pH，在接近蛋白质等电点或偏碱 pH 条件下，两者混合能够形成牢固络合物。如果胶体金溶液的 pH 低于蛋白质 pI，则会聚集而失去结合能力，因此，预先用 0.1mol/L K_2CO_3 或 0.1mol/L HCl 调节胶体金溶液 pH 尤为重要。如表 3-30 所示。

表 3-30 待标记蛋白最适 pH

被标记蛋白	最适 pH
IgG	9.0
McAb	8.2
亲和层析 Ab	7.6
SPA	5.9～6.2
亲和素	9.0～10.0
链霉亲和素	7.4 或 6.6

(4) 标记　在接近并略高于蛋白质等电点条件下标记是最合适的，此时，蛋白质分子在金颗粒表面的吸附量最大。以下述标记步骤最常见：①用 0.1mol/L K_2CO_3 或 0.1mol/L HCl 调节胶体金溶液 pH 至所需 pH；②于 100mL 金溶胶中加入最佳标记量蛋白质溶液（体积 2～3mL），搅拌 2～3min；③加入 5mL 1% PEG20000 溶液；④于 10 000～20 000*g* 离心 30～60min，小心吸取上清液；⑤将沉淀悬浮于一定体积含 0.2～0.5mg/mL PEG20000 缓冲液中，离心沉淀后，并用同一缓冲液恢复，浓度以 E_{540}=1.5 为宜，以叠氮钠防腐，置 4℃保存；⑥Sephadex G-200 柱分离纯化，用 1% BSA 缓冲液洗脱。

4. 使用优点

1）使用方便快速，便于基层使用和现场使用，所有反应能在 15min 内完成。

2）成本低，不需要特殊的仪器设备。

3）应用范围广，可适应多种检测条件。

4）可以进行多项检测，若阳性样本比较难获得，多项检测可以节省样品，降低成本。

5）标记物稳定，标记样品在 4℃储存两年以上，无信号衰减现象。

6）胶体金为红色，不需要加入发色试剂，省去了酶标的致癌性底物及终止液的步骤，对人体无毒害。

Ⅰ 斑点免疫层析实验

【实验原理】

斑点免疫层析实验（dot immunochromatographic assay，DICA）又称免疫层析实验，简称“一

步金法”。实验所用试剂全部为干试剂，多个试剂被结合在一个约 6mm×70mm 的塑料板条上，试纸条两端附有吸水材料，成为单一试剂条，本次实验以双抗体夹心法测定尿 HCG 为例介绍实验过程。

抗 HCG 免疫金复合物干片粘贴在近下端，抗 HCG 单克隆抗体和抗小鼠 IgG 抗体分别固化于 NC 膜的测试区和质控参照区，见图 3-10。当试纸条下端浸入液体标本中，下端吸水材料即吸取液体，液体向上端移动，流经干片时，使免疫金复合物复溶，并带动其向膜条渗移。若标本中有 HCG，可与抗 HCG 免疫金复合物结合。此抗原抗体复合物流至测试区时即被固相抗体小鼠 IgG 结合，呈现出红色质控线条。

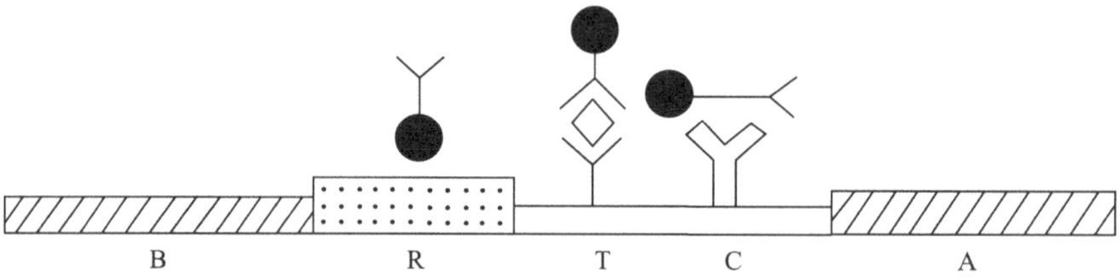

图 3-10　免疫层析试验原理示意图

B. 样品垫；R. 试剂区；T. 测试区；C. 质控参照区；A. 吸收区

【实验试剂和器材】

孕妇尿，“一步金法”早早孕妊娠诊断试纸条片，尿液收集杯等。

【实验步骤】

将试纸下端标志部插入尿液中 10s 左右，取出后放平，置室温下 3min，目测观察结果。

【实验结果】

若出现两条紫红色线为 HCG 阳性（妊娠），若只质控参照线显示紫红色，为阴性（未妊娠）。

【注意事项】

1）强阳性尿液中 HCG 含量较多，因此质控线可能不出现或极浅淡，仅在反应区显示淡紫色条带。

2）应避免试纸条一端插入尿液过深或过浅，插入时间过长或过短也影响结果。

Ⅱ　斑点金免疫渗滤实验

【实验原理】

斑点金免疫渗滤实验（dot immunogold filtration assay，DIGFA）又称滴金免疫测定法，简称“滴金法”。因其最大特点是简便、快速，可单份测定，马上观察结果，故称为快速斑点免疫结合实验。除试剂外，无需任何仪器设备，且试剂稳定，结果容易保存，因此，特别适用于急诊检验和基层医院开展检验工作。缺点是不能准确定量，所以主要限于检测正常体液中不存在的物质（如诊断传染病中的抗原或抗体）及正常含量极低而在特殊情况下异常升高的物质（如 HCG）。

选取两株抗 HCG 不同决定簇的抗体，其中一株抗 HCG 抗体用胶体金标记，制备成抗

HCG 免疫金复合物；另一株抗 HCG 抗体吸附 NC 膜表面形成斑点。当滴加在膜上的标本液体渗滤过 NC 膜。其后加入的抗 HCG 免疫金复合物也在渗滤中与已结合在膜上的 HCG 相结合。因胶体金本身呈红色，阳性反应即在膜中央显示红色斑点，斑点颜色深浅与标本中 HCG 量呈正相关。

【实验试剂和器材】

1）试剂盒：包括抗原参照标准液（HCG 50mU/mL），抗 HCG 免疫金复合物，洗涤液（0.02mol/L pH 7.2 的 PBS），滴金法反应板（由塑料小盒、吸水垫料和吸附抗 HCG 抗体的 NC 膜组成）。

2）孕妇尿、试管、微量移液器等。

【实验步骤】

1）取滴金法反应板平放于实验台上，于小孔内分别标明“T”和“R”。

2）在“R”孔内滴加抗原参照标准液 6 滴，在“T”孔内滴加尿液标本 6 滴，等完全渗入。

3）每孔滴加抗 HCG 免疫金复合物液 3 滴与 NC 膜上，等完全渗入。

4）每孔加洗涤液 3 滴，等完全渗入。

5）目测观察并记录结果。

【实验结果】

1）抗原参照标准液孔膜上应有清晰的淡红色斑点出现。

2）若标本滴加孔膜上无红色斑点，或斑点显色浅于参照标准液孔，说明标本中 HCG 含量低于 50mU/mL；如标本孔斑点深于参照孔，则标本中 HCG 含量大于 50mU/mL。

3）若测定标本为强阳性，可用洗涤液稀释，按同样的方法测定，稀释至标本斑点与参照孔颜色相当，即可知标本 HCG 含量（50mU/mL × 稀释倍数）。

【注意事项】

1）本实验为对比测定方法，参照标准液与标本的加入量应尽量一致。

2）滴加免疫金复合物时，液滴内不应含气泡。

（杨泽宏）

二、分子生物学、细胞生物学、生物化学整合实验

实验二十六　培养细胞或组织总 RNA 的提取及 RT-PCR 扩增目的基因

从组织或培养细胞中分离提取完整的 RNA 对分子克隆实验而言非常重要，这是进行基因表达分析的基础，如分析细胞基因表达图谱、阐明基因表达的调节机制及制备 cDNA 克隆等。

每个典型的哺乳动物细胞约含 20pg 的总 RNA，它们主要分布在细胞质中，80%为

rRNA（包括 28S、18S、5S 和 5.8S 四种 rRNA），10%为小分子 RNA，如 tRNA 及小核 RNA 等，而 mRNA 仅占 1%～3%，RNA 的分子质量及序列有极强的非均一性，大约有 250 000 种。哺乳动物 mRNA 的 3′端因含有 polyA（由 50～150 个腺苷酸组成），这为快速、有效分离 mRNA 提供了有利条件。

RT-PCR 即反转录 PCR，将 RNA 的反转录（reverse transcription，RT）和 cDNA 的聚合酶链反应（polymerase chain reaction，PCR）相结合的技术。RT-PCR 先进行组织或细胞中的总 RNA 提取，再以其中的 mRNA 作为模板，利用 Oligo（dT）或随机引物在反转录酶的催化作用下反转录生成 cDNA，之后以 cDNA 为模板进行 PCR 扩增，而获得目的基因或检测基因表达水平。RT-PCR 使 RNA 检测的灵敏性提高了几个数量级，使一些极为微量 RNA 样品分析成为可能。该技术主要用于：分析基因的转录产物、获取目的基因、合成 cDNA 探针、构建 RNA 高效转录系统等。由于 RT-PCR 技术灵敏而且用途广泛，可用于检测细胞或组织中基因的表达水平，细胞中 RNA 病毒的含量和直接克隆特定基因的 cDNA 序列等。

【实验目的】

掌握常用的 RNA 提取方法及其原理；掌握反转录 PCR（RT-PCR）的基本原理和方法；熟悉 RNA 提取结合 RT-PCR 在科研中的应用。

Ⅰ　从哺乳动物组织或细胞中制备总 RNA

Ⅰ-1　异硫氰酸胍/氯化铯超速离心法制备总 RNA

【实验原理】

所有分离提取 RNA 的方法第一步都是在保证 RNase 失活的条件下裂解细胞，然后再利用不同溶解性将 RNA 从其他生物大分子中分离出来，采用何种制备方法取决于 RNA 的细胞来源及其最终用途。

本方法可从多种组织或培养细胞中制备总 RNA，且适用于内源性 RNase 水平较高的组织样品。异硫氰酸胍裂解细胞的同时可有效地抑制 RNase 活性，裂解液在 5.7mol/L 氯化铯（CsCl）介质中进行密度梯度超速离心，最上层为异硫氰酸胍溶液，内含变性蛋白质。下层为 CsCl 层，内含 DNA。RNA 主要沉淀在管底。小分子 RNA（如 tRNA）可分布在异硫氰酸胍液或 CsCl 层中。将 RNA 溶于灭菌双蒸水中，做进一步纯化处理。因可从 CsCl 层中回收 DNA，故对于小量的样品，此法可同时分离制备 RNA 和 DNA。但该方法操作相对比较费时，一般需要 2d，并且需要使用超速离心机，应用受到一定局限。但是由于制备的 RNA 质量好和产率高，此法已成为制备哺乳动物组织总 RNA 的常规方法。

【实验试剂和器材】

1. 试剂

1）DEPC 水（含 0.1% DEPC）：100mL 无菌双蒸水，加入 100μL DEPC，剧烈混匀，室温放置过夜，高压灭菌。用此 DEPC 水配制其他试剂。

2）GIT 缓冲液：称取 47.2g 异硫氰酸胍（GIT），1mL 3mol/L 乙酸钠，pH 7.0，加水到 100mL（GIT 终浓度为 4mol/L）。过滤灭菌，加 1mL β-巯基乙醇（尽可能在通风橱内操作）。

3）CsCl 缓冲液：称取 95.97g CsCl，1mL 3mol/L 乙酸钠，pH 7.0，2mL 0.5mol/L EDTA，pH 8.0，加水到 100mL（CsCl 终浓度为 5.7mol/L）。过滤灭菌（0.22μm 滤膜）或高压灭菌。

4）无水乙醇（–20℃存放），75%乙醇（–20℃存放），SS-酚/氯仿（1∶10），3mol/L 乙酸钠（pH7.0，高压灭菌）。

2. 器材

1.5mL EP 管、组织匀浆器、超速离心机、水平转头及配套离心管。

注意：塑料离心管等器材应用 0.1% DEPC 水浸泡过夜，高压灭菌。

【实验步骤】

1）制备组织裂解液：取 1g 左右新鲜动物组织（如鼠肝），加入 8mL 异硫氰酸胍（GIT）缓冲液，立即剪碎并在组织匀浆器中速匀浆 15s 或将组织立即切成 3～4mm 见方的小块，储存于干冰或液氮中备用。每次使用组织匀浆器时必须用大量的水冲洗，最后用 GIT 缓冲液淋洗，以防止样品间的交叉污染（样品裂解液在–20℃可保存数周，–70℃可长期保存）。

2）在超速离心机的离心管（与 Beckman SW-55 转头相应的离心管）中加入 3.3mL 的 CsCl 缓冲液，然后在其上面仔细地铺加 9.7mL GIT 样品裂解液。

3）最后用 GIT 缓冲液加至每个离心管的顶端，以防止离心时离心管破裂。平衡对称离心管后，在 18℃，30 000 r/min（约 150 000*g*）离心过夜（12～20h）（注意：不要在低于 18℃冷却离心，否则 CsCl 会在溶液中析出）。

4）小心吸弃离心管内上 2/3 的 GIT 液，下 1/3 溶液中因含有 DNA 比较黏稠，若需要保留 DNA，则用大口吸管尽量将此层液体吸出移至一个清洁的容器中，用于 DNA 的提取。管底透明如胶状的沉淀便是 RNA。

5）将离心管倾斜倒置于纸巾上，使 RNA 斑块处于最高位置，以减少含蛋白质和盐的溶液残留到 RNA 沉淀中。可用 70%乙醇沿管壁洗涤一次并将离心管倾斜倒置于纸巾上，待液体流尽。用刀片距管底 2～3cm 处切去上段管壁。

6）用 200μL 无菌双蒸水反复吸打 RNA 斑块，然后转移至一灭菌微量离心管中。另用 200μL 无菌双蒸水淋洗离心管并转移至微量离心管中，加入 40μL 3mol/L 乙酸钠（pH 7.0）。

7）RNA 水溶液用 400μL SS-酚/氯仿（1∶1）及 400μL 氯仿各抽提一次。

8）加 2.5 倍体积（1mL）冷无水乙醇，混匀后置于冰浴中 10min，若 RNA 量较少，则置于–20℃ 2h 或更长的时间。

9）用微量离心机 4℃离心 10min，弃去上清液，不要搅动沉淀。小心加入 500μL 冷 75%乙醇，离心 2min，弃去上清液。室温空气干燥或短时间真空干燥。用 200μL 灭菌双蒸水溶解 RNA 沉淀。

10）RNA 定量与鉴定：取上述 RNA 1μL 溶于 100μL 无菌双蒸水中，用微量紫外比色计测定 RNA 浓度并鉴定纯度（OD_{260}/OD_{280}）。

【注意事项】

1）新鲜制备的 RNA 样品在–70℃可保存数月，若要长期储存 RNA，可用少量水溶解后，加入 3 倍体积的无水乙醇，–70℃保存。

2）RNA 电泳检测常用变性的琼脂糖凝胶电泳法检查 RNA 的完整性。RNA 易被 RNase 降解，尽管其纯度很好也会失去其生物活性。常用的变性剂有甲醛、乙二醛和羟甲基汞。当应用变性琼脂糖凝胶电泳分离总 RNA 后，真核细胞 rRNA 中的 18S 和 28S 两条带浓度较高，其 EB 的显色强度约为 1∶2。如 18S 带增加，28S 带降低则表示此 RNA 样品有降解。

3）所制备的 RNA 不需做进一步纯化即已满足 Northern blot 分析。若为了除去痕量的双链 DNA、小分子 RNA 及糖原，可在步骤 9）获得的 RNA 水溶液中，加入 2 倍体积的 4.5mol/L 乙酸钠（pH 5.0），放置于 4℃数小时，离心收集 RNA 沉淀，再溶于 TE 缓冲液，加入 0.1 倍体积 3mol/L 乙酸钠（pH 7.0）及 2.5 倍体积的无水乙醇再沉淀。

4）所有操作步骤均须在无 RNase 的环境中进行。

5）一般情况下，步骤 5）所获得的 RNA 沉淀为半透明或透明而看不见的。若沉淀为白色颗粒大团，则表明有 CsCl 析出，应该反复用 70%乙醇漂洗或反复用无水乙醇回收 RNA，以去除 CsCl。

6）为了避免污染痕量的 RNA，可不用组织匀浆器研磨组织，而用研钵和杵研磨液氮快速冷冻的组织块成粉，加入裂解溶液后，再通过 12 号针头数次，即获样品裂解液。

Ⅰ-2　酸性异硫氰酸胍-酚-氯仿抽提分离总 RNA

【实验原理】

以含异硫氰酸胍、β-巯基乙醇和 SDS 的变性溶液裂解细胞，在 pH 4.0 的条件下，用酚-氯仿溶液抽提细胞裂解液，最后通过异丙醇沉淀与 75%的乙醇洗涤获得总 RNA。总 RNA 产量取决于标本的起始量，每毫克组织能制备 4～7μg 总 RNA，若为培养细胞，每 10^6 个细胞可制备 4～10μg 总 RNA。

此法不需要超速离心机，可从哺乳动物组织或培养细胞系中分离、纯化总 RNA，约需耗时 4h，所获 RNA 适用于 RNA 印迹分析（Northern blot）或核酸酶保护分析。

【实验试剂和器材】

1. 试剂

以下试剂用 0.1% DEPC 水液配制。

1）0.75mol/L 柠檬酸钠溶液（pH 7.0）：溶解 110.25g 柠檬酸三钠于 350mL 水中，用 HCl 调节 pH 至 7.0，加水到 500mL 定容，过滤灭菌或高压灭菌。

2）10%（*m*/*V*）Sarkosyl 溶液：溶解 10g 十二烷基肌氨酸钠于 90mL 水中，65℃助溶，加水到 100mL 定容。

3）GSS 溶液：溶解 250g GIT 于 293mL 水中，加入 17.6mL 的 0.75mol/L 柠檬酸钠液及 26.4mL 的 10% Sarkosyl 液，65℃搅拌溶解，过滤灭菌（GSS 溶液在室温可保存至少三个月）。

4）溶液 D：在 GSS 溶液中加入 β-巯基乙醇至终浓度为 0.1mol/L（每 14mL GSS 液中加入 100μL），当日使用。

5）水饱和酚液：加 30mL 水到 100mL 酚中，加热到 37℃以充分溶解苯酚，另加入水直至分层。

6）2mol/L 乙酸钠（pH 4.0）：溶解 136g 乙酸钠于 350mL 水中，用冰醋酸调节 pH 至 4.0（大

约需用 55mL)，加水定容至 500mL，过滤灭菌或高压灭菌。

7) 0.3mol/L 乙酸钠(pH 6.0)：溶解 20.4g 乙酸钠于 300mL 水中，用冰醋酸调节 pH 至 6.0，加水定容至 500mL，过滤灭菌或高压灭菌。

8) 氯仿-异戊醇(49∶1)(*V/V*)、异丙醇、10% SDS 溶液、异硫氰酸胍(GIT)。

2. 器材

组织匀浆器，EP 管(均需用 DEPC 水处理后消毒备用)。

【实验步骤】

1) 组织/细胞的裂解：取 0.2～0.3g 新鲜组织或液氮冷冻组织，尽量切碎，置组织匀浆器中，加入 1mL 溶液 D，在冰浴中高速匀浆 30s，充分研碎组织后，将匀浆液移至 1.5mL 或 2.0mL 微量离心管中。

2) 加入 0.1 倍体积(0.1mL)的 2mol/L 乙酸钠(pH 4.0)，混匀，再加 1 倍体积(1mL)的水饱和酚，彻底混匀，加入 0.2 倍体积(0.2mL)的氯仿-异戊醇，漩涡振荡 10s 后，置冰浴 15min。

3) 将上述溶液转移至 1.5mL 或 2.0mL 微量离心管中，10 000*g* 离心 20min(注意：离心管在使用前务必用 10% SDS 溶液清洗后，再用无菌水彻底冲洗，以防止 RNA 样品交叉污染)。

4) 将含有总 RNA 的上清液小心转移至 1.5mL 或 2.0mL 微量离心管中，通常可回收 0.8mL 左右。注意避免混入任何交界面的物质(蛋白质沉淀)。

5) 测量上清液体积，加入等体积异丙醇，彻底混匀，置–20℃至少 1h 沉淀 RNA。

6) 于 4℃，10 000*g* 离心 20min，弃去上清液，将沉淀溶于 0.3mL 溶液 D 中，漩涡振荡至 RNA 完全溶解。

7) 加入 0.3mL 异丙醇，彻底混匀，–20℃放置 1h，4℃，10 000*g* 离心 10min，弃去上清液，沉淀为总 RNA。

8) 用 0.3mL 预冷的无水乙醇洗涤沉淀，4℃，10 000*g* 离心 10min，回收沉淀。注意弃去上清液时，不要搅起含有总 RNA 的沉淀。

9) 加入 0.4～0.5mL 0.3mol/L 乙酸钠(pH 6.0)，漩涡振荡完全悬浮沉淀，4℃，10 000*g* 离心 10min，将含有总 RNA 的上清液转移至新管中，弃去沉淀。

10) 加入 1.0～1.5mL 预冷无水乙醇到上清液中，彻底混匀。置冰浴 1h，4℃，10 000*g* 离心 10min，回收总 RNA。

11) 室温空气干燥总 RNA，然后溶于小容积的无菌无离子水中(通常是 100μL)。并转移至无 RNase 的微量离心管中。

12) RNA 的定量及鉴定按常规用紫外分光光度计测定 OD_{260} 和 OD_{280} 进行。纯 RNA 样品的 OD_{260}/OD_{280} 值为 1.7～2.0。若低于 1.7 说明存在蛋白质污染，可重新用酚-氯仿抽提。或提示有异硫氰酸胍残留，应重新用无水乙醇沉淀 RNA，然后用 70%乙醇洗涤 2 次，除去异硫氰酸胍。并同时用变性琼脂糖凝胶电泳法检查纯 RNA 的完整性。

【注意事项】

1) 此法若取样品为 0.5g 组织时则需在大管中进行操作，较小的取样量时，可使用微量离心管(EP 管)，操作相对快速和方便。

2）基于此法的原理，Gibco-BRL 和 Invitrogen 等公司（现已并入 Thermo Fisher 公司）已推出一种 RNA 提取试剂 TRIzol，可从组织或细胞中方便快速地提取 RNA，可在 1h 内完成操作。所制备的 RNA 可用于 cDNA 合成及 Northern blot 分析。尤其对量少而多个品种的样品，并且需同时分离 DNA、RNA 和蛋白质三种生物大分子时，特别适用。

3）由于 RNase（包括外源性和内源性）广泛存在，且十分稳定，因此欲制备纯度高、分子完整的 RNA，在操作时务必注意 RNase 的污染，可采取如下措施加以预防：

A. 手是污染的主要来源，在制备 RNA 时，全过程均需要戴上手套，当接触了可能污染有 RNase 的物品后，应即时更换手套。

B. 所有玻璃器皿在使用前应酸洗，蒸馏水冲洗后 160℃干燥 2h 或更长时间。塑料器皿可用 0.1% DEPC 水浸泡或用氯仿淋洗。有可能尽量使用刚开启包装的一次性消毒器皿。RNA 电泳槽经去污剂洗涤，水冲洗、乙醇干燥，3%过氧化氢液中浸泡 10min，然后用 0.1% DEPC 处理的水彻底冲洗。

C. 配制的溶液及蒸馏水必须经高压灭菌，不可高温处理的溶液（如血清或培养基）可通过 0.22μm 滤膜过滤灭菌，也有推荐用 0.1% DEPC 配制，然后高压灭菌除去残留的 DEPC。

D. 使用 RNase 抑制剂，目前实验室常用的 RNase 抑制剂有以下几种：焦碳酸二乙酸（DEPC），它是一种强烈但不彻底的 RNase 抑制剂，通过和 RNase 的活性基团组氨酸的咪唑环反应从而抑制酶活性。用 0.1% DEPC 溶液浸泡不能高压灭菌的器皿，然后再用蒸馏水漂洗。试剂也可用 0.1% DEPC 处理，再高压灭菌，除去残留的 DEPC，以防止嘌呤碱基的羧甲基化修饰；异硫氰酸胍（guanidinium isothiocyanate），是目前认为最有效的一种 RNase 抑制剂，它在裂解组织的同时也使 RNase 失活，因此当从富含 RNase 的组织（如胰腺等）中制备 RNA 时，利用它可获得满意结果；氧钒核糖核苷复合物，是由氧化钒离子和核苷形成的复合物，它和 RNase 结合后几乎能完全抑制 RNase 的活性，并可被酚反复抽提去除；RNA 的蛋白抑制剂（RNasin），是一种从胎透盘中分离的酸性糖蛋白，可以特异结合多种 RNase 并使其失活。

Ⅱ 反转录 PCR（RT-PCR）

【实验原理】

RT-PCR（reverse transcription PCR）即反转录 PCR 技术，它是以 RNA 为起始模板合成双链的互补 DNA（complementary DNA，cDNA），再以 cDNA 为模板进行 PCR 扩增，从而获取目的基因片段或待测基因。目前，RT-PCR 技术已广泛用于基因分离、获取目的基因、合成 cDNA 探针及构建 RNA 高效转录系统等。

【实验试剂和器材】

1. 试剂

1）10×反转录酶缓冲液：500mmol/L Tris-HCl（pH 8.3），400mmol/L KCl，60mmol/L $MgCl_2$，10mmol/L DTT，1mg/mL BSA。

2）反转录酶、4 种 dNTP 各 10mmol/L、*Taq* DNA 聚合酶、引物、DEPC（焦碳酸二乙酯）、RNA 酶抑制剂（10U/μL）。

2. 器材

DNA 扩增仪、电泳仪、电泳槽、紫外检测仪、照相机、移液器及配套吸头、Eppendorf 管。

【实验步骤】

1）按表 3-31 配制 mRNA 的反转录反应体系，合成 cDNA 第一链。

表 3-31　RT-PCR 合成 cDNA 第一链反应体系

试剂名称	体积
10×反转录缓冲液	2μL
4 种 dNTP（每种浓度 10mmol/L）	2μL
下游引物（与 cDNA 第一链互补的引物）	1μg
RNA 酶抑制剂	20U
mRNA	1～2μg
反转录酶	20U
加 DEPC 处理水或超纯水	至 20μL

2）于 95℃加热 5～10min，灭活反转录酶，使 RNA-cDNA 杂交体变性，然后迅速冰浴冷却。

3）PCR 扩增：按表 3-32 顺序依次加入各试剂。

表 3-32　PCR 扩增体系

试剂名称	体积
10×PCR 缓冲液	5μL
“上游”引物（与初始 mRNA 互补引物）	0.2～1.0μmol/L
“下游”引物（与 cDNA 互补引物）	0.2～1.0μmol/L
上述步骤 2）所获得的反转录产物	10μL
Taq DNA 聚合酶	2.5U
ddH_2O	至 50μL

混匀后短暂离心，加 100μL 矿物油，适当温度及时间参数下扩增 30～35 循环，末次循环后延伸 5～7min。

4）取扩增产物 5～10μL，于 0.8%～1.5%琼脂糖凝胶电泳鉴定 PCR 扩增产物。

【注意事项】

1）组织或细胞样本：不是每种组织或细胞都能表达所有的基因，即某些基因的 mRNA 不存在于某些组织或细胞中。因此，确定所选用的材料中是否含有需扩增的目标 mRNA 模板是实验成败的关键。

2）引物：合成 cDNA 第一条链时，引物可用随机六聚寡核苷酸，或下游引物，或 poly-（dT），其中以六聚寡核苷酸的随机引物效果最好。

3）反转录酶：不同来源的反转录酶均可较好地用于第一链 cDNA 的合成，其合成受不同 RNA 模板的影响。提高反转录温度（55℃）、增加 1～3 倍的酶量可减少 RNA 分子内碱基配对的影响。

4）cDNA 反应产物：合成 cDNA 第一链所用的 RNA 模板不影响 PCR 反应，无需用碱或 RNase 处理去除。没有必要将 cDNA 反应产物全部用于 PCR，通常取 1/25～1/10 即可成功扩增。

5）RNase 污染：避免 RNase 污染是 RT-PCR 成功的关键之一。用于 RNA 操作的各种器皿，包括 EP 管、移液器吸头等，都尽量预先用 RNA 酶抑制剂处理，试剂需要用 DEPC 水配制。使用的器皿和试剂都应作高压灭菌处理。在操作过程中，操作者都应该戴手套以防污染。

（傅　强）

实验二十七　培养细胞绿色荧光蛋白基因转染及荧光显微镜检测表达效率

荧光蛋白作为一种分子标记（molecular tag）在过去 20～30 年快速发展，为实时观察活细胞中的蛋白质提供了新的重要工具。荧光蛋白可以被融合到感兴趣的靶蛋白质中并在细胞内表达后，可以通过直接观察、跟踪和量化，为研究蛋白质的功能或某些分子机制过程提供更有力的手段。目前绿色荧光蛋白（green fluorescent protein，GFP）是应用最为广泛的一种荧光蛋白。

GFP 是一类存在于水母、水螅和珊瑚等腔肠动物体内的生物发光蛋白，当其受到紫外光或蓝光激发时可发射出绿色荧光。1962 年，日本科学家下村修（Osamu Shimomura）等首先在维多利亚多管发光水母（*Aequorea victoria*）体内发现并分离纯化了 GFP。由于 GFP 具有稳定性好、灵敏度高、无生物毒性等优点，而且 GFP 的荧光反应不需要任何外源反应底物，表达也无物种或细胞组织的专一性，因此它可以作为一种独立的报告蛋白（reporter protein），广泛应用于基因的表达调控、蛋白质的定位、转移及相互作用、信号传递、转染与转化及细胞的分离与纯化。

由于 GFP 及其多种突变体具有不同的光谱，因此可能对蛋白质进行共标记，并能对多重转基因细胞进行快速地分辨。表达 GFP 融合物的细胞能够在生活状态进行实验和检测，GFP 作为报告基因与目的基因融合后对目的基因的结构和功能无影响，大量表达对细胞也无毒性，在细胞内仍能发挥正常的功能，稳定转染 GFP 的细胞也可连续传代培养，因此可对细胞进行实时的定量和定位观察，这常常被用于研究细胞内蛋白质的转运、相互作用及其他动态改变的研究。

下村修等在水母中发现的野生型 GFP 分子质量较小，仅为 27～30kDa，其基因序列也很短，长约 2.6kb，该 GFP 由 238 个氨基酸残基组成。根据对 GFP 的各肽段深入分析，找到了其主要发色基团为 65～67 位残基（Ser_{65}-Tyr_{66}-Gly_{67}）可自发形成荧光发色基团。通过除去野生型 GFP 的某些非必需片段，并对个别氨基酸残基进行替换后，获得了一系列人工的 GFP 克隆并构建到质粒中，目前已有多种 GFP 表达系统可供研究者选用，可用于不同生物（原核、酵母及哺乳动物细胞等）和多种细胞及亚细胞定位。图 3-11 是一种最常用于真核表达体系的质粒载体 pEGFP 的图谱。

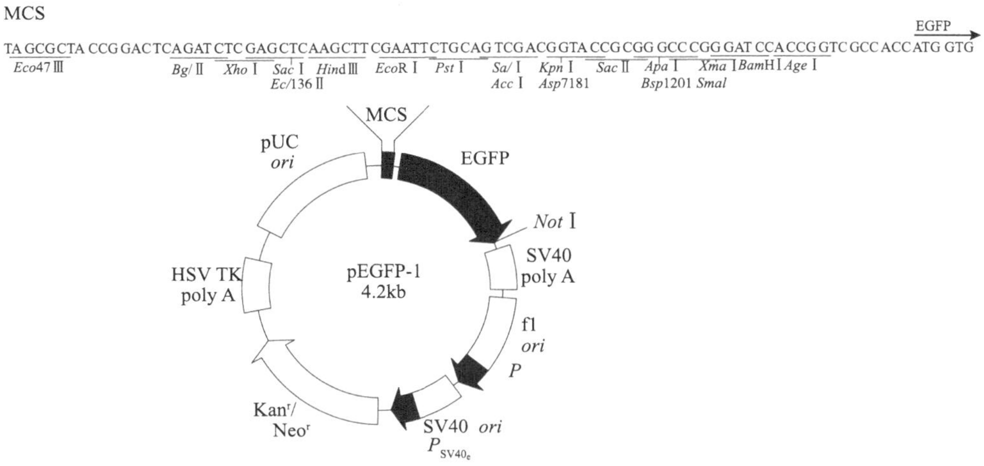

图 3-11　绿色荧光蛋白真核表达质粒 pEGFP 图谱

将外源 DNA 导入真核细胞的过程称为转染，通常是为了观察某个目的基因在细胞中的功能。因被转染细胞各类及外源载体的类型各不相同，转染的方法也有很多，所以转染效率也大相径庭。我们应当根据实际情况，选用适用的转染方法，以提高转染效率。目前比较常用的哺乳动物细胞转染方法有磷酸钙介导转染、DEAE-葡聚糖介导转染、电穿孔(electroporation)转染及脂质体介导转染等。由于脂质体转染具有细胞毒性小、转染条件温和、DNA 用量小、转染效率高等优点，是哺乳动物细胞转染的最佳选择，缺点是价格相对较高。本节主要介绍脂质体介导的 pEGFP 转染培养动物细胞的基本方法。

Ⅰ　阳离子脂质体介导的 pEGFP 真核细胞转染

【实验原理】

阳离子脂质体通过静电效应可以与 DNA、RNA 及寡核苷酸骨架上的负电荷相结合，空间上压缩了大分子的结构，同时脂质体与膜的亲和特性可帮助大分子接近细胞膜并融合进入细胞。大部分用于转染的阳离子脂质体制剂由带正电或中性的脂质体组成，在水中形成非共价结构的脂质体。

表 3-33 列出了目前常用的商业化脂质体种类及其应用范围。

表 3-33　目前常用的商业化脂质体种类及其应用范围

供应商/品牌	试剂名	用途
Invitrogen	Per Fect Lipid Transfection Kit (8lipids)	各种细胞类型
Thermo Fisher	Lipofect Amine 2000	通用、快速
	Lipofect Amine Plus	难转染的贴壁细胞
	Lipofect Amine	通用
	Lipofectin	肝细胞和内皮细胞，寡核苷酸转染
	DMRIE-C	悬浮细胞，RNA 转染
	Cell Fectin	昆虫细胞

续表

供应商/品牌	试剂名	用途
Promega	Transfectam	通用
	Tfx Transfection Trio	各种细胞类型
Qiagen	Effectene	通用
Roche/BMB	DOTAP	通用
	DOSPER	通用
	FuGENE6	通用

【实验试剂和器材】

完全培养基(如 DMEM 完全培养基)、胎牛/小牛血清、纯化 pEGFP、转染用脂质体、消毒处理的 EP 管。

稀释培养基：无血清 DMEM 培养基或专门用于脂质转染用的培养基(如 Thermo Fisher 公司提供的 Opti-MEMI)。

【实验步骤】

1)转染前一天，胰酶消化和细胞计数。加含血清培养基培养至细胞覆盖率为 50%～95%(注意：最好用不含抗生素的培养基，因为抗生素对转染不利)。若条件允许，在聚赖氨酸上培养以增加细胞的黏附性。转染当天，用稀释培养基在 EP 管中稀释质粒 DNA(pEGFP)，制备用于多次转染实验的批量。参考表 3-34 所推荐的用量。

表 3-34　脂质体介导转染剂的推荐起始用量*

培养板/皿	表面积/cm^2	DNA/μg	稀释培养基/μL	脂质体/μL	转染培养基/μL	转染体积/mL
96 孔板	0.3	0.05～0.40	10～25	0.075～1.500	0.08～0.1	0.1～0.15
24 孔板	2	0.2～1.6	25～50	0.5～10.0	0.2～0.5	0.25～0.6
24 孔板	4	0.4～3.2	50～100	1～20	0.4～1.0	0.5～1.2
6 孔板	10	1～8	100～250	2.5～50.0	0.8～2.5	1～3
60mm 皿	20	2～16	250～500	5～100	2～5	2.5～6.0
100mm 皿	60	6～48	750～1500	15～300	5～15	6.5～18

*表中用量根据 LipofectAmine 2000 优化，其他用量可参照不同的产品说明

2)在第二个管子中用稀释培养基稀释混合阳离子脂质体，制备用于多次转染实验的批量。对于 LipofectinA，应在 Opti-MEMI 中稀释并室温下孵育 30～45min。对于 LipofetAmine2000，应在 Opti-MEMI 中稀释并孵育小于 30min。

3)混合稀释好的 DNA(pEGFP)和阳离子，混匀，室温孵育 15min(根据不同需要调整，个别情况孵育时间可以延长至 6h)。

4)用新鲜转染培养基清洗细胞(含或不含血清的稀释培养液)，吸出，换新鲜转染培养基。

5)加入 DNA-脂质体复合物，轻轻混匀，置 37℃，5% CO_2 中孵育 5h(至过夜)。

6)添加血清和培养基，至正常条件下浓度和体积，继续孵育。

7)对于瞬时表达，根据细胞类型和启动子活性，在转染 24～72h 后，分析细胞抽提物或

细胞原位染色。对于稳定表达，在转染 24h 后换用新鲜培养基传代，48h 后可用抗生素选择转化的抗生素基因的表达，经反复传代和抗生素筛选至阳性率大于 95%。

Ⅱ　荧光显微镜观测 pEGFP 表达及转染效率检测

【实验原理】

在很多生物中都已成功表达了可检测的 GFP，如细菌、酵母、植物、培养的动物细胞、线虫及果蝇，甚至在小鼠体内，且作为单独或融合蛋白都可以显色。分离的 GFP 蛋白非常稳定，在 pH 7～12 时，温度小于 65℃，另外，即使在高浓度盐如 6mol/L 盐酸胍、8mol/L 尿素和 1% SDS 存在下也可观察到荧光。GFP 活性在大多数生理环境下都能保持，但是新生成的 GFP 并不能马上产生荧光。发色基团的形成需要内源分子间的一个氧化反应之后才能顺利发光。荧光基团在 395nm 波长达到激发高峰，第二个吸收峰在 475nm 附近。发射光谱只有一个，即 509nm 处的单峰。理想的 GFP 激发和发射光谱滤镜系列目前已有大量的商业化供应。另外，不同的 GFP 突变体其波谱特征略有改变(具体请参见各公司的操作手册)。

【实验步骤】

1. 设置荧光显微镜

标准的落射荧光显微镜在观测 GFP 时可进行一些优化。

(1) *物镜*　　从镜头系统中观测的光强度与数值孔径的 4 次方成正比，与放大率的平方成反比。因此为获得较强的荧光信号，镜头数值孔径应该设置在高位，放大率应该设置在低位。例如，1.4-NA 的镜头比 1.3-NA 的镜头信号强度高 35%；放大率从 100×降到 60×可使信号强度增加一倍。

(2) *激发光源*　　大多数荧光显微镜都有水银弧灯，功率有 50W、100W、200W 不等。功率选择和信号之间并没有太直接的关系，因为信号强度也依赖于光所照射区域的面积。实际上，100W 灯的总信号强度(单位面积的光强度)比 200W 的强。而且，在所产生的波谱范围内，水银弧灯并不能发射等量的光。在特定波长有强发射峰。由于 100W 的水银灯总信号强度较强，适合大多数常规的荧光分析。氙弧灯也可以用作荧光显微镜的光源，但总的来说在相同功率下比水银弧灯产生的光要少，但光谱一致性相对较好。实际上，75W 的氙弧灯产生的蓝光(GFP 的激发光)的强度相当于 100W 的水银灯所产生的蓝光。氙弧灯的一个优点是它发射的短波长光较少，这样可以减少样品被透过荧光滤镜的偏离光照射而导致的损伤。激光也经常用作显微镜的光源，如激光共聚焦(confocal)显微镜，有时可以选择 488nm 的氪-氩激光来激发 GFP 荧光。

(3) *荧光滤镜*　　几种类型的滤镜系统可以用来观测 GFP，当荧光背景有问题时，band-pass 放射光滤镜比较适合观测特定类型的荧光团。若要探测荧光很弱的信号，应该考虑 long-pass 滤镜。注意短波可大大激发 GFP 的光漂白(photo bleaching)。若需要用数码相机来长时间记录多张的图片时，FITC long-pass 滤镜能够最大限度地检测到可用信号并减少光漂白作用。

2. 转染效率的计算

1) 细胞经转染 GFP 后 24h，在倒置荧光显微镜下观察，此时多数细胞可见有绿色荧光，但通常荧光强度较弱。

2）继续培养至 48h，此时大多数类型的哺乳动物细胞的 GFP 开始呈现高水平表达，在荧光显微镜下可见绿色荧光较强，对于个别生长较慢的细胞可能需要等待到 72h 或更长才可见最强荧光的出现。

3）根据经验，选择培养 48～72h 的培养细胞，在荧光倒置显微镜下，以较小的放大倍数（如 50×或 100×），计数阳性细胞数（有绿色荧光）和总细胞数。

为了准确计算阳性 GFP 转染率，可选择不同视野下进行拍照（目前大多数荧光显微镜都带有数码照相功能），然后进行统计计算，一般总细胞计数需达到≥500 个。

4）转染率计算：

$$转染率=含绿色荧光细胞数/总细胞数\times 100\%$$

【注意事项】

1）为消除人工计算的不确定性，目前很多较新型的荧光显微镜都附带有专业图像处理软件，可自动对数码照片内的细胞进行统计和计算，可以方便快速的计算转染率。

2）由于肉眼观察的误差，尤其是当 GFP 的荧光强度较弱时，通过细胞计数来计算转染率的方法往往较粗略，易产生较大偏差。当需要准确计算荧光蛋白（包括 GFP、RFP 及 CFP 等）转染效率时，如融合基因转染或与其他基因共转染，则需要通过流式细胞仪来进行分选，即通过荧光激活细胞分选术（fluorescence-activated cell sorting，FACS）来准确计算。

（傅　强）

实验二十八　蛋白质印迹（Western blot）实验

蛋白质印迹的发明者一般认为是美国斯坦福大学的乔治·斯塔克（George Stark）。在尼尔·伯奈特（Neal Burnette）于 1981 年所著的《分析生物化学》（*Analytical Biochemistry*）中首次被称为 Western blot（WB）。蛋白质印迹是通过电泳区分不同的组分，并转移至固相支持物，通过特异性试剂（抗体）作为探针，对靶物质进行检测，该技术结合了凝胶电泳的高分辨率和固相免疫测定的特异敏感等多种特点，可检测到低至 1～5ng（最低可到 10～100pg）中等大小的靶蛋白，已广泛应用于基因在蛋白质水平的表达研究、抗体活性检测和疾病早期诊断等多个方面。

【实验目的】

掌握蛋白质印迹的基本原理、方法和应用范围；掌握蛋白质印迹实验中针对被检靶蛋白所需一抗和二抗的选择标准；掌握检测蛋白质的基本方法，以及它们各自的优缺点及最佳适用范围。

【实验原理】

Western blot 利用 SDS-PAGE 技术将强阴离子去污剂 SDS 与还原剂并用，通过加热使蛋白质变性，大量的 SDS 结合蛋白质，使其带相同密度的负电荷，在聚丙烯酰胺凝胶电泳（PAGE）时，蛋白质的迁移率仅取决于相应的分子质量。生物样品中的蛋白质分子按分子质量的大小在凝胶上分离开，然后用电转移的方法将蛋白质转移到固相膜(硝酸纤维素膜或PVDF膜)上，固相载体以非共价键形式吸附蛋白质，且能保持电泳分离的多肽类型及其生物学活性不变。膜上的靶蛋白或多肽可作为抗原与对应的抗体(第一抗体)结合。为了避免非特异性结合，与一抗结合前先用奶粉或牛血清清蛋白(BSA)封闭固相膜上的非特异结合部位，封闭、结合一抗后，再与酶或同位素标记的第二抗体起反应，最后用底物显色或放射自显影检测特异靶蛋白(图3-12)。目前第二抗体通常偶联辣根过氧化物酶(HRP)，HRP可催化超敏化学发光反应，在膜的固定位置上产生直观的荧光产物，我们可以通过二抗产生荧光的位置与强度来识别一抗的位置和量(图3-13)，因此WB广泛应用于检测样品中蛋白质的表达。

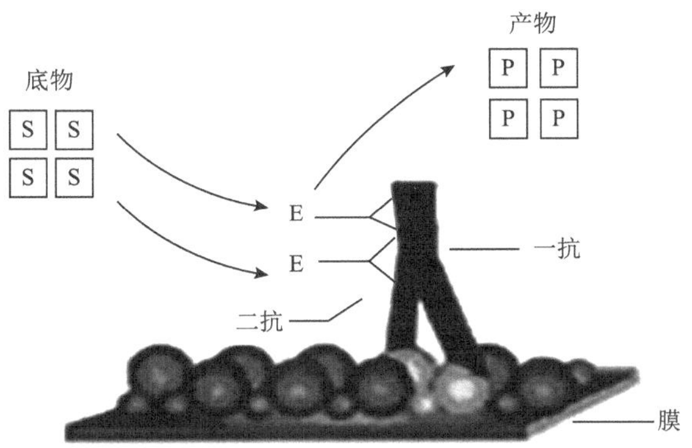

图3-12　膜上的靶蛋白质与一抗、二抗偶联辣根过氧化物酶的作用原理示意图

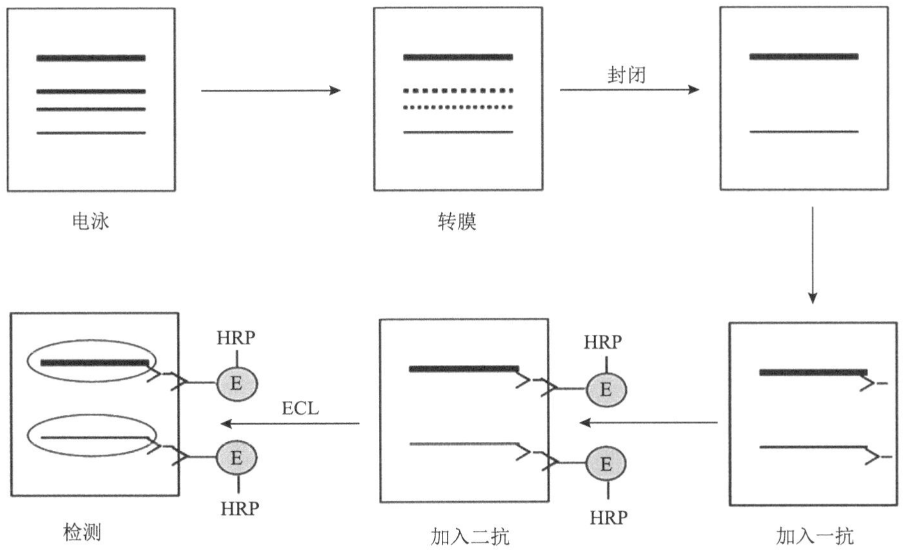

图3-13　蛋白质印迹原理

【实验试剂和器材】

1. 试剂

1)分离胶缓冲液、压缩胶缓冲液、丙烯酰胺胶液、5×Stop Solution、TBST缓冲液、

2×Separation buffer、2×Stacking buffer、10×Running buffer。

2）10% SDS 电泳液：SDS 10.0g 加 ddH_2O 68℃助溶，浓盐酸调 pH 至 7.2，定容至 100mL。

3）2×SDS 电泳上样液：1mol/L Tris-HCl（pH 6.8）2.5mL，β-巯基乙醇 1.0mL，SDS 0.6g，甘油 2.0mL，0.1%溴酚蓝 1.0mL，ddH_2O 3.5mL。

4）转移电泳缓冲液（5L）：12.1g Tris，56.25g 甘氨酸，1000mL 甲醇，加蒸馏水至 5L（4℃预冷）。

5）丽春红染液：0.2%丽春红，1%乙酸。

6）考马斯亮蓝染色液：考马斯亮蓝 0.25g，甲醇 225mL，冰醋酸 46mL，ddH_2O 225mL。

7）10%过硫酸铵（APS）：1g APS 加 ddH_2O 至 10mL。

8）封闭液：0.9% NaCl，0.05% Tween20，5%脱脂奶粉，10mmol/L Tris-HCl，pH 7.5。

9）漂洗液：150mmol/L NaCl，3mmol/L EDTA，0.05% Tween20，50mmol/L Tris-HCl，pH 7.5。

10）显色液（临用前配制）：DAB（3,3-二氨基联苯胺）6.0mg，0.01mol/L PBS 10.0mL，硫酸镍胺 0.1mL，H_2O_2 1.0μL。或增强型 HRP-DAB 底物显色剂盒。

11）脱色液：甲醇、冰醋酸、ddH_2O 以 3∶1∶6 配制而成。

12）0.01mol/L PBS（pH 7.4）：NaCl 8.0g，KCl 0.2g，Na_2HPO_4 1.44g，KH_2PO_4 0.24g，加 ddH_2O 至 1000mL。

13）其他：预染蛋白分子质量标准物、凡士林、含靶蛋白的样品、抗靶蛋白的 IgG 抗体、相应的辣根过氧化物酶标记第二抗体、TEMED。

2. 器材

垂直板电泳装置、电泳电源、移液器及吸头、刀片、1.5mL 离心管、烧杯、量筒、吸量管、上样梳、手套、95℃加热器或水浴、金属压舌板、电动摇床、染色脱色塑料盒、30～37℃水浴或温箱、电转移装置、转移用大电流电源、滤纸、硝酸纤维素膜、塑料盘、剪刀、镊子。

【实验步骤】

WB 主要包括以下几个基本步骤：样品制备、电泳分离、蛋白质的膜转移、免疫杂交与显色、蛋白质检测，在此重点介绍前三步。

1. 含靶蛋白样品的制备和定量

（1）样品的制备

组织的处理方法：组织洗涤后加入 3 倍体积预冷的 PBS，0℃研磨，加入 5×Stop buffer，180W，6min，0℃超声波破碎，5000r/min，5min 离心，取上清。加入 β-巯基乙醇（2-ME，9.5mL 加入 0.5mL），溴酚蓝（9.5mL 加入 0.5mL）煮沸 10min，分装后于−20℃保存，用时取出，直接溶解上样。

细胞的处理方法：离心收集细胞或者直接往细胞培养瓶内加入 5×Stop buffer，收集，180W，6min，0℃超声波破碎，5000r/min，5min 离心，取上清。加入 2-ME（9.5mL 加入 0.5mL），溴酚蓝(9.5mL 加入 0.5mL)煮沸 10min，分装后于–20℃保存，用时取出，直接溶解上样。

分泌蛋白的提取(特例)：直接收集分泌液，加入 β-巯基乙醇、溴酚蓝后同上操作。

(2)蛋白质的定量方法及影响因素

1)双缩脲法：双缩脲法是第一个用比色法测定蛋白质浓度的方法。在需要快速、但不要求特别准确的测定中，常用此法。硫铵不干扰显色，这对蛋白质提纯的早期阶段是非常有利的。双缩脲法的原理是 Cu^{2+}与蛋白质的肽键，以及酪氨酸残基络合，形成紫蓝色络合物，此物在 540nm 波长处有最大吸收。双缩脲法常用于 0.5～10.0g/L 含量的蛋白质溶液测定。干扰物有硫醇，以及具有肽性质的缓冲液，如 Tris、Good 缓冲液等。可用沉淀法除去干扰物，即用等体积 10%的冷三氯乙酸沉淀蛋白质，然后弃去上清液，再用已知体积的 1mol/L 浓度的 NaOH 溶解沉淀的蛋白质进行定量测定。

2)Lowry 法：此法是双缩脲法的进一步发展。第一步是双缩脲反应，即 Cu^{2+}与蛋白质在碱性溶液中形成络合物，然后这个络合物还原磷钼酸-磷钨酸试剂(福林-酚试剂)，结果得到深蓝色物质。此法比双缩脲法灵敏得多，适合于测定 20～400mg/L 含量的蛋白质溶液。其干扰物质与双缩脲法相同，且影响更大，硫醇和许多其他物质的存在会使结果严重偏差。另外要注意的是，加入福林试剂时要特别小心，试剂只在酸性 pH 环境中才稳定，上述提到的还原反应只在 pH 10 时发生，因此，福林试剂加入碱性的 Cu^{2+}-蛋白质溶液中时，必须立刻搅拌，以使磷钼酸-磷钨酸试剂在未被破坏之前能有效地被 Cu^{2+}-蛋白质络合物所还原。

3)紫外吸收法：大多数蛋白质在 280nm 波长处有特征的最大吸收，这是由于蛋白质中有酪氨酸、色氨酸和苯丙氨酸存在。利用这个特异性吸收，可以计算蛋白质的含量。如果没有干扰物质的存在，在 280nm 处的吸收可用于测定 0.1～0.5mg/mL 含量的蛋白质溶液。

4)Bradford 比色法：Bradford 比色法比 Lowry 法测定蛋白质浓度更简单迅速。用脱氧胆酸-三氯乙酸沉淀蛋白可排除甘油、去污剂、β-巯基乙醇、乙酸、硫酸铵、Tris 和一些碱性缓冲系统的干扰。

分别在两组微量离心管中各加入 0.5mg/mL 牛血清清蛋白(5μL，10μL，15μL 和 20μL)，以浓度为 0.15mmol/L 的 NaCl 补足至 100μL，同时以两管 100μL 的 0.15mmol/L 的 NaCl 作空白对照。每管各加入 1mL 考马斯亮蓝染料溶液，振荡混匀，室温放置 2min。用 1cm 光径的微量比色杯测 A_{595}。取 A_{595} 吸光值对标准蛋白浓度作图，画标准曲线，并测量待测样品的 A_{595}。从 BSA 标准曲线中确定待测样品的浓度。测定 10～100μg 的蛋白质，要在较大试管中将染料溶液体积增大 5 倍进行。样品浓度过高，可稀释后进行，或在 10～100μg 另作一标准曲线进行测定。

以上方法具体操作步骤在前述蛋白质定量章节有详细介绍，此处不再重复。

5)电泳估算法：样品倍比稀释，SDS-PAGE 电泳，同时做定量分子质量标签 Marker 对照，可以估算样品大概浓度。

以提取癌组织总蛋白质为例：①取等量胰腺癌组织、癌旁组织及正常胰腺组织，用 dH_2O 漂洗 5～10 次，再用预冷的 1×PBS 洗涤 3 次，目的是去除样本中的血液；②每 2g 组织加入 3mL 1×PBS 匀浆，保持在 4℃条件进行；③加入 5×Stop buffer 缓冲液 1mL，混匀，4℃下超声碎化。再加入 0.5mL 2-ME，0.5mL 溴酚蓝，煮沸 10min，至此，制样过程完成；④SDS-PAGE 电泳，以 BSA 作为对照估计样品蛋白质浓度。

2. SDS-聚丙烯酰胺凝胶电泳（SDS-PAGE）

（1）制胶前的准备

1）准备干净的制胶玻璃板、样品孔梳和架子。

2）新配制足量10%过硫酸铵（APS）。

3）根据待测蛋白质的分子质量，计算胶的浓度及分离胶各组分的用量。

4）装好架子。

5）制胶，电泳。

（2）配制分离胶

1）按照表3-35配制分离胶。

表3-35　分离胶配制配方　　（单位：mL）

分离胶浓度	7.5%	10%	15%
2×Sepbuffer	4.0	4.0	4.0
30% Gelsol	2.0	2.7	4.0
ddH_2O	1.9	1.2	0.0
TEMED	8.0	8.0	8.0
10% APS	80.0	80.0	80.0

2）在胶上面加入200μL馏水，促进胶凝集。

（3）配制浓缩胶

1）分离胶凝集后，配制浓缩胶，见表3-36。

表3-36　浓缩胶配制配方　　（单位：mL）

浓缩胶浓度	3%
2×Stackingbuffer	1.70
30% Gelsol	0.35
ddH_2O	1.40
TEMED	5.00
10% APS	50.00

2）倒好后插入样品孔梳。

（4）电泳　　待胶凝集好后，上样，电泳。用60～80V电压开始电泳，当样品至分离胶时，将电压调至100～120V。一般电泳时间约1.5h。

3. 转移

在电流的作用下，使蛋白质从胶转移至固相载体（膜）上。

膜的选择：印迹中常用的固相材料有NC膜、DBM、DDT、尼龙膜、PVDF等。我们选用PVDF（聚偏二氟乙烯），其具有更好的蛋白吸附性能、物理强度和化学兼容性。PVDF膜有两种规格：Immobilon-P（0.45μm）和Immobilon-PSQ（0.2μm，适用于分子质量<20kDa的蛋白质）。

（1）半干法　　即将凝胶夹层组合放在吸有转印缓冲液的滤纸之间，通过滤纸上吸附的缓冲液传导电流，起到转移的效果。因为电流直接作用在膜胶上，所以其转移条件比较严格，但是其转移时间短，效率高。

1）实验条件的选择：电流 1～2mA/cm^2，通常为 100mA/膜，按照目的蛋白质分子大小、胶浓度选择转移时间，具体可以根据实际情况调整，见表 3-37。

表 3-37　根据目的蛋白大小选择凝胶浓度与转移时间

目的蛋白分子大小/kDa	胶浓度/%	转移时间/h
80～140	8	1.5～2.0
25～80	10	1.5
15～40	12	0.75
<20	15	0.5

2）实验操作。

A. 滤纸和膜的准备（在电泳结束前 20min 开始准备）：①将膜浸入甲醇中，1～2min。再浸入 transfer buffer 中；②将合适的靠胶滤纸和靠膜滤纸分别泡入 transfer buffer 中。

B. 转移：①在电转移仪上铺好下层滤纸。一般用三层；②将膜铺在靠膜滤纸上，注意和滤纸间不要有气泡，再倒一些 transfer buffer 在膜上，保持膜的湿润；③将胶剥出，去掉压缩胶，小心地移到膜上；④剪去膜的左上角，在膜上用铅笔标记出胶的位置；⑤将一张靠胶滤纸覆盖在胶上，倒上些 transfer buffer，再铺两张靠胶滤纸；⑥装好电转移仪，根据需要选定电流和时间；⑦转移过程中要随时观察电压的变化，如有异常应及时调整。示意图见图 3-14。

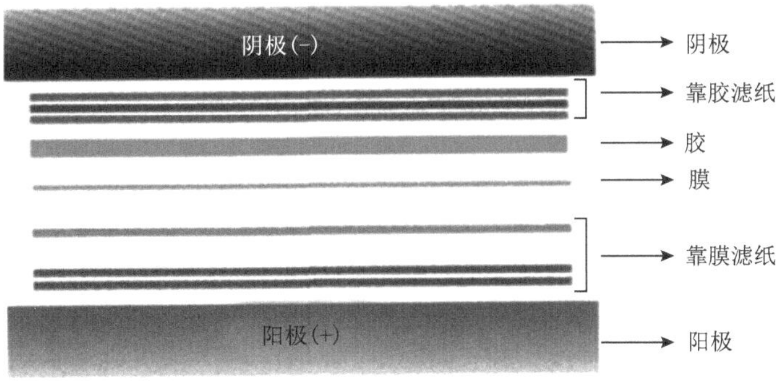

图 3-14　半干法转移示意图

半干转移用浸透缓冲液的多层滤纸代替缓冲液槽。因为电极板直接与滤纸接触，使凝胶中电场强度尽可能大以达到快速高效转移。与湿转相比，这种方法又快（15～45min）又好。多数半干转移方法使用一种以上的缓冲系统，可以同时高效转移大小不同的蛋白质。然而，半干转移系统因缓冲液较少不适于长时间转移。

（2）*槽式湿转*　湿转操作步骤与半干转移基本类似。区别在于湿转两边都是 3 层滤纸，转移电压和时间也有所不同。半干转移系统中，滤纸和膜切成与凝胶相同大小很重要，这样电流必须通过凝胶，否则，在凝胶边缘处滤纸重叠将导致电流短路。两种转移系统中都必须注意防止滤纸、凝胶和膜之间的任何地方存在气泡，气泡阻碍转移并在印迹膜上产生“秃斑”

（即非转移区）。小分子质量的蛋白质半干转效果比较好，大分子质量（100kDa 以上）的蛋白质建议湿转。

1）实验条件的选择：电流约为 0.3A，电压 100V，时间 1～2h，冰浴中进行转膜（转膜过程产生大量的热，冰浴冷却），具体转膜时间要根据目的蛋白的大小而定；目的蛋白的分子质量越大，需要的转膜时间越长，反之则短。

2）实验操作。

A. 将胶浸于转移缓冲液中平衡 10min（注意：如检测小分子蛋白质，可省略此步，因小分子蛋白质容易扩散出胶）。

B. 依据胶的大小剪取膜和滤纸 6 片，放入转移缓冲液中平衡 10min。如用 PVDF 膜需用甲醇浸泡 3～5s。

C. 装配转移“三明治”：阴极碳板+海绵+三层滤纸+胶+膜+三层滤纸+海绵+阳极碳板，每层放好后，用试管滚压赶去气泡。切记：胶放于负极面（黑色面）。

D. 将转移槽置于冰浴中，放入“三明治”（黑色面对黑色面），加转移缓冲液浸没“三明治”，插上电极（注意：应再次检查“三明治”和电极，是否装配正确，电源是否接通）。

E. 转膜结束后，切断电源，取出杂交膜。

槽式湿转示意图见图 3-15。

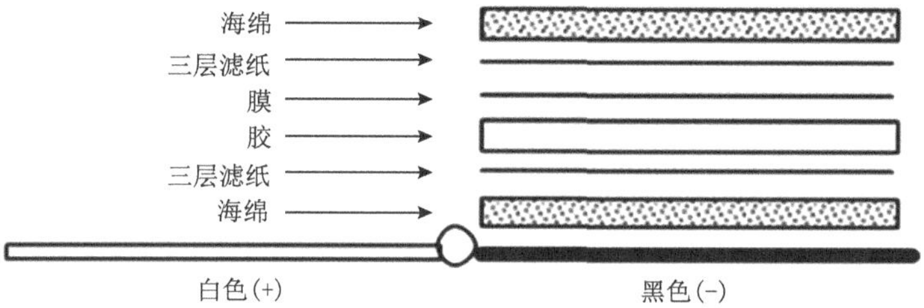

图 3-15　槽式湿转法转移示意图

（3）转移后效果的鉴定

1）染胶：用考马斯亮蓝染色再经脱色液脱色后，观察胶上是否还有蛋白质来判断转移的效果。

2）染膜：有两类染液选择，可逆的和不可逆的。可逆的有丽春红染色液（ponceau-S）、Fastgreen FC、CPTS 等，这类染料染色后，色素可以被洗掉，膜可以用做进一步的分析用。不可逆的染料，如考马斯亮蓝、India ink、氨基黑 10B 等，染色后膜就无法用于进一步的分析。

3）封闭（block）：封闭是为了使抗体仅仅与特异的蛋白质结合而不与膜结合。常用的封闭液有牛血清清蛋白（bovine serum albumin，BSA），脱脂奶粉（non-fat milk），casein，gelatin，Tween20 等，一般用脱脂奶粉。

在转移结束前配好 5%的脱脂牛奶（TBST 溶解）。转移结束后将膜放入脱脂奶粉溶液中（一定要放在干净的容器里，避免污染而且要用膜或盖子覆盖容器口），4℃封闭过夜，或室温下 1h。并清洗用过的滤纸，以便下次使用。

4）孵育一抗：①预先决定抗体稀释度；②配好 5%的脱脂奶粉（TBST 溶解），按要求稀释抗体（注意：如需高比例稀释，最好采用梯度稀释）；③将膜放入稀释的抗体溶液中，室温孵育 1h，或 4℃过夜，可根据抗体量和膜上抗原量适当延长或缩短时间。

注意：为了便于后面分析结果，一般会选用已确定分子质量大小而且纯度高的抗体作为分子质量标签 Marker 与一抗同时孵育。

5)洗涤：将膜放入 TBST 中，置于摇床上振荡洗涤 5min，重复 2 次。洗涤是为了洗去一抗与抗原的非特异性结合，洗涤的效果直接影响结果背景的深浅。

6)孵育二抗：用 5%脱脂奶粉 TBST 溶液稀释二抗，放入膜，室温下孵育 1h。一般采用 HRP(辣根过氧化物酶)标记的二抗，稀释比例为 1∶5000。二抗的稀释比例不能太低，否则容易导致非特异性的结合。

注意：二抗有多种选择，要根据一抗蛋白的种属来选择抗兔、抗鼠或者抗羊的二抗，以及根据后续的显色条件来选择 HRP、AP(碱性磷酸酶)或者 GOD(葡萄糖氧化酶)酶联的二抗或者标志其他探针(如核素等)。

7)洗涤：将膜放入 TBST 中，置于摇床上振荡洗涤 5min，重复 2 次。洗涤是为了洗去二抗的非特异性结合，洗涤的效果直接影响结果背景的深浅，所以洗涤一定要干净。

8)显色(HRP 酶)。

A. 增强化学发光法(ECL)。

ECL 显色原理：氨基苯二酰肼类主要是鲁米诺及异鲁米诺衍生物，是最常用的一类化学发光剂。鲁米诺(luminol，5′-氨基-2,3-二氢-1,4-酞嗪二酮)的分子结构及化学反应式如下。

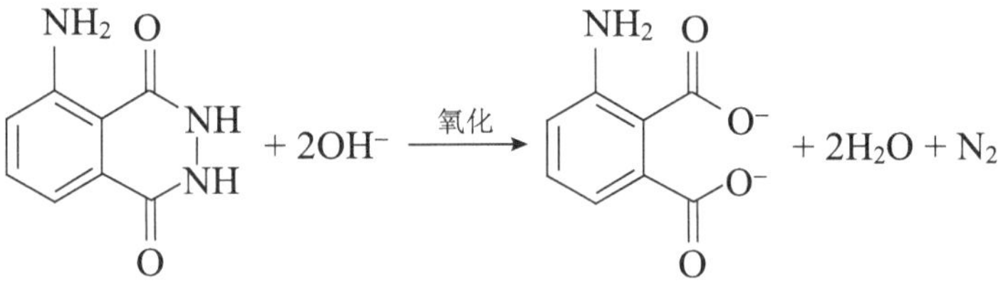

鲁米诺在免疫测定中既可用作标记物，也可用作过氧化物酶的底物。在 ECL 底物中，含有 H_2O_2 和鲁米诺，在 HRP 的作用下，发出荧光来。

B. 具体步骤：①将两种显色底物 1∶1 等体积混合(一般各 1mL/膜)；②将混合物覆盖在膜表面，1～2min，摇晃使均匀；③用保鲜膜把膜包起来，放入夹板中；④在暗室中将 X 光片，覆盖在膜的上面，夹好夹子，曝光 1min；⑤显影、定影；⑥根据结果调整曝光时间和曝光区域，得到最佳结果。

注意：荧光在一段时间后会越来越弱。

C. 3,3-二氨基联苯胺(DAB)显色：DAB 和 HRP 反应产生棕色的不溶终产物。这种棕色沉淀不溶于乙醇和其他有机溶剂，对于必需使用传统复染和封固介质的免疫组化染色应用特别理想。

对于 AP 标记的二抗，选用 BCIP 和 NBT 显色，它们在 AP 作用下反应可生成一种不溶性黑紫色沉淀的强信号。

【注意事项】

1. 一般注意事项

1)一抗的选择是影响免疫印迹成败的主要因素。多克隆抗体结合抗原能力较强、灵敏度高，但易产生非特异性的背景；单克隆抗体识别抗原特异性较好，但可能不识别在样品制备时因变性而失去了空间构型的抗原表位，且易发生交叉反应。因此，兼有多克隆抗体和单克隆抗体优点的混合单克隆抗体近年特别被推荐，它由一组能与抗原分子中的不同且不易变性的抗原表位结合并不易出现交叉反应的单克隆抗体混合构成。

2）使用化学发光检测时，底物液须按需要量临用前配制混合。

3）一般情况下使用 0.45μm 的 NC 膜，0.1～0.2μm 的小孔径膜只适合于分子质量小于 20kDa 的蛋白质。

4）如果出现非特异性的高背景，可观察对比仅用二抗单独处理转印膜所产生的背景强度，若高背景确由二抗产生，可适当降低二抗浓度或缩短二抗孵育时间；并考虑延长每一步的清洗时间。

5）一抗与二抗的稀释度、作用时间和温度对检测不同的蛋白质要求不同，须经预实验确定最佳条件。

6）滤纸/凝胶/转印膜/滤纸夹层组合中不能存在气泡，可用玻璃棒在夹层组合上滚动将气泡赶出，以提高转膜效率；半干转膜时上下两层滤纸不能过大，避免导致直接接触而引起短路。

7）PVDF 尼龙膜较 NC 膜柔软、结实、灵敏度高，易于操作且蛋白质结合能力强（PVDF 膜可结合蛋白质 480μg/cm^2，而 NC 膜只能结合蛋白质 80μg/cm^2）；缺点是 PVDF 尼龙膜背景也高，需要加强封闭；此外，PVDF 尼龙膜若在使用前先行用甲醇处理 5～10s，以活化膜表面的正电基团，使它更容易与带负电的蛋白质结合，可提高蛋白质在膜上的保留指数。如果反应灵敏度不高，可增加凝胶的厚度到 1.5mm（厚度超过 2.0mm 时，凝胶转移效率受限）；也可在电泳条带不发生变形的前提下，尽量提高蛋白质样品的上样量。

8）DAB 有潜在致癌的可能，操作时要小心仔细。

9）过夜温浴的注意事项：如果需要过夜、长时间抗体温浴，需要防止杂菌大量繁殖。一般可以于 4℃进行温浴，如果没有 4℃温浴条件，可以在温浴液中加入防腐剂。对于待用辣根过氧化物酶标记二抗进行检测时，可以在温浴液中加防腐剂硫柳汞至终浓度为 0.05%。

2. SDS-聚丙烯酰胺凝胶电泳（SDS-PAGE）注意事项及常遇到的问题

1）分离胶不要倒得太满，需要有一定的浓缩胶空间，否则起不到浓缩效果。

2）上样的蛋白量不应超过 30μg/mm^2（如果胶槽底面是 5mm×1mm，则载荷面为 1mm×5mm=5mm^2）。

3）胶通常在 0.5～1.0h 内凝集最好，过快表示 TEMED、APS 用量过多，此时胶太硬易龟裂，而且电泳时容易烧胶；太慢则说明两种试剂用量不够或者系统试剂不纯或失效。

4）混合搅拌速度太快产生气泡影响聚合，导致泳带畸形；太慢不均匀，特别是甘油。

5）电泳中常出现的一些现象："︶"条带呈笑脸状，原因为凝胶不均匀冷却，中间冷却不好；"︵"条带呈皱眉状，可能是由于装置不合适，特别可能是凝胶和玻璃挡板底部有气泡，或者两边聚合不完全；拖尾是因为样品溶解不好；纹理（纵向条纹）是因为样品中含有不溶性颗粒；条带偏斜是因为电极不平衡或者加样位置偏斜；条带两边扩散是因为加样量过多。

3. 转移注意事项及常遇到的问题

1）滤纸、胶、膜之间的大小，一般是滤纸≥膜≥胶。

2）滤纸、胶、膜之间千万不能有气泡，气泡会造成短路。

3)因为膜的疏水性，膜必须首先在甲醇中完全浸湿，使膜均匀地从不透明变成半透明。而且在后续操作中，膜必须保持湿润(干膜法除外)。

4)转移时间一般为 1.5h(1～2mA/cm^2，10% gel)，可根据分子质量大小调整转移时间和电流大小。

5)转膜之前将海绵、胶、膜都用预冷的转移缓冲液浸泡 20min。凝胶若是没在预冷的转膜缓冲液中浸泡，就会在转膜过程中出现凝胶皱缩，导致出现转移条带变形。

6)避免直接用手碰杂交膜，使用镊子。因为手上的蛋白质和油脂会影响转膜效率并会使膜污染。

【思考题】

1. 蛋白质印迹分析为什么只能检测已知蛋白质?
2. 蛋白质印迹分析为什么要用两次抗体?
3. 酶显色与荧光显色之间，各自优缺点是什么?
4. Western blot 中脱脂奶粉封闭的是哪些蛋白质? 原理是什么?

(柳爱华 刘 戟)

第三节 创新性实验项目

实验二十九 基因克隆与重组表达质粒的构建

【实验目的】

掌握基因克隆方法和基因重组表达质粒的构建；掌握基因克隆的基本步骤；熟悉载体需满足的基本条件和分类；了解克隆载体和表达载体的异同点。

【实验原理】

基因克隆(gene cloning)又称为分子克隆(molecular cloning)是指在体外将不同来源的DNA 分子进行切割、重新连接后组装成一个新的重组 DNA 分子并导入适当细胞进行大量增殖的过程。可通过基因克隆将目的基因装入表达载体，再导入细胞实现目的基因的表达或改造、创造新的生物类型。实现基因克隆所采用的方法与相关工作统称为重组 DNA 技术(recombinant DNA technique)，又称基因工程(genetic engineering)。

基因克隆一般包括五大基本步骤：目的 DNA 的分离获取(分)；限制性内切核酸酶酶切目的 DNA 和载体(切)；载体与目的 DNA 连接成重组体(接)；重组 DNA 转入受体细胞(转)；重组体的筛选与鉴定(筛)。因此，可将基因克隆的步骤总结为分、切、接、转、筛五步。

基因工程中常用的载体(vector)主要包括质粒(plasmid)、噬菌体(phage)和病毒(virus)三大类，其中最常用的是质粒。基因工程中理想载体的基本条件：①能自主复制；②具有包含多个单一限制性内切核酸酶酶切位点的多克隆位点(multiple cloning site，MCS)，且在多克隆位点中插入目的基因后不影响其复制功能；③带有 1～2 个便于筛选的标记基因；④安全性好，对受体细胞无害，不会任意转入其他生物的细胞，不能重组于宿主细胞的基因组中；⑤大小合适，易于操作。

天然载体并不完全具备上述条件，这些载体均需经人工设计和改造，除去致病基因，并赋予一些新的功能，如有利于进行筛选的标志基因、单一的限制酶切位点等。根据功能和用途不同，载体通常可分为克隆载体（cloning vector）和表达载体（expression vector）两大类。

1）克隆载体：克隆载体主要用于克隆和扩增目的基因片段。这类载体都有一个复制子，能带动外源基因在宿主细胞中进行高拷贝的复制扩增，但由于没有启动子或者启动子不能被宿主细胞 RNA 聚合酶识别而不能表达。常用的克隆载体有 pBR322、pUC18、pUC19、pMD18-T、pGEM-T 等。

2）表达载体：表达载体主要用于在宿主细胞中获得外源基因的表达产物（一般是蛋白质）。这类载体除具有克隆载体的基本元件 *ori*、Amp^r、*MCS* 等外，还具有转录、翻译所必需的 DNA 信号序列。表达载体具有较高的蛋白质表达效率，一般因为具有强的启动子。根据宿主细胞的不同，表达载体分为原核表达载体和真核表达载体。常用的原核表达载体有 pET-28a（+）、pET-30a（+）、pET-32a（+）、pGEX-4T-2 等，常用的真核表达载体有 pcDNA3.1（–）、pcDNA3.1（–）neo/Myc-His、pcDNA6-Myc/His、pCMV-HA 等。

基因克隆与重组表达质粒构建涉及相关知识较多，过程复杂。本实验以克隆编码乳酸脱氢酶同工酶的 *LDH-B* 亚基基因，并装入真核表达载体 pcDNA3.1（–）neo/Myc-His-A 为例，介绍基因克隆和重组真核表达质粒的构建过程。

【实验试剂和器材】

1. 试剂

1）质粒载体：pUC19 质粒，pcDNA3.1（–）neo/Myc-His-A 真核表达质粒。

2）基因克隆引物 LDH-B F 5′-CGGGATCCAAAATGGCAACTCTTAAGG-3′，LDH-B R 5′-GGGGTACCCAGGTCTTTTAGGTCCTT-3′，扩增产物的片段大小为 1025bp；菌落 PCR 引物 LDH-B-1 F 5′-GGAGCTTATTTCTTCAGACACCT-3′，LDH-B-1 R 5′-GACTGTACTTGACGATCTGAGG-3′扩增产物的片段大小为 183bp，退火温度 60℃。

3）高保真酶 Phusion High-Fidelity DNA Polymerase。

4）普通琼脂糖凝胶 DNA 回收试剂盒。

5）*Bam*H Ⅰ 和 *Kpn* Ⅰ 限制性内切核酸酶。

6）超薄 DNA 产物纯化试剂盒。

7）快速质粒小提试剂盒。

8）T4 DNA 连接酶。

9）LB 液体培养基：称取蛋白胨 10g，酵母提取物 5g，NaCl 10g 置于 1L 烧杯中。加入约 800mL 的去离子水，充分搅拌溶解。滴加 5mol/L 的 NaOH（约 0.2mL），调节 pH 至 7.0。加去离子水将培养基定容至 1L 后。高温高压灭菌后，4℃保存。

10）LB 选择固体培养基（LB+Amp+X-Gal+IPTG）：在液体培养基的基础上，加入琼脂粉 15g。高温高压灭菌后，冷却至约 60℃时加入 1mL 氨苄西林（100mg/mL）、1mL IPTG（24mg/mL）、2mL X-Gal（20mg/mL）后均匀混合。铺制平板（30～35mL 培养基/90mm 培养皿），4℃避光保存。如果配制仅含氨苄西林的固体培养基，按上述方法配制时不加 IPTG 和 X-Gal。

11）10×TBE 电泳缓冲液（pH 8.3）：取 Tris 108g，$Na_2EDTA \cdot 2H_2O$ 7.44g，硼酸 55g 置于 1L 烧杯中，向烧杯中加入约 800mL 蒸馏水，充分搅拌溶解。用蒸馏水定容至 1L 后，室温保存。1×TBE 电泳缓冲液由 10×TBE 电泳缓冲液稀释而来（可稀释至 0.5×TBE 使用），用作配制琼脂糖凝胶和电泳缓冲液。

12）大肠杆菌感受态细胞的制备：取 *E.coli* JM109 保存菌液 50mL 接种于 1mL SOB 培养液中，于 37℃ 180r/min 培养细菌至对数生长期。取 0.5mL 培养的菌液接种于 50mL SOB 中，18℃ 260r/min 振荡培养，直到 OD_{600} 达到 0.3。将培养物转移到 50mL 离心管中，1500*g* 离心 10min。弃上清，将离心管倒置于一张洁净的滤纸上，使培养液吸干。取 1mL 新配的 TB 溶液打散菌体沉淀，再加入 15mL TB（1/3 体积的起始培养液），置冰浴 10min，4℃ 1500*g* 离心 10min。弃上清，沉淀重悬于 4mL TB（1/12.5 体积的起始培养液），置冰浴 30min。加入 280mL DMSO，缓缓滴入并轻轻摇晃，使其充分混匀，置冰浴 10min。将细菌 100μL/管分装于 EP 管中，置−80℃冰箱保存。取 2 管感受态细胞分别加入 1μL ddH_2O（阴性对照）和 1μL 纯质粒（阳性对照）转化感受态 JM109，以检测其质量。阴性对照平板上应该无菌落生长，阳性对照平板上菌落数目多少显示感受态效率的高低。

13）*Taq* DNA 聚合酶。

14）EB 染色液：用 10mg/mL EB 溶液配制 5μg/mL 的 EB 染色液。EB 是一种致癌物质，操作必须小心。

2. 器材

基因扩增仪、恒温水浴锅、恒温摇床、凝胶成像系统、移液器、超微量分光光度计。

【实验步骤】

1. 引物设计

根据人 *LDH-B*（*hLDH-B*）全长 cDNA 序列（Genbank 序列号为 NM_001315537）、pUC19 质粒和真核表达载体 pcDNA3.1（−）neo/Myc-His-A 的多克隆位点，设计克隆编码 *LDH-B* 序列的引物。上游引物引入 *Bam*H Ⅰ 酶切位点及起始密码子，下游引物引入 *Kpn* Ⅰ 酶切位点，由于要融合表达 Myc 和 His 标签蛋白，需要去掉 *hLDH-B* 基因编码序列的终止密码子。上下游引物序列如下：LDH-B F 5′-CG<u>GGATCC</u>AAA**ATG**GCAACTCTTAAGG-3′，LDH-B R 5′-GG<u>GGTACC</u>CAGGTCTTTTAGGTCCTT-3′，下划线为引入的酶切位点，加粗字体为起始密码子。

2. PCR扩增*hLDH-B*基因的氨基酸编码序列

从人源的癌或永生化细胞系提取总 RNA，Oligo（dT）反转录得到的 cDNA 作为模板，高保真酶 Phusion High-Fidelity DNA Polymerase 扩增目标 DNA 片段。配制的 50μL PCR 反应体系，包括 5×Phusion GC buffer10μL，10mmol/L dNTP 1μL，10μmol/L 上下游引物各 2.5μL，cDNA 模板 2.5μL，ddH_2O 31μL，Phusion DNA 聚合酶 0.5μL。扩增反应条件为 98℃变性 30s，1 个循环；98℃变性 10s，65℃退火 20s，72℃延伸 30s，35 个循环；72℃再延伸 10min，4℃保持。PCR 扩增反应在基因扩增仪中进行。扩增反应结束后，取 5μL PCR 产物与上样缓冲液混合，在 1×TBE 电泳缓冲液配制的 1.0%琼脂糖凝胶中电泳，电泳后用 EB 溶液染色 5min，自来水脱色 1min，用凝胶成像系统拍照。如果 PCR 产物是一条特异条带，可直接纯化后进行酶切反应，不用做胶回收；如果用 *Taq* DNA 聚合酶进行 PCR 反应或者高保真酶后进行了加 A 反应，PCR 产物不需酶切反应即可纯化后直接与 T-载体连接。

3. 琼脂糖凝胶DNA回收

如果 PCR 产物不是一条特异条带，需利用琼脂糖凝胶 DNA 回收试剂盒回收目标 DNA。PCR 产物全部电泳后将目标 DNA 条带从琼脂糖凝胶中切下放入干净的 EP 管中，称取质量(0.1g 凝胶可视为 100μL 体积)，向胶块中加入等倍体积溶胶液 PN。50℃水浴放置，不断温和地上下摇动离心管，直至胶块充分溶解。将所得溶液加入一个吸附柱 CA2 中(吸附柱放入收集管中)，室温静置 2min，12 000r/min 离心 30s，倒掉收集管中废液后再将吸附柱放入收集管中。向吸附柱 CA2 中加入 600mL 漂洗液 PW，12 000r/min 离心 30s，倒掉收集管中的废液后再将吸附柱放入收集管中。再向吸附柱 CA2 中加入 600μL 漂洗液，12 000 r/min 离心 30s，倒掉收集管中废液后再将吸附柱放入收集管中，12 000r/min 空离心 2min，尽量除去漂洗液。将吸附柱置于室温数分钟，彻底晾干，将吸附柱 CA2 放到一个干净离心管中，向膜中间位置悬空滴加适量 30μL 洗脱缓冲液，室温放置 2min，12 000r/min 离心 2min 收集 DNA 溶液，用超微量分光光度计检测 DNA 浓度和纯度。

4. 酶切反应(双酶切)

将胶回收的 PCR 产物和 pUC19 载体质粒分别用 *Bam*HⅠ和 *Kpn*Ⅰ内切酶双酶切。20μL 酶切反应体系包括 10×K buffer 1μL，PCR 产物和 pUC19 质粒≤1μg，*Bam*HⅠ内切酶 1μL，*Kpn*Ⅰ内切酶 1μL，用 ddH_2O 补足至 20μL，37℃条件下酶切 1h。

5. 酶切产物的纯化与连接

酶切后需用 DNA 产物纯化试剂盒对酶切产物进行纯化。将酶切后的混合液转移至干净的 1.5mL EP 管中，加入 5 倍体积的结合液 PB，充分混匀。混合液转移至吸附柱 CB1 中(吸附柱放入收集管中)，室温放置 2min，12 000r/min 离心 30s，倒掉收集管中的废液，将吸附柱 CB1 放入收集管中。向吸附柱 CB1 中加入 600μL 漂洗液 PW，12 000r/min 离心 30s，倒掉收集管中的废液，将吸附柱 CB1 放入收集管中。用漂洗液 PW 重复洗一次后倒掉收集管中的废液，12 000r/min 空离心 2min。将吸附柱置于室温放置数分钟，彻底地晾干，以防止残留的漂洗液影响下一步的实验。取出吸附柱 CB1，放入一个干净的 1.5mL EP 管中，向吸附膜中间位置悬空滴加 20～50μL 洗脱缓冲液 EB，室温放置 2min。12 000r/min 离心 2min，收集 DNA 溶液，用超微量分光光度计检测 DNA 浓度和纯度。纯化片段连接反应如下：加入目的 DNA(含 *Bam*HⅠ/*Kpn*Ⅰ黏性末端的 *hLDH-B*)25～250fmol，质粒 DNA 溶液 50ng(25fmol)，1.5μL 的连接缓冲液，0.75μL 的 T4 连接酶，ddH_2O 补充到 15μL，充分混匀后置于 16℃连接过夜。

6. 质粒DNA的转化

1)从−80℃冰箱取出 100μL 的 JM109 大肠杆菌感受态细胞，待其刚刚融化时，迅速加入 10μL 连接液，混合均匀，冰浴 30min。

2)置于 42℃水浴热激 45s，然后冰浴 2min。

3）加入预热至 37℃的 SOB 或 LB 液体培养基 900μL，置于 37℃恒温摇床，180r/min 振荡培养 1h。

4）4000r/min 离心 2min，去除 800μL 上清。

5）用余下的液体重悬菌体沉淀，将重悬菌液均匀涂布于 LB 选择固体培养基（LB+Amp+X-Gal+IPTG）。

6）将固体平板 37℃正置 30min 后倒置培养 12～16h 进行蓝白斑筛选。

7. 菌落PCR筛选阳性克隆

20μL PCR 反应体系，包括 ddH_2O 15.4μL，10×*Taq* buffer 2μL，10mmol/L dNTP 0.4μL，10μmol/L LDH-B-1 上下游引物各 0.4μL，*Taq* DNA 聚合酶 0.4μL，用牙签挑取步骤 6 的白色单克隆菌落在干净的含氨苄西林的 LB 固体培养平板上划线备份后，将牙签上剩余的菌落悬浮于上述 PCR 反应液中作为 PCR 扩增模板。扩增反应条件为 94℃变性 3min，1 个循环；94℃变性 30s，60℃退火 30s，72℃延伸 30s，25 个循环；72℃再延伸 7min，12℃保持。PCR 扩增反应在基因扩增仪中进行。扩增反应结束后，用 1.0%琼脂糖凝胶，在 1×TBE 电泳缓冲液中电泳，电泳后用 EB 染色液染 2～3min，自来水脱色 1min，用凝胶成像系统拍照。若 PCR 扩增片段大小与预计目的片段大小一致，则认为该克隆为阳性克隆。

8. 阳性克隆的鉴定确认

鉴定阳性克隆的常用方法是提取质粒后进行酶切鉴定，因此需先扩大培养初筛的阳性菌落，然后用快速质粒小提试剂盒提取质粒，再酶切质粒后电泳观察结果。挑取经上一步菌落 PCR 验证的划线菌落，接种于 5mL LB 培养液中，并加入 1‰的 100mg/mL 氨苄西林，置于 37℃，180r/min 培养过夜。次日，将培养过夜的 5mL 菌液于 1.5mL EP 管中 12 000r/min 分批离心 1min 收集培养的菌体，最后彻底去除上清。向留有菌体的离心管中加入 150μL 溶液 P1，用吸头或振荡器彻底悬浮细菌沉淀。再向离心管加入 150μL 溶液 P2，立即温和地上下翻转 6～8 次使菌体充分裂解。向离心管中加入 350μL 溶液 P5，立即快速地上下颠倒混匀 12～20 次，充分混匀，此时将出现絮状沉淀，12 000r/min 离心 2min。将上清液小心转移到吸附柱 CP3 中（吸附柱放入收集管中），注意尽量不要吸出沉淀。12 000r/min 离心 30s 后弃掉废液，将吸附柱 CP3 重新放入收集管中。向吸附柱 CP3 中加入 300μL 漂洗液 PWT，12 000r/min 离心 30s 后弃掉废液，将吸附柱 CP3 重新放入收集管中。12 000r/min 空离心 1min，尽量除去漂洗液。取出吸附柱 CP3，放入一个干净的 1.5mL EP 管中，向吸附膜中间位置悬空滴加 50～100μL 洗脱缓冲液 TB 或 ddH_2O，12 000r/min 离心 30s，收集质粒 DNA 溶液，用超微量分光光度计检测 DNA 浓度和纯度。

用提取的质粒 DNA 重复双酶切实验，电泳后根据片段大小初步确定克隆成功后，再将质粒送公司进一步测序确认。

9. 亚克隆构建重组表达质粒

经测序确认克隆的序列是 *hLDH-B* 且无突变后，重复步骤 4～8，将从 pUC19-*hLDH-B* 重组质粒切下 *hLDH-B* 基因编码序列，再装入真核表达质粒 pcDNA3.1（–）neo/Myc-His-A 中，即可成功构建 pcDNA3.1（–）neo/Myc-His-hLDH-B 重组表达质粒。

【注意事项】

1）根据所用表达载体的多克隆位点选择酶切位点，并且所选择的酶切位点一定不能出现在克隆基因的编码序列中。此外，还需注意酶切位点的方向，以避免将目的基因装入的方向弄错。

2）如果希望融合表达标签蛋白，除选择可表达标签蛋白的载体外，还须在下游引物中去掉终止密码子，并且注意外源基因装入载体后密码子的连续性，应保证标签蛋白的正确表达。

3）在操作过程中要注意无菌操作和防止交叉污染。

4）由于黏性末端的氢键结合是不稳定的，不足以抵抗较高温度时的分子运动，因此连接反应通常要求在较低温度和较长时间的条件下进行。最常用的温度是 12～16℃过夜，也可以在 7～8℃连接 2～3d。

5）连接反应除需要高质量的连接酶外，还需要高纯度的 DNA 样品，如果 DNA 样品中混有 EDTA、蛋白质、琼脂糖、RNA 等都可能影响连接效果。

【思考题】

1. 为什么在克隆基因编码区序列中出现的限制酶酶切位点不能引入 PCR 引物？
2. 重组 DNA 转入大肠杆菌的目的是什么？
3. 通过什么方法可以最终确认基因克隆成功？
4. 融合表达标签蛋白有何意义？
5. 克隆载体、原核表达载体和真核表达载体有何异同点？

（曾凡才　罗　波）

实验三十　基因重组表达质粒在原核细胞中的表达、纯化与鉴定

【实验目的】

掌握在原核细胞中表达、纯化和鉴定外源蛋白质的方法；了解原核重组表达质粒的构建。

【实验原理】

将希望表达的目的基因克隆后装入合适的原核表达载体中，再将重组的原核表达载体导入相应大肠杆菌宿主菌用于大量表达蛋白质的方法一般称为原核表达。这种方法在蛋白质纯化、定位及功能分析等方面都有应用。大肠杆菌用于表达重组蛋白有以下特点：①易于生长和控制；②用于细菌培养的材料不及哺乳动物细胞系统的材料昂贵；③有各种各样的大肠杆菌菌株及与之匹配的具各种特性的表达质粒可供选择。但是，在大肠杆菌中表达的蛋白质由于缺少修饰和糖基化、磷酸化等翻译后加工，常形成包涵体而影响表达蛋白的生物学活性及构象。

表达载体在基因工程中具有十分重要的作用，原核表达载体通常为质粒，典型的表达载体应具有以下几种元件：①选择标志的编码序列；②可控转录的启动子；③转录调控序列（转录终止子和核糖体结合位点等）；④一个多克隆位点；⑤宿主体内自主复制的序列。

蛋白质纯化的方法较多，广泛应用的是液相层析纯化。在液相层析蛋白质纯化方法中应用较多的是亲和层析、离子交换层析和凝胶过滤层析等。本实验主要应用亲和层析中的镍（Ni）

亲和层析纯化原核表达蛋白，镍亲和层析的基本原理是镍金属离子可与树脂颗粒上结合的NTA（次氮基三乙酸）形成金属络合物，原核表达的6×His标签蛋白与树脂颗粒上络合的镍金属离子之间有比较强的亲和力而特异地结合原核表达蛋白，再利用不同条件的洗脱液将原核表达蛋白特异洗脱并收集，以获得纯化的原核表达蛋白。

原核表达一般程序如下：获得目的基因→准备表达载体→将目的基因插入表达载体中（测序验证）→转化表达宿主菌→诱导靶蛋白的表达→表达蛋白的分析→扩增、纯化、进一步检测。

【实验试剂和器材】

1. 试剂

1）pET30a（+）-*hLDH-B* 重组原核表达质粒。

2）BL21（DE3）大肠杆菌感受态细胞。

3）LB 液体培养基：称取蛋白胨 10g，酵母提取物 5g，NaCl 10g 置于 1L 烧杯中。加入约800mL 的去离子水，充分搅拌溶解。滴加 5mol/L 的 NaOH（约 0.2mL），调节 pH 至 7.0。加去离子水将培养基定容至 1L 后。高温高压灭菌后，4℃保存。

4）LB 固体培养基平板（含卡拉霉素）：在 LB 液体培养基的基础上，加入琼脂粉 15g。高温高压灭菌后，冷却至约 60℃时加入 5mL 浓度为 20mg/mL 的卡拉霉素储存液后混匀。铺制平板（30～35mL 培养基/90mm 培养皿），4℃避光保存。

5）Ni-琼脂糖凝胶 6FF。

6）20mg/mL 卡拉霉素储存液：用 ddH_2O 配制浓度为 20mg/mL 卡拉霉素溶液，0.22μm 一次性滤器过滤后，每管 1mL 分装保存。

7）50mg/mL 溶菌酶。

8）100mmol/L PMSF：称量 0.174g PMSF（针状结晶固体）溶于 10mL 异丙醇，振荡混匀，保存于–20℃或 4 ℃。

9）100mmol/L IPTG（异丙基硫代-β-D-半乳糖苷）：2.38g IPTG 溶于 100mL ddH_2O 中，0.22μm 滤膜抽滤，–20℃保存。

10）5×蛋白上样缓冲液：1.0mol/L Tris-HCl 缓冲液（pH 6.8）1.25mL，溴酚蓝（Bromo phenol blue，BPB，示踪剂）25mg，甘油 2.5mL，加去离子水溶解后定容至 5mL，500μL/份分装后室温保存。使用前每小份加入 25μL β-巯基乙醇（2-ME）混匀（加了 2-ME 的上样缓冲液可在室温下存放一个月左右）。

11）10% TritonX-100：取 1mL TritonX-100 用 ddH_2O 定容至 10mL。

12）NTA-0 buffer，NTA-20 buffer，NTA-40 buffer，NTA-60 buffer，NTA-80 buffer，NTA-100 buffer，NTA-200 buffer，NTA-1000 buffer：分别为浓度 20mmol/L Tris-HCl pH 7.9，0.5mol/L NaCl，10%甘油，添加 0、20mmol/L、40mmol/L、60mmol/L、80mmol/L、100mmol/L、200mmol/L、1000 mmol/L 咪唑。

2. 器材

250mL 锥形瓶、3mL 亲和层析柱空柱管、恒温水浴锅、恒温摇床、可见光分光度计、超声破碎仪。

【实验步骤】

1. 重组表达质粒的构建

根据创新性实验项目实验二十九基因克隆与重组表达质粒构建的实验方法构建 pET30a(+)-*hLDH-B* 重组原核表达质粒，也可以根据实验需要将希望原核表达的目的基因装入原核表达载体中构建重组原核表达质粒。本实验选用的镍亲和层析方法，需融合表达原核表达载体的 His 标签蛋白，因此在构建重组表达质粒时必须去掉目的基因的终止密码子。

2. 重组表达质粒DNA转化表达宿主菌的感受态细胞

1) 从−80℃冰箱取出一支 100μL 的 BL21(DE3) 大肠杆菌感受态细胞，待其刚刚融化时，迅速加入 1μL pET30a(+)-*hLDH-B* 重组原核表达质粒，混合均匀，冰浴 30min。

2) 置于 42℃水浴热激 45s，然后冰浴 2min。

3) 加入 900μL SOB 或 LB 液体培养基，混合均匀后置于 37℃恒温摇床，180r/min 振荡培养 1h。

4) 4000r/min 离心 2min，去除 800μL 上清，用余下的液体重悬菌体沉淀，将重悬菌液均匀涂布于含有卡拉霉素的 LB 固体平板上，将固体平板 37℃正置 30min 后倒置培养 12～16h。

5) 挑单克隆菌落划线备份后摇菌并提取质粒经酶切鉴定（详细操作步骤同实验十七）。

3. 诱导表达

1) 从经酶切验证且新鲜划线的平板中挑取单克隆，接入 50mL 含有 100μg/mL 卡拉霉素（加入 20mg/mL 的卡拉霉素 250μL）的 LB 液体培养基中，选用 250mL 锥形瓶。为获得良好的通气，培养基最多为锥形瓶体积的 20%。

2) 37℃，180r/min，摇床培养 OD_{600} 至 0.4～1.0。培养大约 3h 测 OD_{600}，建议 OD_{600} 为 0.6。避免过夜培养以防止本底表达升高，以及培养基中的抗生素损耗。

3) 在菌液中加入 100mmol/L IPTG 储存液至终浓度 1mmol/L（T7*lac* 启动子），将摇床设置为 30℃，180r/min，继续培养 2～4h。

在加入 IPTG 之前取 1mL 菌液，加入 IPTG 后，每 1h 取 1mL 菌液。收集的所有菌液样品 16 000r/min 离心 2min，以收获菌体沉淀，用 1mL NTA-0 buffer 重悬沉淀后洗涤 2 次，200μL NTA-0 buffer 重悬沉淀，加入 2μL 100mmol/L PMSF，超声强度为 25%，超声持续 5s，暂停 10s，反复超声操作 3 次，于冰上操作。超声后每管样品取 80μL，加入 5×蛋白上样缓冲液 20μL，混匀，沸水煮 5min，做 SDS-PAGE 等分析。

4) 诱导完成后将摇瓶置于冰上 5min，4000r/min 离心 5min，收集菌体，用 30mL NTA-0 buffer 洗涤菌体 2 次后，立即进行后续实验或置于−70℃保存。

4. 蛋白质纯化（His标签，非变性条件）

1) 加入 2mL（1/20 细胞生长体积）NTA-0 buffer 和 20μL 100mmol/L PMSF，现配现用。

2) 将细胞重悬，加入 40μL 浓度为 50mg/mL 的溶菌酶，混匀，冰上放置 30min，转入一个干净的 5mL 离心管，在冰上超声（超声强度为 25%，超声操作 5s，暂停 10s，反复超声 5 次，于冰上操作）。

3) 加入 10% TritonX-100，使终浓度为 0.05%，充分混匀，冰上放置 15min。

4)转入一个干净的 2mL 离心管，16 000r/min，4℃离心 15min。取上清用于纯化，沉淀用 1mL NTA-0 buffer 重悬后，置于冰上备用或–20℃保存。

5)将 NTA 树脂重悬后，取 1mL 装入亲和层析柱空柱管，用 5mL NTA-0 buffer 洗层析柱。

6)将上清样品加至 NTA 层析柱，收集穿透部分，每管收集 1mL，可用 SDS-PAGE 分析蛋白的结合情况。

7)层析用 3mL NTA-0 buffer 洗，收集洗脱液，每管收集 1mL。

8)然后均用 3mL NTA-20 buffer，NTA-40 buffer，NTA-60 buffer，NTA-80 buffer，NTA-100 buffer，NTA-200 buffer，NTA-1000 buffer 依次洗，收集洗脱液，每管收集 1mL，每一洗脱液浓度收集 3 管，依次编号为 1，2，3 号管。

9)从每一洗脱液浓度中编号为 2 的收集管内取 80μL，加入 5×蛋白上样缓冲液 20μL 混匀，沸水煮 5min，做 SDS-PAGE 等分析。

10)确定目标蛋白质在洗脱液中的分布情况。最为有效的方式是 SDS-PAGE 分析，也可以用 Bradford 蛋白质测定试剂盒，快速确定蛋白质的含量，然后用 SDS-PAGE 分析蛋白质的分布。

11)纯化的目标蛋白质的保存条件需要根据蛋白质的性质和用途确定。

5. 蛋白鉴定

通过 SDS-PAGE 电泳鉴定纯化蛋白质的纯度和大小，详细实验原理和方法参见实验十 SDS-PAGE 测定蛋白质相对分子质量。

【注意事项】

1)选择表达载体时，要根据所表达蛋白质的最终应用考虑。如为方便纯化，可选择融合表达；如为获得天然蛋白，可选择非融合表达。

2)融合表达时在选择外源 DNA 同载体分子连接反应时，对转录和翻译过程中密码结构的阅读不能发生干扰。

3)选择表达宿主之前，要先对靶基因中的密码子进行分析。如果有细菌不常用的密码子，需要考虑更换表达菌株。例如，不能使用 BL21(DE3)进行表达，可以选择 Rosetta 系列菌株，如 Rosetta2。这种携带 pRARE2 质粒的 BL21 衍生菌，补充了大肠杆菌缺乏的 7 种(AUA、AGG、AGA、CUA、CCC、GGA 及 CGG)稀有密码子对应的 tRNA，所以这类菌株能够明显改善大肠杆菌中由于稀有密码子造成的表达限制。

4)在进行 SDS-PAGE 分析时，若表达的蛋白质与实际大小不相符，原因可能是：由于净电荷而使结果相差 10kDa 左右，由于稀有密码子的问题也会造成表达产物的截短(特殊情况)。

5)注意根据选用的质粒确定应加的抗生素。

【思考题】

1. 为什么加入 IPTG 诱导？为什么要细菌长 3h 左右再诱导？
2. 本实验为什么要选用 BL21(DE3)大肠杆菌？是否可选用其他大肠杆菌？
3. 为什么要选用不同浓度的咪唑溶液作为洗脱液？
4. 如何判断原核表达的目的蛋白是包涵体还是可溶蛋白？

（曾凡才　罗　波）

实验三十一　基因重组表达质粒在真核细胞中的表达与检测

【实验目的】

掌握瞬时转染质粒 DNA 的方法；掌握蛋白样品提取和定量的方法；掌握应用 Western blot 检测目的蛋白表达的方法；熟悉外源基因在真核细胞中表达的原理。

【实验原理】

基因工程研究中常用的真核表达系统有酵母表达系统、昆虫细胞表达系统和哺乳动物细胞表达系统。酵母表达系统和昆虫细胞表达系统蛋白质表达量多，生产成本较低，但其修饰加工体系与哺乳动物细胞不完全相同；哺乳动物细胞表达系统所表达的蛋白质最接近天然蛋白质的生物学活性，但是表达量较低且操作烦琐。由于各种表达系统翻译后的加工修饰不完全相同，所表达的外源蛋白的生物学活性和免疫原性可能会有差别。因此，在选择表达系统时，必须充分考虑各方面因素，如所表达蛋白质的性质、实验条件、生产成本、表达水平和安全性等，最终选择恰当的表达系统进行实验。

哺乳动物细胞表达系统是应用最广泛的真核表达系统，哺乳动物细胞表达系统主要有瞬时表达系统、稳定表达系统和病毒载体表达系统。本实验主要介绍瞬时表达系统，即将希望在哺乳动物细胞表达系统中表达的基因经基因重组技术装入真核表达质粒中，然后通过脂质体转染的方法将外源重组质粒导入培养的哺乳动物细胞，在 18～72h 内检测外源蛋白的表达或对细胞功能的影响。

【实验试剂和器材】

1. 试剂

1) pcDNA3.1(-) neo/Myc-His-hLDH-B 重组真核表达质粒。

2) Lipofectamine TM 2000。

3) Opti-MEM 培养基、PBS、RIPA 裂解液、1mmol/L PMSF。

4) 5×SDS-PAGE 上样缓冲液：1.0mol/L Tris-HCl 缓冲液(pH 6.8) 1.25mL，溴酚蓝 25mg，SDS 0.5g，甘油 2.5mL，加去离子水溶解后定容至 5mL，500μL/份分装后室温保存。使用前每小份加入 25μL β-巯基乙醇(2-ME)混匀(加了 2-ME 的上样缓冲液可在室温下存放一个月左右)。

5) 1.5mol/L Tris-HCl (pH 8.9)：称取 Tris 181.7g，1mol/L HCl 溶液约 48mL，加去离子水 800mL 使其溶解，pH 调至 8.9，用去离子水定容至 1000mL，置棕色瓶中，4℃冰箱保存。

6) 1.0mol/L Tris-HCl(pH 6.8)：称取 Tris 121.1g，1mol/L HCl 溶液约 48mL，加去离子水至 800mL 使其溶解，pH 调至 6.8，用去离子水定容至 1000mL，置棕色瓶中，4℃冰箱保存。

7) 30%丙烯酰胺：称取 290g 丙烯酰胺(Acr)，10g 甲叉双丙烯酰胺(Bis)，加去离子水约 600mL 溶解后定容至 1000mL，用 0.45μm 滤器滤去杂质后盛于棕色瓶中，4℃冰箱保存，可使用 1 个月。

8) 10%过硫酸铵：称取过硫酸铵 0.5g，加去离子水 5mL。临用前配制，4℃冰箱存放，最长不超过 1 周。

9) TEMED(四甲基乙二胺)：原包装液，存于4℃冰箱备用。

10) 10% SDS：称取SDS 1.0g，加去离子水溶解并定容至10mL，1.0mL/份分装置4℃冰箱保存。

11) 5×电泳缓冲液：称取Tris 15g，甘氨酸72g溶解于800mL蒸馏水中，搅拌完全溶解后定容到1L，此时pH约为8.5，可用pH试纸测试一下，一般不用调pH。

12) 1×电泳缓冲液：取5×电泳缓冲液200mL，10% SDS10mL，用蒸馏水容至1L。

13) 1×转移缓冲液：取5×电泳缓冲液200mL，甲醇200mL，用蒸馏水定容至1L。

14) 10×TBS缓冲液：称取12g Tris，90g NaCl溶解于800mL蒸馏水中，搅拌完全溶解后，用HCl溶液将pH调至7.4，用蒸馏水定容到1L。

15) 1×TBS/T缓冲液：取100mL 10×TBS缓冲液，900mL蒸馏水，0.5mL Tween20，充分搅拌溶解。

16) 封闭缓冲液：取5g脱脂奶粉搅拌溶解于100mL 1×TBST缓冲液中。

17) HRP化学发光检测试剂盒和BCA蛋白质浓度测定试剂盒(增强型)。

2. 器材

制冰机、恒温培养箱、超声破碎仪、酶标仪、移液器、CO_2培养箱、普通电泳仪、小型垂直电泳槽、化学发光成像系统。

【实验步骤】

1. 准备质粒

应用实验二十九构建的pcDNA3.1(-)neo/Myc-His-*hLDH-B*重组真核表达质粒，也可以用其他的重组真核表达质粒，除用于检测的特异抗体不同外，后续操作方法基本相同。

2. 转染质粒

取对数生长期哺乳动物细胞(如HEK293T细胞)，以1×10^6个/孔的密度接种于6孔板中，在2mL无抗生素培养基中培养过夜。准备两支EP管，分别标记为DNA和Lipo，然后分别在两支EP管中加入250mL Opti-MEM培养基，在标记为DNA的一支EP管加入基因重组真核表达质粒4μg，在标记为Lipo的另一支EP管中加入脂质体Lipofectamine TM 2000 10μL，分别混匀后在室温静置5min。将标记为DNA的EP管中的液体加入标记为Lipo的另一支EP管中，轻轻混匀。室温静置20min后，将EP管中Lipofectamine TM 2000包裹质粒DNA后的转染液加入已准备好的6孔板培养细胞中，十字形移动6孔板以混匀培养基，在37℃，5% CO_2培养18～72h。

3. 样品制备

1) 转染细胞18～72h后，从二氧化碳培养箱中取出6孔板，用1mL移液器吸弃培养基，加入2mL预冷的PBS洗细胞2次。吸取液体时一定要小心，不能吹打和吸取贴壁细胞。

2) 尽量吸干培养孔中的液体后加入150μL RIPA裂解液(裂解液临用前加入100mmol/L PMSF至终浓度为1mmol/L)，用细胞刮刀刮取培养孔内的细胞，将细胞裂解液全部吸入一干净的1.5mL EP管中，冰上裂解10min。以10%的超声强度在冰上超2s，停3s，重复5次。

3)4℃，16 000r/min 离心 10min，小心吸取 80μL 上清液至一干净的 1.5mL EP 管中，并加入 5×上样缓冲液 20μL，在沸水中煮沸 5min 后，在冰上放置 2min，此样品用于蛋白质电泳上样，离心管中剩余上清液可用于蛋白质浓度测定。

4. BCA法测定蛋白质浓度(微孔酶标仪法)

1)配制工作液：根据标准品和样品数量，按 50 体积 BCA 试剂加 1 体积 Cu 试剂(50∶1)配制成 BCA 工作液，充分混匀(混合时可能会有浑浊，但混匀后会消失)。BCA 工作液室温 24h 内稳定。

2)稀释标准品：取 10μL 牛血清清蛋白(BSA)标准品用 RIPA 裂解液稀释至 100μL，使终浓度为 0.5mg/mL。将标准品按 0，2μL，4μL，6μL，8μL，12μL，16μL，20μL 加到 96 孔板的蛋白质标准品孔中，并在每孔中加 RIPA 裂解液补足至 20μL。

3)样品做适当稀释(最好多做几个梯度，如做 2 倍、4 倍、8 倍稀释)，加 20μL 到 96 孔板的样品孔中。由于移液器在取小量样品时误差偏大，标准线前面的点可能不很准确，因此尽可能地让样品点落在标准线 1/2 后。

4)每孔加入 200μL BCA 工作液，在 37℃放置 15～30min。用酶标仪测定 OD_{562}，根据标准曲线计算出蛋白质浓度。

5. 制备凝胶

1)安装夹心式垂直玻璃板并紧固，确保灌胶时无漏液。

2)制备分离胶：确定所需凝胶溶液的体积，并按所需丙烯酰胺浓度(表 3-38)配制分离胶溶液。一旦加入 TEMED，马上开始聚合，故应立即快速旋动混合物并进行下一步的操作。

表 3-38 总体积 10mL 不同浓度分离胶溶液的配制

凝胶浓度/%	6	8	10	12	15
双蒸水/mL	5.3	4.6	4.0	3.3	2.3
30%丙烯酰胺/mL	2.0	2.7	3.3	4.0	5.0
1.5mol/L Tris-HCl(pH 8.8)/mL	2.5	2.5	2.5	2.5	2.5
10% SDS/mL	0.1	0.1	0.1	0.1	0.1
10%过硫酸铵/mL	0.1	0.1	0.1	0.1	0.1
TEMED/mL	0.008	0.006	0.004	0.004	0.004

3)迅速在两玻璃板的间隙中灌注分离胶溶液，留出灌注浓缩胶所需空间(梳子的齿长再加 0.5cm)，再在胶液面上小心注入一层水或异丙醇(2～3mm)，以阻止空气进入凝胶溶液而影响凝胶的聚合。

4)分离胶聚合完全后(约 30min)，倾出覆盖水层，再用滤纸小心吸净残留水，滤纸不能碰到凝胶面。

5)制备浓缩胶：参考表 3-39 给出的数据，在小烧杯中制备一定体积的浓缩胶溶液，一旦加入 TEMED，马上开始聚合，故应立即快速旋动混合物并进行下一步的操作。

表 3-39 5%浓缩胶溶液的配制

总体积/mL	3.0	5.0	8.0
双蒸水/mL	2.057	3.435	5.532
30%丙烯酰胺/mL	0.5	0.83	1.3
1.0mol/L Tris-HCl(pH 6.8)/mL	0.38	0.63	1.0
10% SDS/mL	0.03	0.05	0.08
10%过硫酸铵/mL	0.03	0.05	0.08
TEMED/mL	0.003	0.005	0.008

6)在聚合的分离胶上直接灌注浓缩胶溶液，立即在溶液中插入干净的梳子。避免混入气泡，再加入浓缩胶溶液以充满梳子之间的空隙，将凝胶垂直放置于室温下。

6. 上样

浓缩胶聚合完全后(约 30min)，小心移出梳子。把凝胶板固定于电泳装置上，上下槽均加入 1×电泳缓冲液。必须设法排出凝胶底部两玻璃板之间的气泡。按预定顺序加样，加样量通常为 10～25μL(1.0mm 厚的胶)。

7. 电泳

将电泳装置与电源相接，调节电压为 80V，电泳 30min，当染料溴酚蓝指示剂前沿进入分离胶后，把电压提高至 120V，继续电泳直至溴酚蓝到达分离胶底部上方约 1cm，然后关闭电源。

8. 转膜(湿转法)

1)电泳完成前裁剪适量大小的 PVDF 膜，将膜放入无水甲醇浸润活化 15s，然后用 1×转移缓冲液洗 3×5min。电泳完成后切胶同 PVDF 膜大小，置于 1×转移缓冲液中平衡 20min。

2)在一浅托盘中加入适量 1×转移缓冲液，将海绵垫置于其中，将 4 张滤纸浸泡于其中，滤纸大小与膜大小一致。

3)胶与膜的安装：①将黑色样品夹平铺在最底层；②将一块浸湿的海绵垫平铺在黑色样品夹板上，将 2 张浸湿的滤纸平铺在海绵垫上。在滤纸上放置电泳后的凝胶，再在凝胶上依次放入用 1×转移缓冲液浸湿的膜和 2 张滤纸，确认胶与膜紧密贴合且无气泡，覆盖上另一张海绵垫；③将连着锁紧滑块的透明样品夹板与黑色样品夹板对合，锁紧样品夹，完成一个转移单元。如果要同时转移两块胶，依上述步骤再制作一个转移单元。

4)将转移单元的黑色样品夹板面对着转移槽电极架的黑色面(阴极)，透明样品夹板面对着转移槽电极架的红色面(阳极)插入转移槽电极架，并确认转移单元插到转移槽电极架的底边。

5)注入 1×转移缓冲液(预先在冰箱中冷却)，直至将转移孔板全部淹没为止。

6)接通电源和冷却水(电泳温度最好保持在 4℃，或放在冰箱内)，开始电泳转移，一般使用 250mA 大约 1h 可以完成转移(采用高电流所需电泳时间短，但产热多，转移效率低，反之，采用低电流产热少，转移效率高，但费时)。

9. 抗体孵育

1) 转膜结束后，用 1×TBST 洗膜 5min，5%的脱脂奶粉封闭 1h，可在 4℃封闭过夜。封闭结束后用 1×TBST 洗膜 3×5min，将膜放入一抗溶液中 4℃孵育过夜。

2) 1×TBST 洗膜 3×15min，将膜置于二抗溶液中室温孵育 1h，将膜取出后，1×TBST 洗膜 2×15min，最后用 1×TBS 洗膜 5min。

10. 显影

在干净的桌面铺一张保鲜膜，根据膜的大小确定发光液的大概体积后，取等体积的 HRP 化学发光检测试剂盒中的 A 液和 B 液在一干净的 EP 管内混匀组成化学发光工作液。用镊子将 TBS 洗后的膜放置在卷纸上小心吸取多余液体后，将膜上转移有蛋白质的一面向上放置在保鲜膜上，用移液器取化学发光工作液滴在膜上，并保证整个膜面均被发光液所覆盖，然后将膜放入化学发光成像系统仪器中观察并照相保存结果。

【注意事项】

1) 在进行转染时不能用移液器吹打混匀液体，可用指弹法混匀。Lipofectamine TM 2000 试剂不能离心，取液之前用指弹法轻轻混匀。

2) 取出培养细胞后应用预冷的 PBS 洗细胞，以避免培养基中血清蛋白对结果的影响，如果脱落细胞较多可用离心法收集 PBS 中的未贴壁细胞。

3) 蛋白质浓度测定时一定要注意取量准确，为了提高准确性可以做复孔。

4) 在凝胶与膜之间不能有气泡。

5) 注意正负极性，不能将凝胶装反，或者转移电泳槽上盖装反。

6) 注意保持较低转移温度，温度过高会影响转移效果。

【思考题】

1. 外源基因能在真核细胞中表达的原理是什么?
2. 为什么脂质体 Lipofectamine TM 2000 能够将外源 DNA 转入哺乳动物细胞中?
3. 为什么应用 Western blot 方法可以检测到目的蛋白的表达?

（曾凡才　罗　波）

实验三十二　免疫酶组织（细胞）化学技术

免疫酶组织化学又称免疫酶细胞化学，是酶免疫技术的一种，是将抗原抗体的免疫反应与酶高效催化底物显色反应结合起来的方法。该方法将酶与特异性抗体或抗原用交联剂连接起来，即酶标记抗体或抗原。这种酶标抗体或抗原与组织、细胞原位或固相载体上的相应抗原或抗体发生特异性结合，形成复合物。当加入酶的特异底物后，酶催化底物水解、氧化或还原，产生有色物质。根据颜色的位置、深浅来判定待测抗原或抗体的分布、性质和浓度。

【实验目的】

掌握免疫酶组织（细胞）化学技术的基本原理；掌握组织切片的酶免疫组织化学染色技术的基本步骤。

【实验原理】

酶免疫技术根据标本性质的不同，可分为酶联免疫吸附实验（enzyme linked immunosorbent assay，ELISA）和免疫酶组织化学技术。前者用于可溶性抗原的检测，如细胞因子、激素等，后者用于检测组织切片、细胞爬片中的特异性抗原。酶联免疫吸附实验在本书融合性实验中已有介绍。

常用的免疫酶组织化学染色法包括直接法和间接法。

直接法用酶标记抗体（即将酶标记在第一抗体上），酶标抗体与组织细胞内相应抗原特异性结合，形成抗原-酶标抗体复合物，加入酶的底物后进行显色反应。直接法操作简便、特异性强，但每检测一种抗原都需要制备新的酶标抗体，且敏感性不如间接法。间接法在酶标抗体染色中应用最广泛。

间接法用已知未标记抗体（第一抗体）与标本中相应抗原特异结合，再加入酶标记抗体（第二抗体），形成抗原-抗体-酶标抗体复合物，再加入酶的底物作用而产生有色物质，并沉积在抗原、抗体反应部位，即可对抗原进行定位、定性或定量测定。

本实验将以石蜡组织切片的间接免疫酶染色为例讲述免疫酶细胞化学检测技术。免疫酶组织化学染色法中最常用的一种酶是辣根过氧化物酶（Horseradish peroxidase，HRP）。HRP 的显色系统包括其特异底物 H_2O_2 及显色剂 DAB。HRP 催化 H_2O_2 分解过程中，与 H_2O_2 形成复合物，当有电子供体（显色剂）存在时，H_2O_2 迅速生成水，显色剂 DAB 被氧化聚合形成不溶性棕褐色沉淀而显色。

【实验试剂和器材】

1）待检样本：石蜡包埋组织切片。

2）PBS 缓冲液：0.01mol/L，pH=7.4。

3）0.1%胰蛋白酶液：用 0.05% $CaCl_2$，0.05mol/L、pH 7.4 Tris-HCl 缓冲液配制。

4）0.3% H_2O_2 甲醇溶液：30% H_2O_2　0.1mL 加入 10mL 甲醇中混匀。

5）3%牛血清清蛋白（BSA）、特异性第 ·抗体、HRP 标记的第二抗体。

6）DAB 显色液：0.01%～0.10% H_2O_2，0.01%～0.05% DAB，0.05～0.10mol/L Tris-HCl pH 7.4，现用现配。

7）避光湿盒、盖玻片、载玻片、光学显微镜一台。

【实验步骤】

1）组织切片常规脱蜡水化：PBS 溶液洗 2 次，每次 5min。

将石蜡切片放入 2 个装有二甲苯溶液的玻璃缸中浸泡，每缸 15min。将石蜡切片放入无水乙醇玻璃缸浸泡 5min，重复 1 次。将石蜡切片放入 95%乙醇玻璃缸浸泡 5min，重复一次。将石蜡切片依次放入 90%乙醇、80%乙醇、70%乙醇的玻璃缸中浸泡，每缸 2 min，取出。PBS 溶液漂洗 2 次，每次 5min。

2）抗原修复：0.1% 胰蛋白酶消化切片，37℃处理 20min，流水洗 5min，PBS 洗 5min。

3）灭活内源性过氧化氢酶：将组织切片放入 0.3% H_2O_2 甲醇溶液玻璃缸中，室温处理切片 15～30min，去除内源性过氧化物酶的活性。水洗 3 次。

4）非免疫血清封闭：将组织切片平放在湿盒中，滴加 3%牛血清清蛋白(BSA)，室温孵育 15～20min，倾去余液。封闭步骤为阻断抗体与组织细胞的非特异性结合，降低背景着色。

5）第一抗体孵育：将组织切片平放在湿盒中，滴加 50μL 稀释的特异性第一抗体，37℃湿盒孵育 1h 或 4℃孵育过夜。

6）洗片：将组织切片放入 PBS 溶液玻璃缸中，缓慢振荡漂洗 5min，再重复漂洗 2 次。

7）HRP 标记第二抗体孵育：滴加与一抗种属对应的 HRP 标记第二抗体 50μL，37℃湿盒孵育 40min。

8）洗片：将组织切片放入 PBS 溶液玻璃缸中，缓慢振荡漂洗 5min，再重复漂洗 2 次。

9）显色：滴加新鲜配制的 DAB 显色液 100μL，暗处放置室温孵育 10～15min 显色，观察反应部位呈黄褐色时，将切片置于 PBS 溶液玻璃缸中漂洗终止显色反应。

10）苏木精复染细胞核：将组织切片浸入苏木精溶液中复染，放置 5min 后，用自来水反复冲洗至水不变色，再用 1%盐酸乙醇分化 1～2s，自来水冲洗后反蓝，水洗 2min。

11）系列浓度乙醇脱水、封片：将组织切片放入 2 个装有 95%乙醇的玻璃缸中浸泡，每缸 5min。再将组织切片放入无水乙醇玻璃缸浸泡 5min，重复 1 次。将石蜡切片放入二甲苯玻璃缸浸泡 5min，重复一次。滴加适量中性树脂封固，晾干。

12）镜检、观察记录：DAB 然色呈棕黄色，观察时参考阳性和阴性(PBS 取代一抗)对照。待测抗原表达水平的评价有定性定量指标，分别是染色强度和阳性细胞率。实际工作中常采用强度与密度结合的方法综合评价。常用免疫组化评分方法如下：细胞染色强度无染色为 0 分；弱染色为 1 分；中染色为 2 分；强染色为 3 分。阳性细胞率 0～9%为 0 分；10%～25%为 1 分；26%～50%为 2 分；51%～75%为 3 分；76%～100%为 4 分。将染色强度与阳性细胞率评分的乘积作为该切片评分值。

【注意事项】

1）免疫酶组织化学技术需要设立适当的对照。已知阳性表达的组织切片作为阳性对照。已知阴性表达的组织切片作为阴性对照；用阴性试剂处理作为空白对照；同一标本中的不同组织作为自身对照。

2）应在玻片上做好标记和编号，以免弄错样品。

3）孵育时，将切片平放于湿盒中。湿盒加盖以防切片干燥。

4）抗原修复：经过石蜡包埋、切片、固定后，组织形成醛键封闭了抗原，或者蛋白质分子间形成交联隐蔽抗原，因此在免疫组化染色时，需要破坏分子间交联结构，修复或暴露被封闭和隐藏的抗原，恢复抗原原有的空间状态。常用方法有化学修复法（蛋白酶处理）和物理修复法（微波、高压、热水浴等）。具体方法和处理条件的选择需要根据抗原的种类、表达位置，抗体的情况具体分析。

5）抗体浓度的选择：选择待测抗原着色最强，而背景着色最弱的浓度。

6）滴加抗体时，先拭去组织周围的液体，但切勿使组织干燥。将抗体滴加到局限于组织上的区域，轻轻摇动切片数秒，避免形成假阴性小区域。

7) 抗体孵育的时间和温度影响染色效果。孵育时间越长背景染色越低，特异性抗原染色对比度越高。温度越低，则所需孵育时间越长。一抗孵育最佳条件为 4℃过夜后 37℃复温 30min。二抗一般室温或 37℃孵育 0.5～1.0h。

8) PBS 洗涤时应温柔冲洗，防止切片脱落。冲洗时间要充分。

9) DAB 显色时间不是固定的，需要镜下观察控制显色时间，出现浅棕色本底时即可终止。显色时间长短与抗体浓度、孵育时间、封闭情况相关，可具体调整。

10) 染色结果评价：选择着色均匀、背景浅的高质量切片。注意观察阳性染色的亚细胞定位、阳性细胞的分布灶性或弥漫性。若所有细胞染色强度均相同，则提示存在非特异性反应。切片边缘、刀痕、坏死挤压的细胞区不能用于判断阳性。

【思考题】

1. 免疫酶组织化学技术的基本原理是什么？
2. 免疫酶组织化学技术中常用的酶除 HRP 外还有哪些？请课后扩展学习。
3. 二抗的选择有什么需要注意的？
4. 请查阅文献，举例说明免疫酶组织化学技术在科研和临床中的应用。

（陈利弘）

实验三十三　免疫荧光细胞化学技术

免疫荧光细胞化学技术是采用异硫氰酸(FITC)、罗丹明(Rhodamine)等荧光素，标记已知抗体作为探针，检测待测细胞标本中的靶抗原。因形成的抗原-抗体复合物上带有的荧光素，在荧光显微镜下可发出明亮的特殊荧光，可以此分辨出待检抗原在细胞中的位置及性质，并可利用荧光定量技术计算待测抗原的含量，以达到对该抗原物质定位、定性和定量测定的目的。

【实验目的】

掌握免疫荧光细胞化学技术的基本原理；掌握免疫荧光细胞化学技术的基本步骤。

【实验原理】

免疫荧光细胞化学染色方法分为直接法和间接法，染色基本原理见图 3-16。

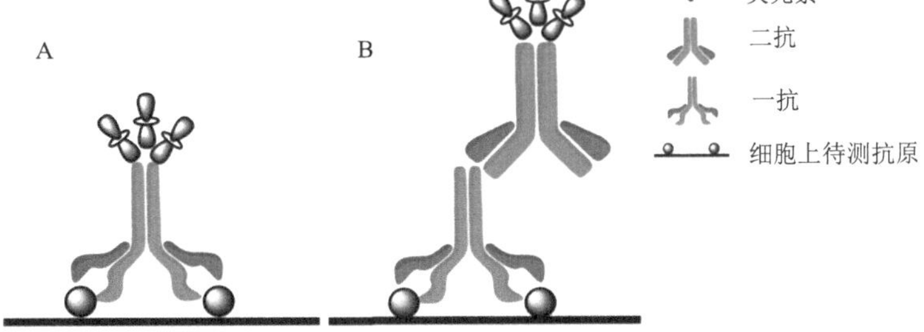

图 3-16　免疫荧光细胞化学染色原理示意图

A. 直接法；B. 间接法

直接法是将荧光素标记在已知特异性抗体上，并以此标记抗体与切片中相应的抗原直接发生结合反应，用于检测的方法。直接法具有操作简单、特异性强的特点，但敏感性不如间接法，而且一种荧光抗体只能检测一种抗原。

间接法是指首先使用没有荧光素标记的第一抗体（一抗）来与标本中的抗原结合，再使用携带荧光素标记的第二抗体（二抗）来与一抗特异性结合，用于检测的方法。与直接法相比，由于间接法使用的荧光素是特异结合于二抗上，因此使用一种荧光抗体可以检查多种抗原，操作步骤虽然增加，但方法敏感性更高，实际应用更广，这也弥补了某些一抗难以直接进行荧光素标记的缺点。

本实验将以细胞爬片的间接免疫荧光法为例讲述免疫荧光细胞化学检测技术。

【实验试剂和器材】

1）待检样本：细胞爬片一张。

2）PBS 缓冲液：0.01mol/L，pH=7.4。

3）4%多聚甲醛溶液、特异性一抗、荧光素标记的二抗、封片甘油、避光湿盒一个、荧光显微镜一台。

【实验步骤】

1）细胞爬片固定：将无菌盖玻片放于 6 孔板中，接种细胞，培养至细胞生长达到 60 %以上，取出玻片，室温下滴加 4%多聚甲醛于细胞爬片上，室温下固定 15min，干燥 30min。

2）第一抗体孵育：在爬片上滴加稀释后的一抗 50μL，置于保湿盒中，37℃保温孵育 30min。

3）洗片：使用 0.01mol/L PBS 溶液冲洗 3 次，每次 5min，保持标本片（即爬片）湿润的情况下吸去多余水分。

4）荧光素第二抗体结合：在爬片上滴加适量稀释后的荧光素抗体，置于湿盒中，37℃保温孵育 30min。该过程务必保持避光状态。

5）洗片：使用 0.01mol/L PBS 溶液冲洗 3 次，每次 5min。

6）封片：吸去多余水分，滴加缓冲甘油，覆上盖玻片。

7）观察荧光：荧光显微镜高倍视野下观察标本片上的荧光强度，一般使用“+”“−”表示：（−）表示无荧光；（±）表示极弱的可疑荧光；（+）表示较弱但清晰可见的荧光；（+ +）表示荧光明亮，（+ + +）表示耀眼的荧光。待检标本中的荧光强度可达（+ +）以上，而各种对照中显示为（±）或（−），即可判定标本为阳性。

【注意事项】

1）荧光染料容易猝灭，一般荧光染色完成后应在 1h 内完成观察，或于 4℃暂时保存 4h 左右，放置时间过长会导致荧光信号明显减弱。

2）观察标本应当在暗室内完成，每个样本观察时间以 1～2h 为宜，标本受紫外光持续长时间照射后，荧光也会出现减弱。

3）为了保证荧光染色的正确性，每次实验时应设置下列三种对照。

标本自发荧光对照：标本不加入荧光二抗，改为滴加 PBS 的标本。

非特异性结合阴性对照：标本不加入一抗，改为滴加 PBS 的标本。

阳性对照：已知的阳性标本，按实验操作完成特异性抗体及荧光标记抗体孵育。

【常见问题及原因分析】

免疫荧光细胞化学技术的常见问题、原因及解决办法见表 3-40。

表 3-40　免疫荧光细胞化学染色技术常见问题及原因

问题	原因	解决办法
找不到待观察细胞	细胞或标本在操作过程中脱片	洗片时避免直接对准标本上含细胞的区域冲洗
荧光过弱	抗体浓度过低； 染色后保存时间过长	稀释度一般不宜超过 1∶20， 荧光染色后尽快完成观察
背景荧光过强	二抗浓度过高	优化抗体浓度

（陈利弘）

参 考 文 献

毕冰, 李晓岩, 王宏伟, 等. 2011. 生物化学实验指导. 哈尔滨: 东北林业大学出版社

曹雪涛. 2013. 医学免疫学. 北京: 人民卫生出版社

陈书明, 曹新鹏, 胡军, 等. 2010. 16种血清的醋酸纤维素薄膜电泳分析. 山西农业科学, 38(6): 18-20

李洪. 2013. 医学基础实验教程——生物化学与分子生物学实验分册. 2版. 北京: 人民卫生出版社

柳忠辉, 吴雄文. 2014. 医学免疫学实验技术. 北京: 人民卫生出版社

马文丽, 李凌. 2011. 生物化学与分子生物学实验指导. 北京: 人民军医出版社

萨姆布鲁克. 2002. 分子克隆实验指南. 3版. 北京: 科学出版社

王大军, 车昌燕, 韩梅. 2013. 医学免疫学实验指导. 北京: 科学出版社

王晓琴, 侯艳香. 2015. 血清蛋白醋酸纤维薄膜电泳实验探讨. 齐齐哈尔医学院学报, 36 (15): 2271-2272

王玉明. 2011. 医学生物化学与分子生物学实验技术. 北京: 清华大学出版社

吴建忠, 王玉苹, 许源媛, 等. 2014. 聚丙烯酰胺凝胶电泳操作注意事项研究. 安徽农业科学, 42(33): 11636-11637

肖建英, 李红. 2011. 生物化学与分子生物学实验. 北京: 科学出版社

谢克勤. 2014. 酶组织化学与免疫组织化学原理和技术. 济南: 山东大学出版社

杨安钢, 毛积芳, 药立波. 2001. 生物化学与分子生物学实验技术. 北京: 高等教育出版社

查锡良, 药立波. 2013. 生物化学与分子生物学. 8版. 北京: 人民卫生出版社

翟朝阳, 杨鲁川. 2012. 生物分子基础实验教材. 3版. 成都: 四川大学出版社

周丽亚, 高静, 吴兆亮, 等. 2008. 血清蛋白醋酸纤维薄膜电泳实验的改进. 生物学杂志, 25(2): 67-68

朱道银, 吴玉章. 2008. 免疫学实验. 北京: 科学出版社

Clausen J. 1981. Immunochemical Techniques for Identification and Estimation of Macromolecules (2nd Fully Revised Edition). Amsterdam: Elsevier: North-Holland Biomedical Press

Murray RK. 2009. Harper's Illustrated Biochemistry. 28th ed. New York: The McGraw-Hill Companies